城市桥梁养护管理

主　　编：何天涛　陈　斌
副 主 编：邓水源　陈　勇　赵明辉
主　　审：卢九章　商国平

中国建筑工业出版社

图书在版编目（CIP）数据

城市桥梁养护管理/何天涛，陈斌主编；邓水源，陈勇，赵明辉副主编．—北京：中国建筑工业出版社，2021.9

ISBN 978-7-112-26411-7

Ⅰ.①城… Ⅱ.①何…②陈…③邓…④陈…⑤赵… Ⅲ.①城市桥-保养Ⅳ.①U448.155.7

中国版本图书馆 CIP 数据核字（2021）第 147299 号

责任编辑：张 瑞 张 健
责任校对：芦欣甜

城市桥梁养护管理

主　编：何天涛　陈　斌
副 主 编：邓水源　陈　勇　赵明辉
主　审：卢九章　商国平

*

中国建筑工业出版社出版、发行（北京海淀三里河路9号）
各地新华书店、建筑书店经销
北京科地亚盟排版公司制版
河北鹏润印刷有限公司印刷

*

开本：787毫米×1092毫米 1/16 印张：11¼ 字数：287千字
2021年11月第一版　2021年11月第一次印刷
定价：50.00元
ISBN 978-7-112-26411-7
(37964)

版权所有　翻印必究
如有印装质量问题，可寄本社图书出版中心退换
（邮政编码 100037）

编 委 会

主　　审：卢九章　商国平
主　　编：何天涛　陈　斌
副 主 编：邓水源　陈　勇　赵明辉
参编人员：钱　丰　陈　企　刘国街　许晓莹　许　辉　吴　杰
主编单位：宁波市市政设施中心
参编单位：浙江省长三角城市基础设施科学研究院
　　　　　浙江省市政行业协会市政设施管养专委会

前 言

现代社会文明的重要标志是交通的发达和畅通，而桥梁正是交通的"咽喉"。城市桥梁作为关系城市交通正常运转的重要基础设施，不仅是城市经济发展的保障，也是衡量现代城市生活品质的重要指标之一，事关群众日常出行的安全和便利。对这些数目庞大、结构复杂的城市桥梁进行科学、有效的养护管理，维系桥梁设施的运行安全和舒适畅通，对保障国民经济正常运行、社会安定和人民福祉是十分必要和非常重要的。

然而，随着经济社会的飞速发展，城市交通网络快速扩张，城市桥梁在数量急剧增加的同时，受到环境侵蚀、外来荷载作用、服役年限增长等因素影响，大量的桥梁运行状况处于亚健康或危险状态。改革开放以来，桥梁建设迎来跨越式发展，国内城市桥梁已达8万多座，新建桥梁激增，导致养护管理工作相对滞后。面对近年来大量新增的桥型各异、结构复杂的城市桥梁及高架快速路桥梁，养护管理方面的短板显得十分明显。

我国城市基础设施养护行业市场发展起步较晚，从业人员队伍整体的专业素养和技术能力不强。随着目前城市基础设施养护要求越来越高，尤其是城市桥梁养管的专业性和复杂难度不断增加，养护管理从业人员专业技术能力不足的问题日益突出，行业缺乏针对性和系统性的从业培训和继续教育，大量的养护从业人员专业水平跟不上工作实际需求；导致许多既有城市桥梁得不到科学、有效、及时的维护，病害日渐发展，从而造成在役桥梁功能降低、结构退化，甚至引发各类严重的桥梁安全事故，造成国民财产和人民生命安全的巨大损失。因此，城市桥梁养护从业人员队伍的专业能力建设亟待加强。

为提高城市桥梁养护从业人员的专业技术能力和管理水平，针对养护管理工作的实际情况，结合国内和部分地区的养护管理工作经验，汇总编制了本书，目的是要为城市桥梁养护管理从业人员整理一套较为成熟体系的基本理论知识和作业指导培训教材，便于从事此项工作相关的人员开展专业知识培训和继续教育学习，提高其专业技术素养，培养一支能够承担城市桥梁养护管理工作的现代化专业人员队伍，从而切实提高行业的养护管理水平。

本书主要面向城市桥梁养护管理人员和专业技术人员，其主要内容包括桥梁养护基础知识、养护项目管理的工作要点、养护作业安全和信息化等重要方面，以及部分常用表格等。本书针对养护工作较为零散、难以管理的特点，首次提出养护项目制管理的概念，以进一步规范城市桥梁养护的管理工作，关于养护项目制管理的具体方法在书中进行了详细介绍。本书适合作为从事城市桥梁养护管理的相关技术人员和管理人员的培训教材，也可作为日常养护管理工作的参考用书，以及大专院校学生认知学习用书。

限于作者水平，书中疏漏及不足之处请广大读者批评指正。

作 者

2021年5月

目 录

第1章 桥梁养护概述 ··· 1
  1.1 桥梁养护工作的基本要求和任务 ··········· 3
  1.2 桥梁养护的实施 ·································· 3
第2章 桥梁基本知识 ······································· 6
  2.1 桥梁的结构类型 ·································· 6
  2.2 桥梁的基本组成部分 ··························· 11
  2.3 桥梁常见病害 ···································· 14
第3章 养护项目管理 ······································· 52
  3.1 养护项目管理概述 ······························ 52
  3.2 养护项目的人员组成和机构建设 ··········· 52
  3.3 养护项目管理体系 ······························ 54
第4章 桥梁巡查、检测与监测 ······················· 59
  4.1 基本原则和要求 ································· 59
  4.2 桥面系及附属设施巡查检测内容及方式 ·· 65
  4.3 上部结构巡查检测内容及方式 ·············· 66
  4.4 下部结构巡查检测内容及方式 ·············· 67
  4.5 桥下空间巡查 ···································· 68
  4.6 城市桥梁安全保护区域巡查 ················· 68
  4.7 单元制定期检查 ································· 69
第5章 桥梁养护维修施工 ································ 70
  5.1 养护工程分类 ···································· 70
  5.2 养护工作流程 ···································· 70
  5.3 桥面系、支座及附属设施养护维修 ······· 71
  5.4 上部结构养护维修 ······························ 76
  5.5 下部结构养护维修 ······························ 85
  5.6 其他维修 ·· 86
  5.7 危桥养护维修措施 ······························ 88
第6章 桥梁安全 ··· 90
  6.1 常规性规定及一般要求 ······················· 90
  6.2 安全管理制度 ···································· 91
  6.3 安全防护 ·· 92
  6.4 作业安全措施 ···································· 93
  6.5 其他作业安全要求 ······························ 97

第7章 桥梁养护资料 ... 102
7.1 基本要求 ... 102
7.2 桥梁养护档案资料管理 ... 103
7.3 桥梁基本资料 ... 104
7.4 桥梁检查台账资料要求 ... 105
7.5 桥梁养护台账要求 ... 105

第8章 桥梁设施管理 ... 106
8.1 桥梁设施管理工作 ... 106
8.2 城市桥梁安全保护区域及桥下空间管理 ... 108
8.3 桥梁安全防护 ... 113
8.4 联合执法机制 ... 115

第9章 桥梁养护机械 ... 116
9.1 常用养护机械设备 ... 116
9.2 养护机械设备管理 ... 124

第10章 桥梁防灾应急管理 ... 128
10.1 桥梁防灾应急 ... 128
10.2 应急处置管理 ... 128
10.3 各类应急预案 ... 129

第11章 桥梁养护信息化 ... 135
11.1 桥梁管理系统 ... 135
11.2 桥梁基本信息管理 ... 137

附录 ... 144
附录A 日常巡检报表 ... 144
附录B 经常性检查表单 ... 147
附录C 城市桥梁基本信息 ... 151
附录D 常规定期检测内容及方式 ... 153
附录E 常见病害原因及维修对策 ... 156
附录F 设施巡查成果表 ... 167
附录G 风险源检查表 ... 171
附录H 桥梁设施管理领域监管执法方式事项分类汇总表 ... 174
附录J 一桥一档统一资料 ... 175

参考文献 ... 178

第1章 桥梁养护概述

在长期的使用过程中，桥梁结构功能和使用性能会因荷载、环境因素的作用而逐渐降低，如果遇上突发事故或重大自然灾害，还可能会发生构件瞬间损坏甚至整体坍塌的严重事件。为保障桥梁在全寿命周期内的正常使用，需要对桥梁进行必要的养护管理（包括预防性养护），养护管理的好坏决定着桥梁安全运行状况的优劣和使用寿命的长短。可见，桥梁养护管理工作对于保证桥梁的正常安全运行具有非常重要和十分关键的作用，在使用期内需要有具备一定专业知识与技能的人员对桥梁进行科学合理的养护和管理。

桥梁养护管理是一项综合性很强的工作，包含技术与管理两个层面。桥梁养护是指针对桥梁的检查、保养与维修加固的总称，它包括检查、检测、监测、保养、维修与加固。桥梁管理是指对桥梁的设施管理、运行保障、安全管理及突发事件处置等活动行为。因此，桥梁养护管理是一门涉及桥梁结构、材料设备、安全应急、工程管理、交通管理等多方面交叉的学科，包含测量、检测、监测、工程、信息、装备等多项技术。为提高从事桥梁养护管理人员的专业知识技能，对桥梁养护管理工作进行系统性的学习研究十分必要。

桥梁养护管理的目标是保障桥梁"结构安全、设施完好、交通畅通、外观舒适"，原则是"技术先进、安全可靠、适用耐久、经济合理"，以"预防为主，安全至上"为工作方针，运用科学的思维、方法与技术手段，构建"规范、标准、精细、科学"的工作体系。一般而言，桥梁的养护工作主要包括对桥梁的检查及评定、保养和维修、建立档案及信息库等方面。为保障桥梁正常运行使用，还包括桥梁设施管理和相关的安全应急管理工作，其中桥梁设施管理包括桥下空间管理、桥梁安全保护区域周边作业管理、过桥交通荷载和依附的过桥管线等方面。综上所述，桥梁养护管理工作主要包括桥梁巡查检测、桥梁日常养护、桥梁维修加固、桥梁设施管理、安全应急管理、资料信息管理六个方面，其具体内容简述如下。

1. 桥梁巡查检测

根据《城市桥梁养护技术标准》（CJJ 99—2017）第4.1.1条有关规定及要求：城市桥梁必须按规定进行检测评估，及时掌握桥梁的基本状况，并采取相应的养护措施。检测评估应根据其内容、周期、评估要求分为经常性检查、定期检测、特殊检测。

（1）经常性检查。即日常的巡检，随时发现问题，进行养护维修。目前，该项工作一般由养护单位负责实施。经常性检查一般应对结构变异、桥梁及桥梁安全保护区域施工作业情况和桥面系、限载标志、限高标志、交通标志及其他附属设施等状况进行日常巡检。

（2）定期检测。根据《城市桥梁养护技术标准》（CJJ 99—2017）第4.3.1条有关规定及要求，定期检测分为常规定期检测和结构定期检测。通常的常规检测指的是常规定期检测；结构检测指的是结构定期检测。

① 常规检测。主要针对桥梁结构中常见的缺损及日常养护的实施效果，每年进行一次简易快速的结构技术状况的动态数据采集，并以书面报告及必要的影像资料形式对设施

的运行状态做出评定,这是制订年度养护维修计划的主要依据。

② 结构检测。按固定周期对桥梁结构安全进行检测,评定桥梁结构的状况、结构的性能与承载能力,对桥梁结构状态的所有方面进行详细调查,确认和量化结构的退化程度,认定缺损原因并推荐适当的消除措施,包括养护、维修、加固措施或建议特殊检测。

(3) 特殊检测。当桥梁设施遭受地震、洪水、台风、火灾和超重车辆、载有危险品的车辆自行通过及车船撞击等紧急情况或发生突发性严重病害时,及时查明破损状况,特殊情况下要对桥梁进行检测。其目的是查明桥梁病害原因、破损程度和承载能力,确定桥梁或主要构件的技术状态,以便采取相应的技术措施。一般应由专业人员来执行工作,并辅以现场和实验室测试等特殊手段进行详细检测和综合分析。

(4) 桥梁技术状况评定。桥梁技术状况的评定,是桥梁养护维修及管理工作的重要组成部分。通过各种检查获得有关情况和数据,对桥梁部件和总体的耐久性状况、承载力状况及行车状况等进行定性、定量评定,以便采取处治对策。对桥梁技术状况评定可以委托相对技术实力雄厚、具备相应资质的单位进行。城市桥梁技术状况评定评估应包括桥面系、上部结构、下部结构和全桥评估。应采用先构件后部位再综合及与单项直接控制指标相结合的办法评估。

2. 桥梁日常养护

桥梁日常养护是指对桥梁设施的常见病害进行及时修复,不包含大中修。根据具体情况,为便于管理,一般将日常养护又分为经常性养护、零星养护、应急养护三类进行管理。经常性养护包括伸缩缝定期清缝、梳型伸缩缝定期检修、排水系统定期疏通保养、声屏障清洗、防撞墙清洗、吊杆区保洁、拉索(吊杆)及锚头保养、支座保养和机电设备保养等内容,主要是按照规定定期进行清理保养,保障设施外观和使用耐久性;零星养护是指对发现桥面系病害及其他外观设施病害进行及时修复处理,按照设施完好情况和响应要求安排维修,养护施工单位根据下达的维修任务单进行及时性养护;应急养护是指存在安全隐患的抢修任务及其他转办案件等时效性要求较高的养护内容。

3. 桥梁维修加固

桥梁的养护维修加固工作规模比日常养护更大,技术难度比日常养护更高,通常以专项养护的形式或者是大中修工程的形式开展,需要详细编制具体的专项养护方案,大中修工程应按照建设工程的相应要求进行设计及工程管理。通过对桥梁各种设施的一般性自然磨损和局部损坏进行修理加固以恢复原状维修加固,全面恢复到原设计标准,或在原技术等级范围内进行局部改善和个别增建,恢复原有桥梁建筑物的整体使用功能,延长使用年限。

4. 桥梁设施管理

桥梁养管单位应对桥梁结构设施、桥下空间、附属管线、附属设施及桥梁安全保护区域等做好监管,相关设施普查、调查、统计工作,发现并及时制止所有危害桥梁结构安全的行为,并做好情况上报及赔偿修复的调查和协调工作,如果有因故不能立即终止的危害行为,桥梁养管单位应按要求做好相应监管和上报工作。

5. 安全应急管理

桥梁养管单位要建立安全生产责任体系和应急工作体系。安全生产责任体系要制定安全生产管理制度,健全安全生产工作机制,按规定和要求落实责任和任务;应急工作体系应编制应急预案，包括人为事故、自然灾害、突发事件等情况下的应对方案，做好应急抢险演练，按要求建立应急队伍并备好应急储备物资机械设备，做好节假日、重要会议及活动、防汛防台、防雪抗冻等应急处置和设施保障工作。

6. 资料信息管理

桥梁养管单位应做好养护项目资料整理以及电子档案归档工作，各类相关资料按要求录入系统存档。资料包括前期资料、养护台账资料、其他参考方资料等。

1.1 桥梁养护工作的基本要求和任务

桥梁建成后，为适应城市交通运输事业的发展，确保正常运营，必须加强经常性的检查和养护维修。桥梁养护维修的基本要求和任务如下。

（1）建立、健全城市桥梁的检查、评定制度。对城市桥梁构造物进行周期性的检查，系统地掌握技术状况，及时发现缺损和相关环境的变化。按桥梁检查结果，对桥梁技术状况进行分类评定，制定相应的养护对策。

（2）建立城市桥梁管理系统和城市桥梁数据库，实施桥梁病害监控，实行科学决策。逐步建立特大型桥梁荷载报警系统，地震、洪水和流冰等预防决策系统。

（3）城市桥梁养护应做到桥梁外观整洁、桥面铺装坚实平整、横坡适度，桥头连接顺适、排水畅通，结构完好无损，标志、标线等附属设施齐全完好。

（4）桥梁构造物的养护，首先应使原结构保持设计荷载等级的承载要求及设计交通量的通行要求。根据交通发展的需要，也可通过改造和改建来提高承载能力和通行能力。在确定改造或改建工程方案时，应注意新旧结构之间的关系，充分发挥原有结构的作用。

（5）养护作业和工程实施应注意保障车辆、行人的安全通行，并做好环境保护。

（6）桥梁构造物养护应有对付洪水、流冰、泥石流和地震等灾害的防护措施，同时备有应急交通方案。

（7）改建桥梁移交接养，应有完备的移交接管手续并提供成套竣工资料及技术数据。特大桥和大桥应配置养护设施、机具，设置养护工作通道、扶梯、吊杆、平台，设计单位提供养护技术要点及要求。未配置或配置不能完全满足养护工作需要的，可根据实际需要增添。

（8）桥梁构造物的检查及技术状况评定、养护对策、维修、加固、改建的竣工验收等有关技术文件，均应按统一格式完整归入桥梁技术档案及数据库中。

1.2 桥梁养护的实施

1.2.1 桥梁养护管理的全过程

根据《城市桥梁养护技术标准》（CJJ 99—2017），桥梁养护包含三大内容：信息管理、检测评估和养护维修。桥梁养护技术流程图如图1.1所示。

目前，基础设施领域"重建轻养"的观念不利于公共基础设施的合理使用与管理，亟待更新观念。通常，桥梁建成通车后，即处于管理与维护状态中，因此桥梁养护管理应涉及桥梁生命周期的全部过程，包括桥梁建设、桥梁运维阶段。

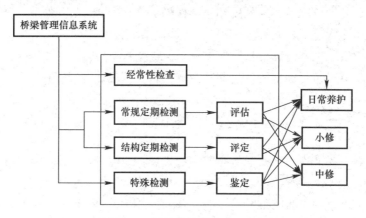

图1.1 桥梁养护技术流程图

首先，桥梁管理部门应介入桥梁建设阶段，在桥梁工程实施前期就参与相关的规划与评审，从桥梁管理、养护及全寿命费用的角度提出建议与要求；其次，桥梁管理部门还可以在施工期间实行同步监管，桥梁建成参与验收，验收通过并办理移交手续后正式接管，有权要求对新建桥梁各类文档（包括电子图档）进行交接；再次，对各种档案实施信息采集与编录，纳入管理养护体系；最后，按照图1.1所示流程进行管理与维护。

本书主要针对桥梁建成后运维阶段的养护管理工作进行介绍。图1.1所示是一套比较合理的养护管理流程，通过经常性检查，掌握桥梁的日常状况，按照规范要求开展必要的检测以及评定评估，制订相应的养护维修和大中修计划，使得桥梁养护形成工作闭环，桥梁设施运行得到全面保障，符合现代桥梁管理的理念。

根据桥梁养护管理的工作情况，应构建管理组织体系，进行科学管理。本书结合市政桥梁养护管理探索的工作经验，提出采用养护项目制管理的方式，对城市桥梁养护工作进行系统性规范化的管理，具体的管理方式将在本书中各章进行专门介绍。

1.2.2 桥梁养护管理组织

为规范城市桥梁养护管理工作、明确养护管理职责、提高养护质量、确保桥梁运行安全，面对越来越多的桥梁管理和频繁的养护维修任务，桥梁养护管理部门应建立科学合理的组织形式，明确参与养护工作各机构的职责、权利和义务。桥梁管理可与养护实施的体系分离开来，借助市场化运作，建立专业的、有资质的独立养护单位和检测的机构，以便筹集到足够的养护资金，并使得资金发挥有效的作用。

根据目前桥梁养护管理工作的实际，结合工作经验，对桥梁养护管理采取四位一体的方式，共分为管理、养护、监理、跟踪审计四个方面。其中，桥梁管理部门多为公共服务部门，承担具体桥梁设施管理职责，应根据桥梁养护管理的相关法规和技术规程，建立桥梁管理人员体系机制，实施养护资金的预算编制与申请，负责养护及维修工程的招标与发包，对养护工作进行全方位管理等；养护可由市场化方式委托养护单位来实施，并根据养护合同实施相应作业；同时，引入第三方养护监理和跟踪审计机制，对桥梁养护工作的质量、安全和工程造价进行全方位管理,保障桥梁维护工程科学有效实施。

以某桥梁养护工作为例,分别涉及管理单位、养护维修单位、监理单位和审计单位,体现了"四位一体"的格局,某桥梁养护项目的维修体系如图1.2所示。养护维修单位是桥梁养护管理招投标的中标单位,也是具体的养护单位,具有独立法人资格,它根据管理单位的管理计划和安排,依据养护合同及相关养护规定进行定期的桥梁养护、维修,并出具相关结果报告给桥梁管理单位相关职能部门验收。在管理和养护的工作中,桥梁管理单位是甲方,养护维修单位是乙方。另外,该桥梁管理单位还聘有专门的监理公司和审计公司,监督养护工作的执行。

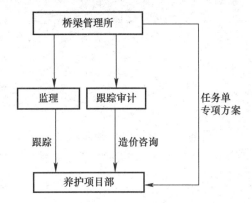

图1.2 某桥梁养护项目的维修体系

"四位一体"的管理养护组织格局需具备下列条件。

(1) 彻底变革管理体制,实现管养分开,以法律或合同的形式明确各方职责、权利和义务。

(2) 培育充分竞争的桥梁养护市场,促使有竞争力和具备相关资质的养护单位和独立检测单位的产生,重视专业养护人员的培训。

(3) 桥梁管理单位作为"轻装"的服务型部门,应大力推行信息化管理,制定并完善各类标准化桥梁的管理养护工作程序,主导、鼓励实用和创新的桥梁维护技术的研发与应用。

第 2 章 桥梁基本知识

2.1 桥梁的结构类型

目前人们所见到的桥梁种类繁多，它们都是在长期的生产活动中通过反复实践和不断总结逐步发展起来的。为先对各种类型的桥梁结构有一个概略的认识，下面进行简要的分析说明。

结构工程上的受力构件总离不开拉、压、弯三种主要受力方式。由基本构件组成的各种结构物，在力学上也可归结为梁式、拱式和悬吊式三种基本体系及它们之间的各种组合。现代的桥梁结构也一样，不过其内容更丰富、形式更多样、材料更坚固、技术更进步。下面从受力特点、建桥材料、适用跨度、施工条件等方面阐明桥梁各种体系的特点。

2.1.1 梁式桥

梁式桥如图 2.1 所示，是一种在竖向荷载作用下无水平反力的结构。由于外力（恒载和活载）的作用方向与承重结构的轴线接近垂直，与同样跨径的其他结构体系相比，梁内产生的弯矩最大，通常需用抗弯能力强的材料（钢、木、钢筋混凝土等）来建造。为节约钢材和木料（木桥使用寿命不长，除临时性桥梁或战备需要外，一般不宜采用），目前应用最广的是预制装配式的钢筋混凝土简支梁桥。这种梁桥的结构简单，施工方便，对地基承载能力的要求也不高，但其常用跨径在 25 m 以下。当跨度较大时，需要采用预应力混凝土简支梁桥，但跨度一般也不超过 50 m。为达到经济、省料的目的，可根据地质条件等修建悬臂式或连续式的梁桥。对于很大跨径及承受很大荷载的特大桥梁，除建造使用高强度材料的预应力混凝土梁桥外，也可建造钢桥。

图 2.1 梁式桥

2.1.2 拱式桥

拱桥的主要承重结构是拱圈或拱肋。在竖向荷载作用下，这种结构的桥墩或桥台将承受水平推力。同时，这种水平推力将显著抵消荷载所引起的在拱圈（或拱肋）内的弯矩作用。因此，与同跨径的梁相比，拱的弯矩和变形要小得多。于拱桥的承重结构以受压为主，通常可用抗压能力强的圬工材料（如砖、石、混凝土）和钢筋混凝土等来建造。

拱桥的跨越能力很大，外形也较美观，在条件许可的情况下，修建拱桥往往是经济合理的。

同时应当注意，为确保拱桥能安全使用，下部结构和地基必须能经受住较大水平推力的不利作用。此外，拱桥的施工一般要比梁桥困难些。对于较大跨度的桥梁，也可建造钢拱桥。

在地基条件不适于修建具有强大推力的拱桥的情况下，必要时也可建造水平推力由钢或预应力筋做成抗拉系杆来承受的系杆拱桥。近年来还发展了一种"飞鸟式"三跨无推力拱桥，如图2.2所示，即在拱桥边跨的两端施加强大的预加力，传至拱脚，以抵消主跨拱脚巨大的恒载水平推力。

根据容许建筑高度的大小和实际需要，桥面可布置在桥跨结构的上面、下面或中间。布置在桥跨结构上面的，称为上承式拱桥；布置在桥跨结构下面的，称为下承式拱桥；布置在桥跨结构中间的，称为中承式拱桥。

图2.2 "飞鸟式"三跨无推力拱桥

2.1.3 刚架桥

刚架桥如图2.3所示，其主要承重结构是梁或板与立柱或竖墙整体结合在一起的刚架结构，梁和柱的连接处具有很大的刚性，如图2.3所示。在竖向荷载作用下，梁部主要受弯，而在柱脚处也具有水平反力，其受力状态介于梁桥与拱桥之间。刚架桥跨中的建筑高度就可以做得较小。当遇到线路立体交叉或需要跨越通航江河时，采用这种桥型能尽量降低线路高程，以改善纵坡并能减少路堤土方量。但普通钢筋混凝土修建的刚架桥施工比较困难，梁柱刚接较易开裂。

T形刚构是修建较大跨径钢筋混凝土桥曾采用的桥型，它是结合了刚架桥和多孔静定悬臂梁桥的特点发展起来的一种多跨结构。对于普通钢筋混凝土T形刚构桥，由于悬臂根部的负弯矩很大，修建时不仅钢材用量大，而且控制混凝土裂缝的开展成为关键，因此跨径就不能做得太大（通常达40～50 m），目前已很少修建。

图2.3 刚架桥

预应力混凝土工艺的发展，使得T形刚构桥和连续刚构桥得到了很大的推广。特别是由于采用了悬臂安装或悬臂浇筑的分段施工方法，不仅加速了修建大跨度桥梁的施工速度，而且也克服了要在江河或深谷中搭设支架的困难。

多跨连续刚构桥属多次超静定结构，在设计中一般应减小墩柱的抗弯刚度，否则会在结构内引起较大的附加内力。对很长的桥而言，为降低这种附加内力，往往将两侧的边跨设置活动铰支座，甚至将主跨的墩柱做成双壁式结构。

当跨越陡峭河岸和深邃峡谷时，修建斜腿式的刚构桥既经济合理，又造型轻巧美观。由于斜腿墩柱置于岸坡上，有较大斜角，在主梁跨度相同的条件下，斜腿刚构桥的桥梁跨度比门式刚构桥要大得多。

T形刚构桥的悬臂主梁主要承受负弯矩，因此横截面宜用箱形截面。连续刚构桥和斜腿刚构桥的主梁受力与连续梁相近，通常也采用各式箱形横截面。

2.1.4 悬索桥

悬索桥又名吊桥，指的是以通过索塔悬挂并锚固于两岸（或桥两端）的缆索（或钢链）作为上部结构主要承重构件的桥梁，其缆索几何形状由力的平衡条件决定，一般接近抛物线，从缆索垂下许多吊杆，把桥面吊住，在桥面和吊杆之间常设置加劲梁，同缆索形成组合体系，以减小荷载所引起的挠度变形。

悬索桥如图2.4所示，在竖向荷载作用下，通过吊杆，缆索承受很大的拉力，通常需要在两岸桥台的后方修筑非常巨大的锚碇结构。

悬索桥也是具有水平反力（拉力）的结构。现代的悬索桥上广泛采用高强度钢丝成股编制的钢缆，以充分发挥其优异的抗拉性能，因此结构自重较轻，能以较小的建筑高度跨越其他任何桥型无法企及的特大跨度。悬索桥的另一特点是成卷的钢缆易于运输，结构的组成构件较轻，便于无支架悬吊拼装。我国在西南山岭地区和在遭受山洪泥石冲击等威胁的山区河流上，以及修建其他大跨径桥梁有困难时，往往采用悬索桥。

近年来，由于对桥梁美观要求的提高，在不宜修建锚碇的情况下，也可建造将主缆锚固在主梁两端的"自锚式"悬索桥。这种桥型虽然很有特色，但其结构设计和施工工艺比较复杂，经济性较差，而且跨径也不宜过大，目前最大跨径为 385 m。

然而，相对于前面所说的其他体系而言，悬索桥的自重轻，结构的刚度差，在车辆动荷载和风荷载作用下，桥有较大的变形和振动。可以说，整个悬索桥的发展历史是不断研究和克服其有害的变形与振动的历史，也是争取其结构刚度的历史。

图 2.4 悬索桥

2.1.5 斜拉桥

斜拉桥又称斜张桥，是将主梁用许多拉索直接拉在桥塔上的一种桥梁，是由承压的塔、受拉的索和承弯的梁体组合起来的一种结构体系。斜拉桥可看作拉索代替支墩的多跨弹性支承连续梁。斜拉桥可使梁体内弯矩减小、建筑高度降低、结构质量减轻，并节省了材料。斜拉桥主要由索塔、主梁、斜拉索组成。

斜拉桥如图 2.5 所示，用高强度钢材制成的斜拉索将主梁多点吊起，并将主梁的恒载和车辆荷载传至塔柱，再通过塔柱基础传至地基。这样，跨度较大的主梁就像一根多点弹性支承（吊起）的连续梁一样工作，从而可使主梁尺寸大大减小，结构自重显著减轻，既节省了结构材料，又大幅度地增大了桥梁的跨越能力。此外，与悬索桥相比，斜拉桥的结构刚度大，即在荷载作用下的结构变形小得多，且其抵抗风振的能力也比悬索桥好，这也是在可能达到的大跨度情况下，悬索桥逊于斜拉桥的重要因素。

图 2.5 斜拉桥

斜拉桥的斜拉索组成和布置、塔柱形式及主梁的截面形状是多种多样的。我国常用平行高强钢丝束、平行钢纹线束等制作斜拉索，并用热挤法在钢丝束上包一层高密度的黑色聚乙烯（HDPE）外套进行防护。

斜拉索在立面上也可布置成不同形式。各种索形在构造和力学上各有特点，在外形美观上也各具特色。常用的索形布置为竖琴形和扇形两种。除此之外还有斜拉索集中锚固在塔顶的辐射形布置，因其塔顶锚固结构复杂而较少采用。

常用的斜拉桥是三跨双塔式结构，但在实践中也往往根据河流、地形、通航要求等情况，采用对称与不对称的双跨、独塔式斜拉桥。

斜拉桥是半个多世纪来富于想象力和构思内涵丰富且引人瞩目的桥型，它具有广泛的适应性。一般来说，对于跨度为 200~700 m，甚至超过 1 000 m 的桥梁，斜拉桥在技术和经济上都具有相当优越的竞争能力。诚然，随着斜拉桥跨度的增大，将会面临塔过高和斜拉索过长等一系列技术难点，这不仅涉及高耸塔柱抗振和抗风等动力稳定方面的问题，而且还有主梁受压力过大及长斜拉索因自重垂度增大而引起的种种技术问题。另外必须提到的是，斜拉桥的斜拉索可以说是这种桥梁的生命线，至今国内外已发生过几起通车仅几年就因斜拉索腐蚀严重而导致全部换索的工程实例。

2.1.6 组合体系桥梁

除以上五种桥梁的基本体系以外，根据结构的受力特点，还有由几种不同体系的结构组合而成的桥梁，称为组合体系桥。图 2.6 所示为一种梁和拱的组合体系桥梁，其中梁和拱都是主要承重结构，二者相互配合、共同受力。由于吊杆将桥向上（与荷载作用的挠度方向相反）吊住，这样就显著减小了梁中的弯矩；同时由于拱与梁连接在一起，拱的水平推力就传给梁来承受，这样梁除受弯外还要受拉，这种组合体系桥能跨越比一般简支桥更大的跨度，而对墩台没有推力作用。因此，这种桥对地基的要求就与一般简支梁桥一样。

图 2.6　一种梁和拱的组合体系桥梁

除上述按受力特点分成不同的结构体系外，人们还习惯按桥梁的用途、大小规模和建桥材料等其他方面来进行分类。

按用途来划分，有道路桥、铁路桥、道路铁路两用桥、农桥、人行桥、运水桥（渡槽）及其他专用桥梁（如通过管路和电缆等）等。

按桥梁全长和跨径的不同，分为特大桥、大桥、中桥和小桥。

按主要承重结构所用的材料划分，有圬工桥（包括砖、石混凝土桥）、钢筋混凝桥、钢桥和木桥等。

按跨越障碍物的性质，可分为跨河桥、跨线桥（立体交叉）、高架桥和栈桥。高架桥一般跨越深沟峡谷以代替高路堤的桥梁。为将车道升高至周围地面以上并使其下面的空间可以通行车辆或作其他用途（如堆栈、店铺等）而修建的桥梁称为栈桥。

按上部结构的行车道位置，分为上承式桥、下承式桥和中承式桥。桥面布置在主要承重结构之上的称为上承式桥；桥面布置在承重结构之下的称为下承式桥；桥面布置在桥跨结构中间的称为中承式桥。

上承式桥的构造较简单，施工方便，而且其主梁或拱肋等的间距可按需要调整，以求得经济合理的布置。一般来说，上承式桥梁的承重结构宽度可做得小些，因此可节约墩台圬工数量。此外，在上承式桥上行车时视野开阔、感觉舒适也是其重要优点。因此，城市桥梁一般尽可能采用上承式桥。上承式桥的不足之处是桥梁的建筑高度较大，因此在建筑高度受严格限制的情况下，应采用下承式桥或中承式桥。

除以上所述各种固定式的桥梁外，还可按照特殊的使用条件修建开合桥、浮桥、漫水桥等。

2.2 桥梁的基本组成部分

桥梁由五个"大部件"和五个"小部件"组成。桥梁的基本组成如图 2.7 所示。

图 2.7 桥梁的基本组成

2.2.1 五个"大部件"

五个"大部件"是指桥梁承受汽车或其他运载车辆荷载的桥跨上部结构与下部结构。桥梁五个"大部件"如图2.8所示，它们要通过承受荷载的计算与分析，是桥梁结构安全性的保证。

1. 桥跨结构

桥跨结构又称桥孔结构、上部结构，是线路遇到障碍（如江河、山谷或其他线路等）中断时，跨越这类阻挡式的结构物。

2. 支座系统

支座系统支承上部结构并传递荷载于桥梁墩台上，保证上部结构在荷载、温度变化或其他因素作用下所预计的位移功能。

3. 桥墩

桥墩是在河中或岸上支承两侧桥跨上部结构的结构。

4. 桥台

桥台设在桥的两端。一端与路堤相接，并防止路堤滑塌，为保护桥台和路堤填土，桥台两侧常做一些防护工程；另一侧则支承桥跨上部结构的端部。

5. 墩台基础

墩台基础保证桥梁墩台安全并将荷载传至地基的结构部分。基础工程在整个桥梁工程施工中是比较困难的部分，而且常常需要在水中施工，因此遇到的问题也很复杂。

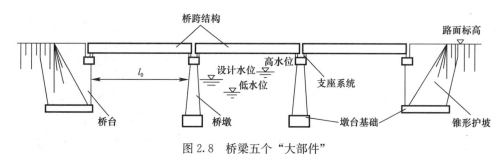

图2.8 桥梁五个"大部件"

2.2.2 五个"小部件"

五个"小部件"都是直接与桥梁服务功能有关的部件，过去总称为桥面构造，在桥梁设计中往往不被重视，因此桥梁服务质量较差、外观粗糙。在现代化工业发展水平的基础上，人类的文明水平也极大提高，人们对桥梁行车的舒适性和结构物的观赏水平要求越来越高。在国际上，桥梁设计中很重视五个"小部件"，这不仅是"外观包装"，而且是事关服务功能的大问题。目前，国内桥梁设计工程师也越来越感受到五个"小部件"的重要性。

1. 桥面铺装

桥面铺装又称行车道铺装，铺装的平整、耐磨、不翘壳、不渗水是保证行车舒适的关键，特别是在钢箱梁上铺设沥青路面的技术要求甚严。桥面铺装如图2.9所示。

图 2.9 桥面铺装

2. 桥梁排水系统

桥梁排水系统应迅速排除桥面上积水,并使渗水可能降低至最小限度。此外,城市桥梁防排水系统应保证桥下无滴水和无结构上的漏水现象。桥梁排水系统如图 2.10 所示。

3. 栏杆

栏杆,也可以说是防撞栏杆,既是保证安全的构造措施,又是有利于观赏的最佳装饰件。

4. 伸缩缝装置

在桥跨上部结构之间,或在桥跨上部结构与桥台端墙之间,设有缝隙,保证结构在各种因素作用下的变位结构。为使车辆在桥面上行驶顺直、无跳动,此间要设置伸缩缝装置。特别是大桥或城市高架桥的伸缩缝装置,不仅要结构牢固、外观光洁,而且需要经常扫除伸缩缝中的垃圾和泥土,以保证它的自由伸缩功能。伸缩缝装置如图 2.11 所示。

图 2.10 桥梁排水系统   图 2.11 伸缩缝

5. 灯光照明

现代城市中标志式的大跨桥梁都装置了有较多变幻的灯光照明,增添了城市中光彩夺目的晚景。

2.2.3 附属设施介绍

桥梁附属设施包括桥面系、桥头搭板、锥坡等。

1. 桥面系

桥面系指的是桥梁附属设施中直接承受车辆、人群等荷载并将其传递至主要承重构件的桥面构造系统,包括桥面铺装、桥面板、纵梁、横梁、遮板、人行道等。

2. 桥头搭板

桥头搭板是用于防止桥端连接部分的沉降而设置的构造。它搁置在桥台或悬臂梁板端部和填土之间,随着填土的沉降而能够转动,车辆行驶时可起到缓冲作用,即使台背填土沉降也不至于产生凹凸不平的情况。

3. 锥坡

锥坡又称锥体护坡。在采用埋置式、桩式、柱式桥台或桥台布置不能完全挡土时,为保护桥头路堤的稳定,防止冲刷,应在两侧设置锥坡。横桥方向的坡度应与路堤边坡一致;顺桥方向的坡度应根据高度、土质情况,结合淹水情况和铺砌与否来决定。

2.3 桥梁常见病害

2.3.1 常见病害部位

桥梁上部结构是直接承受车辆荷载的部位,也是最容易产生病害的部位,为保障车辆通行安全、延长结构使用寿命,必须进行及时和正确的养护,对出现的病害也必须及时维修或加固。上部结构又称桥跨结构、桥孔结构,包括桥面铺装、桥面系、承重结构以及连接部件。主梁作为主要承重构件,是结构安全性和承载能力的保障,其耐久性和安全度要求较高。桥面系包括桥面铺装、伸缩装置、防排水设施、栏杆及防撞墙等。

桥面系各组成部分的使用性能直接影响到桥梁的服务质量(包括交通车辆行驶的安全性、舒适性等)。根据多年的使用经验,桥面系是桥梁结构使用中养护维修最频繁的部位,也是桥梁结构早期病害和损伤的多发部位。因此,详细了解桥面系的病害与损伤、产生原因及其对桥梁结构使用性能的影响,对于桥梁的日常养护和维修管理而言都具有切实的意义。

支座是连接上部结构和下部墩台的重要组成部分,其主要作用是传递桥梁结构上的荷载,同时满足桥梁结构变形的需要。由于支座是桥梁的机动部分,在活载、温度变化或其他因素的作用下要发生转动、水平移动(板式橡胶支座产生较大的剪切变形等),因此支座是养护工作的重要部位。

1. 栏杆与防撞墙

栏杆与防撞墙属于桥面系的安全设施,栏杆与防撞墙必须保证牢固可靠,确保其能够发挥正常的使用功能。目前,桥梁中主要使用的防护设施有钢筋混凝土栏杆、钢栏杆及钢筋混凝土防撞墙,栏杆与防撞墙的主要病害、损伤及其产生原因见表2.1,栏杆与防撞墙的主要病害如图2.12所示。

栏杆与防撞墙的主要病害、损伤及其产生原因　　　　表2.1

种类	损伤形式	主要原因	对使用性能的影响
钢筋混凝土栏杆	混凝土表面蜂窝、麻面; 混凝土开裂、剥落; 钢筋锈蚀; 桥梁与引道连接处损坏; 栏杆不顺直	施工质量不好; 混凝土碳化; 交通荷载撞击; 雨水侵蚀; 保护层不足	栏杆的使用寿命; 行车的安全性; 栏杆的耐久性; 行车的视距

续表

种类	损伤形式	主要原因	对使用性能的影响
钢栏杆	涂装层油漆脱落； 擦伤、划痕、破损； 钢栏杆锈蚀； 栏杆变形； 连接螺栓松动或丢失； 焊缝破损； 焊缝锈蚀，脱焊	油漆老化； 交通车辆撞击； 油漆脱落； 雨水侵蚀； 不同金属接触产生电流作用； 温度影响而产生胀缩； 构件疲劳	失去保护作用，加速钢材锈蚀； 行车的安全性； 结构的耐久性； 栏杆美观及耐久性
防撞墙	预制（后浇）构件锚固失效； 混凝土开裂、剥落、严重损伤； 预制（后浇）构件扭转； 露筋	锚固不牢或车辆撞击； 混凝土碳化； 车辆撞击； 保护层不足	行车安全性； 雨水渗入侵蚀桥面板； 影响耐久性； 影响车辆正常通行

(a) 栏杆刮擦锈蚀

(b) 栏杆缺失

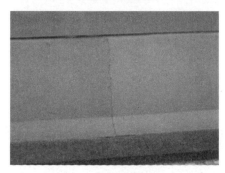
(c) 防撞墙开裂

(d) 防撞墙混凝土碎裂

(e) 防撞墙表面脱落、胀裂、露筋锈蚀

(f) 防撞墙擦痕

图 2.12 栏杆与防撞墙的主要病害

为确保安全桥梁栏杆经常保持完好状态，栏杆柱应竖立正直，扶手应无损坏、断裂，伸缩缝处的水平杆件应能自由伸缩。栏杆柱、扶手若有缺损，应及时补齐。钢筋混凝土栏杆开裂严重或混凝土剥落，应凿除损坏部分，修补完整。钢制栏杆应涂漆防护，一般每年一次。桥梁梁端的栏杆柱或防撞墙端面，有立面标记或示警标志的，应定期涂刷，一般每年一次，使油漆颜色保持鲜明。冬季使用除雪剂进行桥面融雪的桥梁，不得将积雪堆积于桥梁护栏内侧。伸缩装置处的栏杆或护栏维修后，为满足桥梁随温度变化的位移，不得将套筒或伸缩节焊牢。

2. 铺装层

桥梁铺装层的主要功能是保护属于主梁整体部分的行车道板，使其不受因交通荷载冲击而产生的磨耗和剪切作用，同时防止桥面板因雨水等自然条件作用而产生的侵蚀，并对车辆轮重的集中荷载起到一定的分配作用。由于桥面铺装层承受繁重的交通轮载以及受桥梁结构的影响，其受力性能比较复杂，因此对服务质量提出了较高的要求。作为桥梁的重要组成部分，桥面铺装应具有良好的使用性能，这对车辆行驶的舒适性、安全性及桥梁结构的耐久性都有重大意义。

桥面铺装一般选取能够与主梁有效结合的材料，满足防止渗透、抗滑、抵抗振动变形、抵抗温度变化作用等功能，同时应选取便于养护管理和施工的铺装种类。按材料的组成，桥面铺装一般分为沥青混凝土铺装层和水泥混凝土桥面铺装层。

桥面铺装的损伤及成因如下。

(1) 普通沥青混凝土桥面铺装。

根据桥面铺装的使用性能与损伤特性，其破坏形式有两种：一种是因与裂缝破坏同领域的低温高速荷载作用下而形成的脆性破坏，表现为几乎所有汽车通过相同的位置产生的磨耗损伤或混合料的剥离；另一种破坏形式是铺装层呈现析水、车辙等的变形破坏，这种现象通常以高温低速荷载作用下最为严重。沥青混凝土桥面铺装常见病害如图 2.13 所示。

(a) 沥青混凝土桥面铺装车辙

(b) 沥青混凝土桥面铺装坑槽

(c) 沥青混凝土桥面铺装网裂凹陷

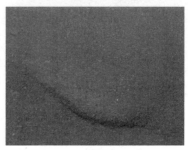
(d) 沥青混凝土桥面拥包

图 2.13 沥青混凝土桥面铺装常见病害

桥面铺装层的设计、施工及多年的工程实际应用结果分析表明，产生桥面铺装损坏和缺陷的因素颇多。铺装层除应选取较优质的铺装材料、设计合理的铺装层结构、采取有效的施工质量控制、考虑自然条件影响外，桥面铺装与桥面板（尤其是钢桥面板）的黏结质量、桥跨结构之间连接处的处理、桥面铺装的排水措施、桥梁结构对铺装层的影响等也是影响其使用质量的主要因素。

对于沥青混凝土桥面铺装层产生的各种各样的缺陷和损伤形式，有必要对其进行分类，做出定义，为实际工作中的检查、评价、养护和维修管理提供依据，沥青混凝土桥面铺装的损伤形式、产生原因及其对结构使用性能的影响见表2.2。

沥青混凝土桥面铺装的损伤形式、产生原因及其对结构使用性能的影响　　表2.2

损伤形式		现象	主要原因	对使用性能的影响
高低差		在结构物伸缩缝处的高低差	结构物与填土部位的不均匀沉陷； 结构物回填土部位夯实不够； 结构物接头不平； 沥青稳定性不够； 在结构物的接头部位对沥青混凝土的碾压不够	行车舒适性降低； 产生噪声； 使接头部位铺装、结构物、伸缩缝发生破坏
变形	凹凸	沿纵断面方向周期性产生的波浪（搓板）； 表面鼓包（铺装表面的局部超填）	沥青混合料稳定性不够，桥面板不平； 沥青黏结层用量过多，不匀； 车辆制动、启动的地点和坡度等	行驶的稳定和安全程度降低； 行车舒适性下降
	车辙	沿纵断面方向周期性产生的波浪； 搓板现象	沥青混合料的稳定性不够； 过大的重交通（特别是在高温、低速或静止荷载下）	行驶稳定性下降； 因积水而降低抗滑力； 因溅水而使行人和沿线居民受害
	泛油	在铺装表面沥青渗出的状态	沥青混合料中沥青过多，软沥青； 沥青黏结层用量过多，不匀； 集料集配不良	雨雪天气时打滑； 行驶安全度降低； 导致车辙，凹凸出现
破裂磨耗	松散	由于行驶车轮的作用，铺装表面的细集料慢慢地脱离，表面呈现锯齿式的粗糙状态	沥青混合料碾压不够； 沥青用量不够； 沥青混合料过热； 带钉和带链车轮的作用； 落到路面上的砂土与车轮的摩擦作用	行车舒适性下降； 坑槽、车辙出现； 增加轮胎的噪声
	磨光	铺装层被行驶的车细磨，形成平滑的状态	使用软而易被研磨的集料； 交通量大	抗滑力下降（特别在湿润状态）
	坑槽、表面鳞片	铺装表面上局部坑槽，薄片从其表面上脱离的状态	沥青混合料质量不好； 沥青混合料碾压不够	因水的浸透等而扩大； 行驶安全度下降

续表

损伤形式		现象	主要原因	对使用性能的影响
裂缝	微细裂缝	初期裂缝	沥青混合料的质量不好（包括抗疲劳性能）； 沥青老化； 桥面板裂缝； 桥梁振动的挠度和应力的传播	向线状裂缝和网状裂缝发展； 水的浸透影响到结构物
裂缝	线状裂缝	横车道方向，或在其纵断面方向几乎直线伸展的裂缝	挠度较大的桥梁； 由于桥梁振动特性产生的局部应力集中（钢桥面板的主梁附近等）； 桥面板的挠度特性（薄桥面板等）	水的浸透使铺装破坏扩大； 对结构物的影响
裂缝	网状裂缝	裂缝形成相互连接的格子状态	桥梁的振动； 桥面板的损伤； 沥青混合料质量不好； 沥青老化	行驶安全度下降； 水的浸透引起铺装破坏扩大，影响到结构物； 当为钢桥面板时因浸透水而生锈
其他	表面膨胀	部分表面的膨胀	使用致密的混合料； 表层下空气的膨胀	向坑槽发展

（2）水泥混凝土桥面铺装。

若温度应力和荷载应力超过混凝土的抗拉强度，水泥混凝土桥面板就会产生裂断。施工期间铺装的裂断有因混凝土初期收缩受到阻碍而产生的拉应力超过了混凝土的抗拉强度引起的横向裂缝；或因板块尺寸过大而产生的温度翘曲应力超过了混凝土的抗弯强度引起的横向裂缝；由于交通荷载和复杂的环境等因素作用，桥面板亦存在表面坑槽、起沙、平整度不良等缺陷。水泥混凝土桥面铺装表面损伤的形式、产生原因及其对使用性能的影响见表2.3。

水泥混凝土桥面铺装表面损伤的形式、产生原因及其对使用性能的影响　　表 2.3

损伤形式	现象	主要原因	对使用性能的影响
铺装层表面不平	表面坑洼不平； 雨后积水；	高程控制不准； 局部浇筑不当； 表面水泥浆过多	行车舒适性； 抗滑能力
表面龟裂	龟裂状裂缝；	局部水泥浆过多； 养护不及时	耐久性
桥面裂缝	变形缝附近出现断续裂缝；	跳车使薄弱部位开裂； 连续桥面处钢筋失效； 墩台不均匀沉降； 车辆冲击	向坑槽发展； 浸水，裂缝扩大； 耐久性
表面粗糙度不一致	刻槽深度、宽度不一致	混凝土收水后没有打毛； 刻槽时集料脱落； 车辆磨损	轮胎噪声； 抗滑性能

续表

损伤形式	现象	主要原因	对使用性能的影响
表面坑塘	集料剥离、脱落	集料质量不良	向坑槽发展； 行车安全性能
表面起沙	铺装表面呈粉状； 集料外露	用细沙； 混凝土中水泥含量少； 车辆磨损	集料剥离； 形成坑槽

水泥混凝土桥面出现断缝、拱胀、错台、起皮、骨料外露等病害时，应及时处理。损坏面积较大时，应将原铺装整块或整跨凿除，重铺新的铺装层。铺装层较大面积表皮脱落、麻面，也可以在桥梁承载能力允许的条件下，加铺沥青混凝土结构层或进行沥青微表处。对大于 3 mm 的桥面裂缝，应检查其发生原因，在确定无结构破坏和延续发展的条件下，可进行灌缝处理。铺装层的局部损坏：Ⅰ类养护的城市桥梁桥面松散、坑洞面积不应大于 0.01 m²，深度不应大于 20 mm；Ⅱ、Ⅲ类养护的城市桥梁桥面松散、坑洞面积不应大于 0.02 m²，深度不应大于 20 mm；Ⅳ类养护的城市桥梁桥面松散、坑洞面积不应大于 0.03 m²，深度不应大于 30 mm；Ⅴ类养护的城市桥梁桥面松散、坑洞面积不应大于 0.04 m²，深度不应大于 30 mm。当铺装层的损坏超过上述规定时，应进行补修。水泥混凝土桥面铺装常见病害如图 2.14 所示。

(a) 水泥混凝土桥面铺装破损露筋

(b) 水泥混凝土桥面铺装网裂缺失

(c) 水泥混凝土桥面坑塘

(d) 水泥混凝土桥面裂缝

图 2.14 水泥混凝土桥面铺装常见病害

(3) 钢桥面铺装。

钢桥面铺装一直是桥梁工程中的一项技术难题，与混凝土桥面铺装相比，其难点是钢桥面板存在对铺装材料不利的恶劣环境，从而造成钢桥面铺装的易损性。不利环境如下。

① 钢桥面板与铺装界面处较为光滑，普通铺装材料无法满足铺装界面的抗滑移要求。

② 钢板容易产生锈蚀，对铺装材料的防水性能提出极为苛刻的要求。

③ 钢桥在使用过程中，桥面板的应力状态较为复杂，钢桥面板一般较薄，同时钢与普通铺装材料的温度膨胀系数存在一定差异，导致钢桥面铺装界面处会产生比混凝土桥面更大的材料应变。

④ 钢结构具有较强的导热性，在使用情况下铺装界面处容易出现极高温或极低温情况，尤其是钢箱梁结构，其夏季温度可高达70 ℃以上，对铺装材料的破坏严重。

因此，钢桥面铺装一方面要解决铺装材料的防水问题，另一方面要处理在钢板界面处高应变、高温及光滑表面情况下铺装材料的界面稳定问题。钢桥面铺装早期病害修复效果除与修复材料的本身的性能质量有很大关系外，还很大程度上取决于早期病害修复的施工工艺。施工工艺为修复过程中的具体实施方法及施工流程，合理、精细的处治施工工艺会使修复后铺装层的寿命得到很大的提高。因此，需要在前面对早期病害类型特点充分认识的基础上，结合不同早期病害的修复材料类型进行相应的修复工艺研究。

3. 伸缩装置

伸缩装置是指为使车辆平稳通过桥面并满足桥梁上部结构变形的需要，在桥梁伸缩缝处设置的由橡胶和钢材等构件组成的各种装置的总称。常用的伸缩装置按传力方式和构造特点大致可分为五大类，即对接式、钢制支承式、橡胶组合剪切式、模数支承式和无缝伸缩装置（含桥面连续构造）。

伸缩缝装置的主要功能是适应因温度变化、混凝土徐变和干燥收缩、荷载等作用而引起的梁端位移，以保证车辆行驶的舒适性和安全性。但由于伸缩缝装置设置在桥梁端部构造上的薄弱部位，除应满足承受车轮荷载的反复作用和适应梁端位移外，还应具备如下性能：①具有良好的平整度；②车辆通过时不产生过大的噪声和振动；③防水性；④便于维修和养护；⑤在正常使用状态下达到一个合理的使用寿命。

伸缩缝的缺陷与成因如下。

(1) 伸缩缝组件的退化。

伸缩缝的损坏具体应归结于每个组件产生的老化和破坏。这些组件有伸缩缝伸缩块、伸缩缝锚具、填缝料、盖板和梳齿板、柔性排水管等。

(2) 伸缩缝锚固破坏。

使用了防护角钢、防护钢板或氯丁橡胶垫板的伸缩缝是通过锚固件锚固的。防护角钢或钢板及垫板是用焊接在角钢钢板上的钢筋锚固在混凝土中的。在车轮荷载的反复冲击作用下，焊缝因疲劳而开裂。

另外一种破坏模式是锚固钢筋的黏结长度不够造成的，通常在浇筑混凝土时角钢下存有一部分密闭空气导致此处混凝土的密实度不够，从而增加作用在钢条上的力而加大失效的可能性。锚固一旦破坏，防护角钢就会松动甚至断掉，严重威胁着交通安全。为此，现在通常用防护钢板代替角钢。

许多伸缩缝都是通过螺栓锚固的。螺栓的数量、尺寸不够,或螺栓的锚固力不够,都会导致锚固件在车轮荷载作用下的破坏,而膨胀的楔形圬工锚固件在不拧紧的情况下遭受车轮荷载的冲击作用时仍能正常工作。

(3) 填缝料破坏。

实践证明,在实际工程中使用的各种类型的填缝料都出现了一定程度的损坏,1~5年后填缝料就不能正常发挥其作用,其典型问题如下。

① 氯丁橡胶压力填缝料在一段时间后失去了它最初的压力,在极端寒冷的条件下可能无法膨胀到使接缝密封,这样接缝就会漏水,甚至可能脱落,碎石也可能进入填缝料与梁端伸缩块间的缝隙内,并阻止填缝料重新密封接缝。

② 氯丁橡胶带状接缝缝隙可能会被落入缝内的碎石或汽车车轮碾压入内的碎石刺穿,导致接缝漏水。

③ 多硫化物和聚氨酯类填缝料被车碾压进其软表面的碎石损坏。这类填缝料因受到反复拉应力的作用而使填缝料从接缝的一端或两端撕裂;同时也由于受到反复的压应力作用,造成填缝料从接缝处被挤出。一般来说,聚氨酯类填缝料比多硫化物填缝料的工作性能更好。

填缝料可能受到化学物质、桥面板上冲洗下来的砂石或紫外线照射的损害。填缝料的早期损坏可能是其与砾石及其他外部物质间的热量、压力和摩擦造成的。按伸缩缝装置形式划分的损坏见表2.4。

按伸缩缝装置形式划分的损坏 表2.4

类型	损坏形式
橡胶板式伸缩缝	橡胶件破坏; 橡胶剥落; 从橡胶连接部位漏水; 锚固螺栓松弛; 伸缩缝装置本身下陷及高出; 螺栓孔的填料被拉离; 产生噪声
梳形钢板伸缩缝	伸缩接头活动异常; 锚固构件损坏,角钢与钢筋混凝土梁锚固不牢; 连接螺栓损坏; 排水管被土砂堵塞及损坏; 表面板焊接部位破坏,梳形齿损坏
毛勒伸缩缝	橡胶件部位抗滑值下降; 排水不良; 与横接缝的相互连接不好; 因左右结构物的变形差或振动差而引起的伸缩缝装置本身损坏
填充式伸缩缝	填缝料局部沉陷、拥包; 温缩裂缝; 填缝材料的老化; 车辙; 与桥面板连接处界面开裂

续表

类型	损坏形式
共同损坏	在伸缩缝装置前后的后铺筑混凝土过渡凹凸不平； 伸缩缝装置与后铺筑料凹凸不平； 漏水； 后铺筑料表面剥离； 行驶时的冲击及异常噪声； 后铺筑料龟裂； 后铺筑料全部上浮或下陷； 异常的伸缩； 桥面板端部破坏； 后铺筑料被压成辙

伸缩装置应平整、直顺、伸缩自如，处于良好的工作状态，有堵塞时应经常清除缝内积土、垃圾等杂物，出现渗漏、变形、开裂或行车有异常响声、跳车时应及时维修，梳齿板、橡胶板或异型钢类伸缩缝表面应每月进行一次清缝工作，伸缩装置下方的梁端缝隙应每年清理不少于两次，保证伸缩缝发挥正常作用。若伸缩缝损坏较严重或功能失效，应及时修理或更换；橡胶板式伸缩装置的固定螺栓应每季度保养一次，有松动应及时拧紧；橡胶板丢失应及时补上，弹簧（止退）垫不得忽略；毛勒或仿毛勒类伸缩装置的密封橡胶带（止水带），损坏后应及时更换。密封橡胶带的选择，应满足原设计的规格和性能要求；钢板（梳齿型）伸缩装置的钢板开焊、翘曲和脱落时，应及时发现并及时补焊；弹塑体伸缩装置出现脱落、翘起时，应及时清除，并应重新浇筑弹塑体混合料。伸缩缝装置常见病害如图2.15所示。

(a) 伸缩缝钢结构锈蚀、止水带破损

(b) 伸缩缝缝宽大

(c) 伸缩缝缝宽较小

(d) 伸缩缝混凝土带破损

图 2.15 伸缩缝装置常见病害（一）

(e) 伸缩缝型钢变形

(f) 伸缩缝止水带破损

(g) 后铺筑料开裂、轻微破损

(h) 伸缩缝堵塞

图 2.15 伸缩缝装置常见病害（二）

4. 排水设施

为迅速排除桥面上的雨水，防止渗入梁体引起腐蚀而影响桥梁结构的耐久性、稳固性，确保桥梁的正常使用，除在桥面铺装内设置防水层外，采取有效的桥面排水设施也相当重要。城市桥梁常见的排水设施可分为三种，即由排水槽、边沟、泄水管（落水管）、泄水孔及盖板等组成的桥面排水设施；由排水管、支撑构件等组成的从桥面到集水设施间的导水设施；流向地下或河海的集水设施。

桥面排水设施的缺陷对桥梁的结构安全影响较大，还可招致桥面积水，引起车辆滑移，成为交通事故的原因。排水槽、边沟、泄水管（落水管）、泄水孔及盖板等的破坏，是造成运输事故的直接原因。积水会向桥下溅水，严重影响附近的民宅和行人。相反，完善的排水设施对环境的改善作用较大。

桥面排水设施主要有泄水管和引水槽两种，泄水管常见缺陷主要有：①管道破坏、损伤，在外界作用影响下而产生局部破裂、损伤，出现洞穴而产生漏水等；②管体脱落，主要因接头连接不牢而产生掉落，失去排水作用；③管内有泥石杂物堵塞，从而导致排水不畅，甚至水流不通；④管口有泥石杂物堆积，桥面不清洁，会堵死泄水管管口。引水槽主要缺陷有堆泥、堵塞，水流不畅，槽口破裂损坏而出现漏水、积水等。桥面排水设施的缺陷如图 2.16 所示。

桥面的泄水管、排水槽如有堵塞，应及时疏通，并经常保持通畅。桥面泄水管长度不足时，应予以接长；桥面应保持大于 1.5% 的横坡，以利于桥面排水，桥梁上设置的封闭式排水系统应保持各排水管道的畅通，排水系统的设施如水泵等应工作正常，若有堵塞应及时疏通，若有损坏应及时更换。

5. 桥梁支座

随着桥梁事业的发展，其种类也在不断增加，桥梁的支座类型也越来越多。支座按照变形的可能性，可分为固定支座、单向活动支座和多向活动支座；按所用材料，可分为钢支座和橡胶支座；按是否带滑动能力，可分为滑动支座和固定支座；按结构形式，可分为弧形支座、摇轴支座、辊轴支座、板式橡胶支座、盆式橡胶支座、球形钢支座，其中，最为常用的是球形钢支座、板式橡胶支座和盆式橡胶支座。

(a) 泄水孔泥沙堆积

(b) 落水管破损

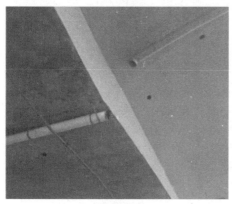
(c) 排水管缺失

(d) 排水系统井盖破损

图2.16 桥面排水设施的缺陷

桥梁支座必须具备足够的承载能力，对设计要求的变形约束应尽可能小，同时应经常养护维修，对其损坏部分要进行及时和正确的修补加固。

桥梁支座的病害包括支座本身的病害和支座垫板（块）的病害，桥梁支座常见病害如图2.17所示。

（1）板式橡胶支座。支座本身老化龟裂、钢板外露、钢板锈蚀、不均匀鼓出及脱落、支座局部脱空、支座剪切变形甚至超限、支座位置转动、支座垫石部位缺陷等。

（2）盆式橡胶支座。钢板裂纹和变形、钢件脱焊、钢件锈蚀、聚四氟乙烯板磨损、支座位移超限、支座转角超限、螺栓变形或断裂、锚固螺栓剪断或拔出、支座垫石部位缺陷等病害。

（3）球形钢支座。钢部件裂纹变形等损伤、锚固件及定位件失效、活动支座不活动、转角超限、支座垫石部位缺陷等病害。

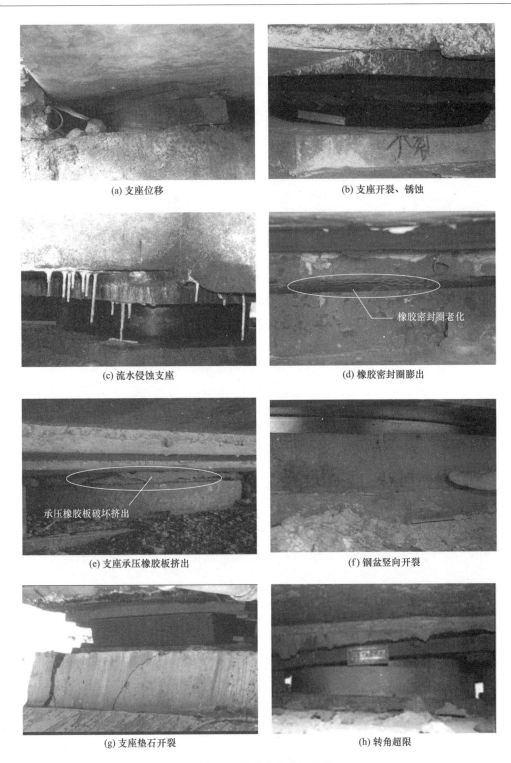

图 2.17 桥梁支座常见病害

桥梁支座损坏的原因是多方面的,既有设计方面的原因,也有施工缺陷、维修养护不够等原因。桥梁支座损坏原因一览表见表 2.5。

桥梁支座损坏原因一览表　　　　　　　　　　　　　　表2.5

损坏原因	具体内容
设计方面	形式的选定与布置错误； 材料选定错误，或者施工没有按要求执行； 支座边缘距离不够； 支座支承垫块加强钢筋不足； 对螺栓、螺母等的脱落估计不够
施工制作不完备	铸件等材料质量管理不善，质量较差； 金属支座的油漆防腐防锈处理不可靠； 砂浆填充不可靠，或者水泥砂浆强度不够
维修、养护、管理不善	滑动面、滚动面夹杂尘埃、异物； 因防水、排水装置的缺陷，向支座漏、溢水，使支座锈蚀； 螺母、螺栓松动、脱落，又没有及时修理
其他因素	桥台、桥墩产生的不均匀沉陷、倾斜与水平位以及上部结构位移，影响支座的正常使用

对于支座劣化或损伤的检查方法以及修补的紧急程度，根据日常养护工作中的经验，总结如下。

（1）支座的维修。板式橡胶支座局部脱空时，可采用填塞楔形钢板维修。辊轴支座的实际纵向位移，应与计算的正常位移相符。当纵向位移大于容许偏差或有横向位移时，应加以修正。当辊轴出现不允许的爬动、歪斜或摇轴倾斜时，应校正支座的位置。

（2）支座的更换。支座是桥梁的可更换部件，尤其是橡胶支座，因材料老化，其使用寿命远比混凝土、钢材短，除发现故障及时更换外，还应根据各地实际情况，建立定期更换制度，到使用年限的支座应强制更换掉。

早期使用的油毡垫层支座，在养护更换时，宜更换为其他性能可靠的支座。更换支座时，应分析支座病害产生的原因，并对相应病害进行处理。

注意事项：支座更换时宜将同一墩台上的同一排支座全部更换。支座技术要求应按《城市桥梁养护技术标准》（CJJ 99—2017）等相关规范及标准的相关规定执行。

2.3.2 混凝土桥梁常见病害

混凝土梁式体系桥梁在其建造和使用过程中，由于环境因素的影响和使用条件的变化，在桥梁的不同部位会出现不同形式的损伤和病害，表现为材料退化引起的耐久性损伤和外部作用引起的结构性损伤。根据桥梁结构类型、构造形式、建造条件、使用条件、运营条件的不同，损伤产生的种类、部位和程度不同，对结构的影响程度也不相同。

混凝土梁式桥长期暴露在自然环境中，受各种因素的影响，病害是逐步产生和发展的。人为因素主要是超高车辆或船只撞击主梁、超载，造成主梁产生裂缝，自然环境中的酸性废气、二氧化碳、较大的湿度和过多的雨水等也会造成混凝土的退化和钢筋的锈蚀。

导致混凝土梁式桥产生缺陷的原因不是一一对应的，而是由一个因素诱发、多个因素促进发展的过程。同时，各种病害相互影响、相互促进、共同伴生。为做到对症下药，在发现混凝土桥出现缺陷后，必须及时对缺陷进行调查研究，分析缺陷产生的原因、现状、发展趋势,以及桥梁遭受破坏的程度、对运营使用的影响等,以便及时采取相应措施。混凝土梁式桥常见病害如图 2.18 所示。

钢筋混凝土及预应力混凝土桥的各种病害表现有:裂缝;钢筋及预应力筋锈蚀;混凝土剥落、剥离;混凝土层析;混凝土蜂窝;混凝土白化;保护层厚度不足;混凝土碳化;膨胀性集料反应;构件撞损等。

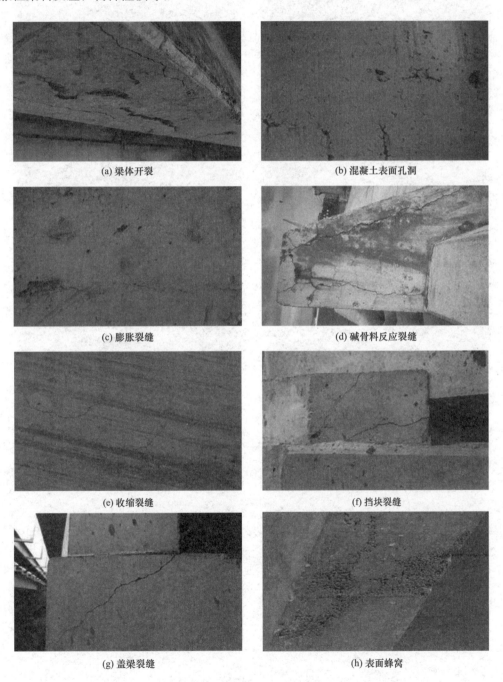

(a) 梁体开裂　　　　　　　　　　　(b) 混凝土表面孔洞

(c) 膨胀裂缝　　　　　　　　　　　(d) 碱骨料反应裂缝

(e) 收缩裂缝　　　　　　　　　　　(f) 挡块裂缝

(g) 盖梁裂缝　　　　　　　　　　　(h) 表面蜂窝

图 2.18　混凝土梁式桥常见病害(一)

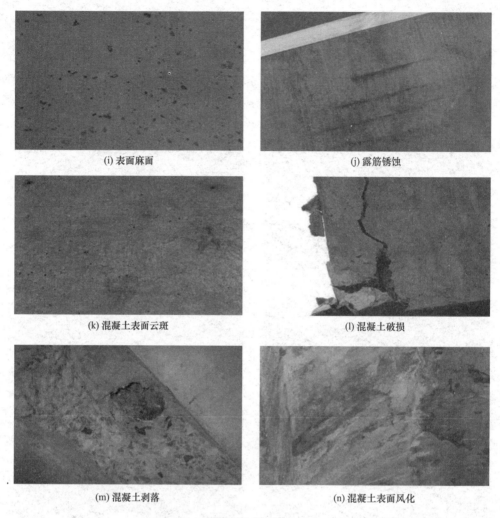

图 2.18 混凝土梁式桥常见病害（二）

在上述病害现象中，裂缝及钢筋锈蚀以目视检测为主。其中，裂缝是导致构件失效的主要特征。钢筋锈蚀将造成钢筋断面减少、强度降低并伴随混凝土体积膨胀，最终导致混凝土产生裂缝并将减少钢筋与混凝土间的握裹力。检测时可依据裂缝类型、裂缝发生部位及尺寸（包括裂缝长度、裂缝宽度、裂缝深度）（结合历史记录的对比结果），大概了解构件退化的原因及程度。当难以用目视判断其原因时，可利用非破坏性检测或其他方法做进一步诊断。

1. 混凝土梁式桥的典型裂缝

混凝土梁式桥损伤开裂的原因复杂多样，主要为：一是混凝土材料退化损伤引起的裂缝，如混凝土碳化、有害物质侵蚀、碱集料反应、钢筋锈蚀等原因引起的混凝土开裂；二是施工过程中引起的裂缝，如混凝土水化热产生的温度应力、混凝土结硬过程中的收缩或干缩、支架不均匀沉降、模板变形、原材料质量及施工质量问题等引起的混凝土开裂；三是设计方法及构造上的不合理引起的裂缝，如结构计算内力与实际内力不符、构造设计不合理、计算荷载考虑不全面、设计与施工方法综合考虑不周等原因引起的混凝土开裂；四是使用阶段引起的裂缝，如超载运营、车辆撞击、桥梁维护不当等原因引起的混凝土开裂。各种因素往往是共同作用于混凝土桥梁结构上的，没有特别的主次原因之分。

混凝土开裂原因总结归纳如下：车辆超载而产生梁体底部弯曲开裂和剪切开裂；墩台的不均匀沉陷而引起的裂缝；支座失效，引起梁的附加应力，由此产生裂缝；混凝土施工养护不善而引起的干缩开裂或层裂；水灰比和振捣不实而产生的梁体收缩裂缝；温度变化或冻融效应产生的裂缝；大体积混凝土浇筑时，水泥水化反应导致的自体收缩裂缝；施工接缝处混凝土龄期不同而产生的裂缝；强风或地震等外在环境冲击力导致裂缝；钢筋锈蚀膨胀导致裂缝；预应力锚固区或牛腿部位的局部高应力产生的裂缝；在徐变等材料本质特性的共同作用之下，混凝土的拉力与剪力和钢筋握裹力抵消后的净拉力或剪切作用力大于混凝土材料的抗拉力或抗剪强度导致裂缝；梁刚度不足，产生过大挠度，引起裂缝。

对于不同梁式桥结构，裂缝发生的部位和种类不尽相同。

2. 钢筋及预应力筋的锈蚀病害

对于预应力混凝土构件，一般要求在正常运营状态下不出现裂缝，钢筋和预应力钢筋一般不易锈蚀，但是由于施工和严重超载，锈蚀也会发生但不易发现且发现锈蚀时，该构件已呈严重损坏状态，因此在桥梁检测时，钢筋锈蚀应作为检测重点之一，进行较为详细的记录。

钢筋锈蚀使混凝土承受拉力而裂开，使钢筋暴露于大气中，加速生锈，并造成外层混凝土的剥落。受力主筋锈蚀后，钢筋横断面积减少，主梁的承载能力急剧降低，严重影响结构物的安全性。

综上所述，造成钢筋锈蚀的主要内在原因如下：一是钢筋受湿气及氧气的作用；二是混凝土中性化；三是钢筋表面氯离子含量高。造成钢筋锈蚀的主要外在原因如下：一是混凝土构件开裂；二是主梁受损，混凝土剥落；三是施工时预留保护层太薄，混凝土碳化深度较大；四是后张预应力的灌浆和封锚不合格，导致锚下积水或空洞。

钢筋锈蚀可分两种情况：一种是混凝土开裂后导致的钢筋锈蚀，即先裂后锈；另一种是因为钢筋混凝土保护层太薄或露筋而引起的钢筋锈蚀。钢筋锈蚀体积膨胀导致混凝土开裂或表面混凝土成块脱落，即先锈后裂。主梁中的钢筋和预应力筋主要是先裂后锈，混凝土保护层保护作用失去后，锈蚀就很容易发展。而先锈后裂的情况较少，主要是钢筋混凝土保护层太薄或混凝土意外受损露筋，附属结构上比较多见，如防撞墙等。调查显示，有的防撞墙内侧钢筋网几乎无保护层，在大气环境作用下钢筋锈蚀得相当严重。由于钢筋锈蚀，导致表面混凝土开裂甚至成块脱落，混凝土开裂或脱落使原来处于混凝土保护层下的钢筋暴露于空气中，如此恶性循环，若不加以维修养护，对桥梁的危害也是不可忽视的。保护层太薄或露筋，在桥梁竣工后几年内问题并不显得太突出，甚至一直处于被忽视的状态，直到长期的大气作用导致钢筋严重锈蚀后才引起注意，要花费大量人力物力进行维修养护。

梁体钢筋锈蚀会造成混凝土的劣化与开裂，使梁体结构产生病害，影响桥梁结构的耐久性和使用寿命。随着桥梁结构损伤程度的不断发展，最终导致桥梁结构的整体破坏。因此，混凝土耐久性设计概念在混凝土桥梁结构设计中越来越受到重视，在《道路钢筋混凝土及预应力混凝土桥涵设计规范》（JTGD 62—2004）中有具体体现。

3. 铰缝病害

铰缝主要是指桥梁工程中预制板梁间的后浇混凝土（灌缝），它连接两块板梁，在板梁安装好后桥面铺装施工前进行。对于装配式空心板梁桥，其通过铰缝相连接形成整体来共同承受外部荷载，铰缝病害对桥梁结构的受力安全不利，并对桥梁结构的运营和耐久性也有严重影响。

空心板梁桥的铰缝病害是在多种影响因素的共同作用下造成的，可概括为设计、施工、运营阶段三方面因素。其中，空心板梁桥结构上的"先天不足"是发生"单板受力"的重要原因。归纳起来，造成空心板铰缝病害的设计因素有以下三点。首先，理论铰与实际铰的受力状态不同。铰接板法计算理论的假定是理想"铰"只承受剪力，不承受拉力和纵向扭矩，但在荷载作用下，板梁将发生竖向、横向挠曲及扭转铰缝，混凝土在受到剪力、弯矩、扭矩共同作用的情况下，往往不是发生受剪破坏，而是和板的黏结面发生破坏，设计上忽略部分因素的缺陷使得铰缝的实际抗剪能力低于理论计算值。其次，由于受建筑高度的限制，空心板梁这种桥型的强度、刚度不如T形梁和箱形梁，用铰缝来保证桥梁整体性的效果也不够理想。最后，在设计中，有时由于桥面超高或设置预拱度等，导致桥面某些部位的铺装厚度不足。另外，由于铺装层内的钢筋普遍存在直径较小、间距较大的情况，铺装层与空心板梁体的整体性减小，使得桥梁的整体性也随之降低。通过以上介绍可知，铰缝病害严重影响桥梁的安全运营，需防治结合，其预防对策有以下三种。

（1）采用深铰缝构造。

随着铰缝竖向高度的增大，铰缝破坏的程度与频率大体上逐渐变小。事实上，铰缝加宽有利于施工人员对铰缝内混凝土进行充分振捣，铰缝加深可加大混凝土与板梁的接触面积。因此，空心板梁桥可采用漏斗形深铰缝的形式来增强铰缝截面强度，降低病害发生的可能性。

此外，为避免收缩引起的早期裂缝，铰缝内应采用微膨胀混凝土，利用膨胀剂来补偿收缩。如果希望在施工过程中保证铰缝混凝土的密实性，提高铰缝混凝土耐久性，还可采用自密实微膨胀混凝土，使混凝土无须振捣便可在自身重力作用下实现流动，即使存在致密钢筋也能均匀地填充模板。

（2）加强横向连接钢筋。

过去，铰缝的钢筋布置通常是仅在横向配置连接钢筋，且钢筋的直径较小，剪力的传递能力有限。而近年来的铰缝除增大尺寸外，还增大了铰缝内构造钢筋布置量：在相邻空心板间的顶部和底部增加了连接钢筋，在铰缝中增设两根纵向受力钢筋，并且增大钢筋直径。这样，铰缝与板梁之间的连接就得到了有效增强，从而保证了力的横向传递。

（3）其他加强措施。

目前大多数空心板梁桥桥面的横向连接能力较弱，可以通过在桥面铺设钢纤维混凝土来加强桥面铺装层的横向连接，同时添加聚丙烯纤维以增强桥面的防水抗渗能力。此外，在施工方面，预制阶段须预先对板梁与铰缝的结合面进行凿毛处理，铰缝混凝土浇筑前应清理缝内杂物并适当洒水湿润。此外，还可以选择在板梁侧模板上焊接钢筋使板梁结合面形成6 mm凹凸深度的粗糙面。

后期修补空心板梁桥铰缝处裂缝通常有三种方法：灌浆法、植筋法和返修法。灌浆法简便易行，但仅适用于初期病害；植筋法可以对更严重的贯穿性裂缝有效补强；返修法是根治桥面纵向裂缝的可靠方法。

4. 其他病害

对于钢筋混凝土和预应力混凝土梁式桥上部结构中的基本构件，其他病害主要为混凝土的表面缺陷，主要有蜂窝（混凝土局部疏松，砂浆少，石子多，石子之间出现空隙，形成蜂窝状孔洞）、麻面（混凝土表面局部缺浆、粗糙，或有许多小坑，但无钢筋外露现象）、孔洞（混凝土内部有空隙，局部没有混凝土，蜂窝特别大的现象常发生在钢筋密集处或预留孔洞和预埋件处）、露筋（主要是主梁受到意外撞击造成混凝土的崩落，使得钢筋外露）、剥落（混凝土表面水泥砂浆流失，造成粗集料外露的现象，严重者造成粗集料松脱，一般发生在混凝土表层品质较差的部位，一般不会很深）、白化（又称游离石灰，是由内部渗出、附在混凝土构件表面的附着物，通常为呈白色的石灰类附着物）、层析（构件受盐水侵袭，构件内的钢筋锈蚀体积膨胀，导致钢筋与外层钢筋附近的混凝土分离）等。

混凝土桥梁因某一缺陷日积月累的变化，加上环境的影响而有扩大的危险。例如蜂窝麻面，水的渗入会促使混凝土材料恶化，引起钢筋锈蚀，钢筋锈蚀物的产生过程伴随体积膨胀，又导致混凝土表面产生锈蚀裂缝，形成恶性循环。

2.3.3 拱结构体系桥梁的常见病害

在所有桥型中，拱结构以受压为主，特别适宜砖、石、混凝土等抗压能力较抗拉能力强的材料。拱结构同时也是一种跨越能力很强的桥型，在 200～600 m 跨径范围内都有相当大的竞争优势。

拱桥的主要缺点是自重大，有推力拱的拱脚水平推力高，导致下部结构承受较高水平压力。此外，建筑高度高、施工难度大也部分影响到拱桥的广泛应用。

依据拱肋（拱圈）使用的材料，可将拱结构分为五类：木拱桥、圬工拱桥、钢筋混凝土及预应力混凝土拱桥（以下均简称混凝土拱桥）、钢拱桥、钢管混凝土拱桥。拱桥的主要构造包括拱肋（拱圈）、拱座、拱脚、桥面系、系梁、吊杆与系杆（水平拉索）等。

1. 圬工拱桥

圬工拱桥由砖石材料砌筑而成，普遍为有推力无铰拱结构，按有无腹拱可分为空腹式拱与实腹式拱两类。圬工拱桥的常见病害往往发生在主拱圈、前墙、侧墙及桥台等部位，具体类型包括砌缝损坏、开裂、渗水、桥面沉陷、基础不均匀沉降或位移及生物侵蚀等，下面分别予以详述。

（1）主拱圈开裂。

主拱圈开裂根据产生裂缝的位置和方向可分为主拱圈横向裂缝及主拱圈纵向裂缝两类。

其中，主拱圈横向裂缝一般发生在拱顶区段，特点是沿砌缝开裂，贯通拱圈底面全宽，位置在封拱石一侧或两侧，裂缝数量可达两条以上。开裂导致砂浆脱落，如果横向裂缝发展到拱厚的一定深度，开裂面的抗弯惯性矩将大幅降低，相当于形成铰，改变了原结构体系，使结构内力发生变化，稳定性降低。如果出现多条横向裂缝，形成三铰以上时，将导致结构失稳破坏。除拱顶裂缝外，横向开裂也可能出现在拱脚上部。导致横向裂缝的主要原因如下。

① 主拱圈厚度太薄或材料强度不够。石拱桥主拱圈的内力分析表明，拱顶正弯矩最大，拱脚负弯矩最大，拱顶、拱脚为设计控制截面，若截面抗力小于实际荷载内力，将造成拱顶下部或拱脚上部开裂。

② 基础沉陷，墩台移动。石拱桥多数按无铰拱设计，为超静定结构。基础沉陷或墩台位移引起的主拱圈附加应力非常大。

③ 拱圈受力不对称。主要发生在坡桥与弯桥上。有些坡桥坡度较大，而主拱圈设置采用平置，造成拱上建筑不对称，使拱圈受力不对称。车辆在弯桥上转弯时产生离心力，造成拱圈弯道外侧开裂。

④ 设计时拱轴系数选择不当或施工造成拱圈变形，使荷载压力线与拱轴中心线偏离太大而开裂。

⑤ 施工质量差。如砂浆不饱满、砌筑工艺不规范等。

主拱圈纵向裂缝产生后，结构的整体性被破坏，裂缝两侧拱圈的受力、变形不再均匀，局部构件的内力将增大。由于裂缝使横向受力性能减弱，在横向力增大的情况下，裂缝将继续发展，降低拱桥的承载能力。而拱头石开裂后，不能参与主拱承受活荷载，拱圈截面积减少，内力增大。若开裂严重而形成分离后，则类似一条肋拱，在偏载或横向力作用下，外侧将因失稳而塌落，并导致拱上建筑损坏乃至结构不能正常使用。

纵向裂缝有两种形式：第一种形式是裂缝由桥墩的竖向向上发展到拱圈，产生纵向裂缝，由墩台基础产生不均匀沉降以及行车的振动等原因造成；第二种形式是纵向开裂到侧墙的下方，自拱顶向拱脚逐渐消失，这是因为拉应力较大而导致开裂，形成纵向裂缝。

（2）腹拱圈开裂。

腹拱矢高过小，会形成较大的腹拱推力，如果施工质量较差，则易产生裂缝。当铰缝处理不当时，石砌腹拱圈的铰石应选择石质坚硬且无裂纹的石料，铰石的接触面应较一般拱石多加修凿以增大实际接触面积，如果施工中未达到要求，会造成铰石破坏而开裂。拱与拱上建筑的联合作用显著影响拱上建筑的内力，拱上建筑刚度越大，影响就越大。考虑拱上建筑与拱共同工作所计算的内力与分开计算的结果可能迥然不同，若构造处理不当或按分开计算设计，则会导致拱上建筑因拱桥变形而严重开裂甚至破坏。腹拱的开裂造成桥面破坏，加上养护不到位，会引起桥面渗水，进一步加剧腹拱圈的开裂。

（3）前墙或侧墙开裂。

圬工拱桥前墙或侧（翼）墙的开裂主要是桥台的不均匀沉降引起拱圈的偏斜、扭转等一系列次生变形造成的，裂缝多为竖向裂缝或斜裂缝。圬工拱桥常见病害如图2.19所示。

此外，侧墙的作用是挡住拱背填筑作用，如果砌筑质量差，或与台后侧墙之间未留变形缝，则会在拱上填料、自身恒载及活载作用下，因受侧向力而导致外凸或与拱圈连接界面的脱开和开裂。通常，实腹拱的拱上侧墙均参与拱的共同作用，因此出现裂缝的现象较为普遍，侧墙的病害会降低拱圈的承载能力，并导致桥面系的破坏。

2. 钢筋混凝土拱桥

混凝土拱桥按其结构体系可分为简单体系拱桥和组合体系拱桥两类。简单体系混凝土拱桥的全桥荷载由主拱肋单独承担。简单体系拱桥按截面可分为板拱、肋拱、双曲拱和箱形拱四类，按拱上建筑则可分为实腹式拱与空腹式拱两类。组合体系拱桥一般由拱和梁、桁架或刚架等两种以上的基本结构体系组合而成，组合结构与主拱共同承受荷载。组合体系拱桥可分为两类：一类为整体式拱桥，主要包括桁架拱桥和刚架拱桥；另一类为无推力的拱梁组合体系桥梁，多为中、下承式的系杆拱桥，其中系杆、吊杆、系梁的病害会在其他章节中介绍，在此不再赘述。

图 2.19 圬工拱桥常见病害

简单体系混凝土拱桥是一种传统意义的拱桥，在我国已有数十年的发展历史，其因优美的曲线外形而深得民众的喜爱。组合体系拱桥则是随着预制拼装工艺的发展和成熟逐渐由小构件拼装到大型块件（或整体）吊装与组装，由全部采用钢筋混凝土结构发展到主体采用预应力混凝土，由小跨度桥梁发展到大跨深谷桥梁，使这类桥梁的新颖性和技术优越性得到了充分发挥。

除部分可能受弯或受拉的构件外，混凝土拱桥以受压为主，充分发挥了混凝土的优势。混凝土拱桥的病害以混凝土表面病害及开裂为主，其中混凝土表面病害与拱桥的构造无关，可参见相关章节中的介绍，本节主要介绍混凝土拱桥的裂缝类型并分析其成因，其他非开裂导致的混凝土拱桥特有病害也在此一并介绍。

（1）拱肋变形。

拱肋变形包括不对称下挠、横向侧移等情况。拱肋不对称下挠主要是基础变位所致，拱肋横向侧移则主要是因为施工质量不佳。

（2）拱肋开裂。

当拱肋截面高度不足，截面抗弯刚度较低时，可能因受弯而在截面上形成多种形式的开裂。

① 拱顶下缘开裂为混凝土拱桥常见病害，通常发生在拱顶正弯矩区内，严重时会引起桥面下挠，或不对称变形，甚至导致水泥脱落。拱顶下缘开裂是拱顶正弯矩作用超过混凝土抗弯能力所致。在跨中形成正弯矩的影响因素较多，包括：温度、恒载及交通荷载作用；在拱轴压力作用下混凝土的收缩徐变使拱轴缩短；拱脚基础承载力低，在荷载作用

下逐渐发生水平变位或者拱脚前倾。

② 钢筋混凝土无铰拱拱脚上缘负弯矩区段范围内的混凝土裂缝也较为常见。拱脚局部混凝土开裂使有效承压面减小，严重时可能导致受压区混凝土压碎，甚至钢筋失稳鼓出截面。拱脚上缘开裂是由拱脚负弯矩造成的，其原因与拱顶下缘开裂类似，包括温度、恒载、交通荷载、混凝土收缩徐变作用等影响因素。当拱桥基础承载力不足导致拱脚基础不均匀沉降时，会在沉降较少侧拱脚区段增加额外的负弯矩，当基础在拱脚推力作用下逐渐发生水平变位或者后倾转动，也会使拱脚负弯矩增加，导致拱脚上缘混凝土开裂。

③ 由于多种原因，拱上建筑也可能出现开裂，此类病害包括底座梁开裂、盖梁与立柱剪切斜裂缝和弯曲裂缝等。底座梁开裂是因为传统设计中忽略了对底座梁的受力分析，未按底座梁的受力状态进行配筋设计。而立柱和盖梁开裂则主要是因为拱肋变形不均匀、拱上立柱间的横向联系较弱使得连接区域承受着较大的剪切应力，导致斜裂缝的形成和发展。由于盖梁不时承受着超重车辆荷载的作用，盖梁跨中容易达到应力峰值的部位可能出现弯曲裂缝。

拱肋开裂在混凝土拱桥中较为常见，但其对结构的危害程度有限。随着普通混凝土拱桥开裂程度逐渐增加，拱肋受压区截面积不断削弱。当部分受压区混凝土碎裂时，则最终在开裂处形成塑性铰。由拱结构受力性能可知，拱肋以受压为主，当全桥铰的总数在3个以内时，结构的内力变化程度并不大。因此，对于普通混凝土拱桥来说，起拱肋开裂对承载力的影响有限。

(3) 横系梁开裂。

连接拱肋的横系梁开裂属于多肋拱桥常见病害，表现为横系梁跨中出现竖向开裂，而在接近拱肋处则呈现八字形开裂。横系梁开裂是由于肋拱桥各肋承受的车辆荷载分配不均匀且各肋竖向刚度较低，导致各片拱肋间存在明显位移，使连接相邻拱肋的横系梁在跨中出现竖向裂缝，而在与拱肋接缝处形成八字形裂缝。此外，在温度以及混凝土收缩作用下也可能形成这种开裂。

除以上介绍外，混凝土拱桥还可能出现侧墙鼓肚、拱座偏移等病害。拱肋变形表现为突然增大的侧向变位或者S形变形（连拱结构），其原因主要是船撞或拱肋混凝土收缩徐变。实腹式拱侧墙鼓肚在北方冬季较为常见，其原因是桥面排水不畅，冰雪融水渗入拱波上方填土并在冬季冻结膨胀。拱座偏移表现为拱座不同程度的竖直沉降及水平位移，严重时导致拱肋开裂、变形，也可能使桥台翼墙开裂。混凝土拱桥下部结构的病害包括基础出现不均匀沉降等，主要原因包括河床冲刷、基础埋深不够，特别是采用摩擦桩基础的桥梁，河床冲刷会导致基础不均匀沉降，从而产生桥台裂缝、拱圈开裂等主要承重构件的病害，严重影响桥梁的安全运营。混凝土拱桥常见病害如图2.20所示。

3. 钢拱桥

拱结构以受压为主，构件开裂较少发生，但中下承式钢拱桥的吊杆承受的是拉力，吊杆的连接锚固构件可能由此产生疲劳开裂破坏。由于钢拱承载以受压为主，受压不是钢的强项，为防止压屈，要保持一定的刚度，需设置加劲件，用钢量大，这就限制了其跨径的进一步增大。再加上20世纪50年代以后，斜拉桥得到飞速的发展，在250~500 m主跨范围内，钢拱桥的用钢量比斜拉桥要大，显得不经济，因此自斜拉桥问世并迅速发展后，钢拱桥的采用有下降的趋势。

(a) 混凝土拱肋外表面涂层起皮

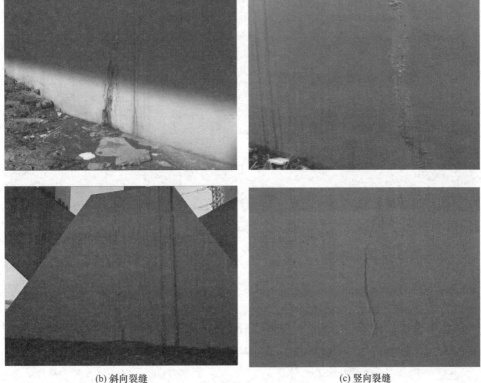

(b) 斜向裂缝　　　　　　　　　　(c) 竖向裂缝

图 2.20　混凝土拱桥常见病害

钢拱桥的拱肋及横撑的转动惯性矩远小于同跨径的混凝土拱桥或钢管混凝土拱桥，相较其他材料的拱结构而言更易出现屈曲变形。同时，由于钢拱桥构造比混凝土拱桥及钢管混凝土拱桥复杂，设计人员可能漏算，导致结构失稳，如1907年加拿大魁北克大桥的失稳坍塌。

钢拱桥的常见病害包括涂装失效、锈蚀、焊缝开裂、疲劳裂纹、冲击变形失稳等。涂装失效是钢拱桥最常见病害，其现象及可能成因在其他章节已经介绍，此处不再赘述。钢拱桥涂装失效通常出现在拱上构件凹角、焊缝、构件间缝隙等位置，吊杆钢拱桥易出现涂装失效的位置包括吊杆锚固套筒、拱肋锚固区焊缝等部位。特别是位于上承式拱桥桥面泄水孔下方的构件,由于长期受泄水孔中污水冲刷,经常出现涂装失效现象。

4. 钢管混凝土拱桥

近年来,钢管混凝土拱桥在国内取得了飞速发展,迄今为止已建成200余座,且大部分是采用无推力的系杆拱桥。钢管混凝土拱桥综合利用了钢与混凝土两种材料的优势,即利用钢结构轻便、施工便利的优势进行架设,并通过套箍压力提高混凝土强度;又发挥了混凝土抗压能力高、价格低廉的特点。我国钢管混凝土拱桥的发展是实践在先,理论在后,所建桥梁尽管数量众多,但其设计和施工尚欠成熟,病害在所难免。由于其构造上的特点,钢管混凝土拱桥的代表性病害及其成因与其余类型的拱桥有所区别。

(1)钢管内混凝土不密实是钢管混凝土拱桥最常见,也是最受诟病的问题,表现为核心混凝土的强度沿拱肋高度分段变化,与钢管间脱空并在拱顶形成空腔。根据试验研究,当钢管内混凝土空隙达到截面积的1.935%以上时,钢管对混凝土的套箍作用基本丧失,结构承载力降低20%以上。

(2)拱脚外包混凝土开裂是另一种常见于钢管混凝土拱桥的病害。这种病害由以下三种因素造成。

① 拱脚混凝土厚度不足,箍筋密度不够,导致拱脚混凝土在钢拱肋的巨大力及拱脚弯矩作用下剪切开裂。

② 由于设计失误或施工误差,拱肋、系杆以及支座三者的作用线未交于一点,使拱脚产生较大弯矩,导致拱脚混凝土出现受力裂缝。

③ 拱脚混凝土与钢管刚度不同,拱脚混凝土收缩徐变或温度变形受到钢管限制,致使混凝土开裂。

(3)钢管拱焊缝质量问题。钢管拱结构焊缝较多,且内部填充的混凝土具有弱电性,往往存在焊缝病害,包括焊缝锈蚀与焊缝开裂。

2.3.4 钢结构桥梁常见病害

钢结构梁相对混凝土梁承载能力高、跨越能力大,且质量轻、施工架设便捷,被广泛用作大跨桥梁上部结构,如钢板梁、钢箱梁、钢桁架梁、钢拱结构、叠合梁等。但是钢结构梁常因养护维修不到位而导致结构损伤退化,钢结构梁所遭受的主要损伤退化形式有防腐涂层的失效、钢构件锈蚀、钢构件开裂、异常变形和连接松动。

1. 钢结构桥梁防腐材料及工艺体系

钢结构桥梁建设中使用了大量的钢材来建造钢箱梁、钢管拱、悬索、钢桁架和缆索等。桥梁钢结构作为桥梁的主要承力结构,在现代桥梁使用运行过程中承载着支撑、稳固的重要作用,如桥梁钢结构发生腐蚀,必然会给桥梁的运行埋下质量隐患和安全隐患。因此,加强对现代桥梁钢结构相关防腐涂层体系的科学设计具有重要的现实意义。以下是四种主流的防腐材料体系及两种防腐涂料工艺体系。

(1)环氧树脂防腐体系。环氧树脂能与各种类型的固化剂反应生成不溶的高聚物,固化后的环氧树脂耐化学性高、黏附性强。其与金属有较强的结合能力,主要是固化催化后的环氧树脂分子中有大量的羟基,与金属表面可形成氢键而附着力较强。大羟基的存在使得环氧树脂极易吸水,水分子的存在不仅破坏了涂层与金属基体的结合,也对金属基体造成了腐蚀,从而使涂层失去了防护的意义。季卫刚等通过物理掺杂或化学改性的方法在环氧树脂中引入有机硅氧烷,在不损失涂层附着力的前提下有效降低了环氧涂层的吸水量。

(2) 聚氨酯防腐体系。聚氨酯具有高强度、高耐磨性、耐化学性能,被广泛应用于户外涂料制品。双组分聚氨酯涂料是最常见的聚氨酯涂料,朱科等研制的水性异氰酸酯改性石墨烯/聚氨酯复合乳液就属于这一类,通过逐步聚合反应将异氰酸酯功能化的石墨烯接枝到水性聚氨酯链段中,从而制得纳米复合乳液,具有良好的防腐性能。研究表明,随着异氰酸酯功能化石墨烯含量的增加,不仅防腐性能得到增强,同时也降低了水蒸气透过率,提高了涂层硬度。

(3) 有机硅树脂防腐体系。有机硅树脂是具有聚合度交联的网状结构的聚有机硅氧烷,其结构中既有"有机官能团",又有"无机官能团",决定了其在耐候性、耐化学稳定性、疏水性等方面都有着良好的表现。虽然有机硅树脂有诸多优良性能,但是也存在固化温度高、附着差、耐溶剂性差等不足,极大地限制了其使用范围,如何克服有机硅树脂的缺点成了很多研究人员的研究重点。贾艺凡等用环氧树脂改性有机硅以十二烷基苯磺酸钠二次掺杂聚苯胺为防腐涂料填充其中。结果表明,填料在环氧有机硅中分散均匀且致密,表现出良好的防腐效果。

(4) 有机氟树脂防腐体系。有机氟树脂又称"氟碳树脂",一般指含氟聚合物,具有优异的化学惰性,表现出极佳的耐候性和高稳定性,其优异的防腐性能源于自身极低的表面能和较强的疏水性。研究表明,通过对有机氟树脂涂层添加纳米填料可以使其具有超疏水性质,进一步提高其防腐性能。马丽等通过将红石型纳米 TiO_2 添加入自制的氟树脂制备了接触角达 152°的超疏水涂层。

有机氟树脂优异的防腐性能使其在工业防腐领域受到大量关注,将来其一定会在工业防腐领域占据重要地位。

(5) 油漆涂料涂装体系。

① 失效机理。首先中间漆和面漆老化、侵蚀、剥离、溶胀等失效。全部或部分脱落,腐蚀介质直接对底层作用,底层以均匀腐蚀速率被自腐蚀消耗,当局部锌粒被腐蚀后露出钢铁基体时,富锌底层牺牲其余锌颗粒而保护钢铁不腐蚀,同时底层也会发生老化、侵蚀等失效,使底层无法与钢铁结合,从而阴极保护作用消失。

② 耐久性。极限使用寿命为 10～15 年,甚至在 4～5 年内有些桥的防腐蚀涂层就需要维维。维修时要除去浮锈和旧涂料,不仅消耗大量涂料,而且旧涂料还会污染周围环境,甚至还要专门成立一支钢桥防腐养护队伍。因此,每座钢桥梁都不得不为此支付一笔相当数量的维护费用,这种开支还不是一次性的,而是以后每隔 3～5 年就需要进行一次。

③ 使用情况。涂料涂装是我国最常见钢桥防腐方法。国外已不再在钢桥上大面积使用涂料涂装体系,目前发达国家将其销售市场直接转向发展中国家和经济不发达国家,如果继续使用,那么十几年后将会面临庞大的钢桥防腐维护费,使用严重时甚至会影响桥梁的安全性。

(6) 电弧喷涂涂装体系。

① 电弧喷涂工作原理。利用电弧喷涂设备,对两根带电的金属丝(如锌、铝等)进行加热、熔融、雾化、喷涂形成防腐涂层。

② 防腐技术特点。具有较长久的耐腐蚀寿命,防腐寿命与涂层厚度直接相关。大量

应用实例证明，喷涂层防腐蚀寿命可达到 50 年以上无维修历史，50 年以后的维护仅需在电弧喷涂层上刷封闭涂料，无须重新喷涂，实现一次防腐涂层经久有效。现在对电弧喷涂层的防腐蚀设计耐腐蚀寿命可达 50 年以上，甚至是 100 年的防腐蚀寿命。电弧喷涂层与金属基体具有优良的涂层结合力，这是防腐蚀涂层获得长寿的基本保证。电弧喷涂锌、铝涂层防腐原理为阴极保护，在腐蚀环境下，即使防腐涂层局部破损，仍具有牺牲自己来保护钢铁基体的效果。涂层（阳极）与钢铁基体（阴极）的面积比不小于 1，涂层与基体直接接触，其保护效果和结合力也远高于其他任何防腐涂层。

③ 失效机理。与涂料涂装基本相同，但封闭漆和面漆完全失效后，底层自腐蚀速率较低，阴极保护作用远高于富锌底层，且底层无老化等腐蚀。

就现代桥梁建筑而言，其钢结构防腐涂层体系的设计是一项系统、复杂的工作，需要根据不同桥梁所处的环境和条件，并联系不同涂层部位特殊的防腐需求，有选择、有针对性地进行涂层体系设计，在保障防腐涂层防腐性能达标的基础上，还需尽量满足防腐涂层体系设计的经济性、环保性要求，综合提高防腐层体系设计的科学性和合理性。

2. 防腐涂层的失效

钢桥防锈就是防止钢材在大气环境中发生锈蚀。防锈系统（措施）的应用可防止锈蚀的形成，或延缓锈蚀的发展。目前，成熟的钢材防锈系统有如下几种。

（1）提供一种耐久的防护层，以阻止氧气和水汽接触钢材（如油漆、包裹、电镀）。

（2）阻止对钢基材的侵蚀（防腐底漆）。

（3）根据原电池原理，提供一个牺牲阳极装置（富锌油漆、电镀）。

（4）由外部装置提供附加电流来抑制阳极反应（阴极防护）。

（5）在封闭箱体内安装除湿机，保持钢结构干燥。

桥梁工程中主要采用防腐涂层，包括金属涂层、有机油漆涂层和复合涂层。当构件由很多的单个小构件组成时（如栏杆），可采用电镀。对于大面积构件，可采用阴极防护。在大跨度桥梁的箱形主梁内除油漆外，还常常安放除湿机。

有机油漆老化的主要原因是紫外线照射，油漆老化还与所处环境和构造形式有关。例如，在箱梁、板梁的下翼缘，边梁上翼缘的下表面，桁架下弦杆的节点处，上弦杆的顶面，铆钉头部、焊接部位，还有在桥梁端部伸缩缝附近常会发生油漆老化。

当油漆老化时，会变脆，敲击时变为碎片。一般来说，油漆防护系统的破坏程度按发展过程依次是粉化、龟裂、开裂、爆皮、锈斑，油漆涂层最终沿锈蚀部位全部开裂、剥落。

3. 钢结构锈蚀

锈蚀是影响钢桥健康状况的最主要因素。锈蚀引起构件截面减小，承载力下降，尤其是因腐蚀而产生的"锈坑"使钢构件脆性破坏的可能性增大，除影响安全性外，还严重地影响着钢构件的耐久性，使其维护更加昂贵。

锈蚀是钢材与外界介质相互作用而产生的损坏过程，是当钢材暴露在空气、水汽、工业烟尘及其他化学和污染物的环境中产生的化学反应或电化学反应而使其性能退化的过程。生锈和腐蚀在这种情况下含义是一致的。只有当钢材没有保护层或其外表保护层被磨损掉时，钢材才会腐蚀或生锈。

锈蚀有两种类型：化学腐蚀，是指钢材直接与大气或工业废气中含有的氧气、碳酸气、硫酸气或非电解质液体发生表面化学反应而产生的腐蚀；电化学腐蚀，是由于钢材内部有其他金属杂质，具有不同的电极电位，因此在与电解质或水、潮湿气体接触时，产生原电池作用，使钢材腐蚀。

在实际桥梁工程中，绝大多数钢材锈蚀是电化学腐蚀或化学与电化学腐蚀同时作用的结果，只要有氧气和水汽存在就会发生。两块钢材之间的表面状态与环境的变化及水汽电解作用会在两者之间建立一个电解电池反应。不同的金属相接触或相接通也会形成电解电池，从而导致腐蚀的发生。

通常情况下，钢材产生的铁锈形成了一个很差的表面防护层，不能起到阻止腐蚀继续发生的保护膜作用。铁锈要比其母材的体积大，当铁锈在裂缝中膨胀时，就会导致板件局部屈曲。铁锈不具有其母材的强度，且呈脆性，因此铁锈取代原有金属后会导致结构承载力的丧失。强烈的腐蚀会产生局部的锈坑，增加对刻痕敏感的钢构件发生脆性破坏的可能性。

钢材腐蚀发展速度依赖于众多的环境和材料参数。耐候钢含有少量的合金元素，从而使其能适应外部环境，并在钢材表面产生附着锈层而减小进一步的腐蚀。这层防护膜的形成可以防止氯化物的侵蚀。在普通碳钢表面的铁锈开始是细颗粒状的，但随着锈蚀的发展，铁锈变得易剥落并且分层显露出锈坑。

对于钢构件的锈蚀，重要的是评价它的范围、位置和形式，并应进一步评定锈蚀引起结构有效截面的损失并找到锈蚀原因。钢结构同圬工、混凝土和其他结构材料的接触应给予特别注意，衬垫和摩擦面也需要特别予以关注，因为其接触面不可见。耐候钢的质量检查内容应包括锈蚀保护膜的附着性和不透水性检查。

4. 构件疲劳开裂

大量研究表明，在低应力工作状态下的钢桥事故，多数与结构中存在的缺陷或裂纹有关，往往发生在低温季节。钢桥中的裂纹主要是疲劳产生的，在一定的条件下会导致结构脆性断裂。脆性断裂一般是在没有明显征兆和无塑性变形的情况下，贯穿全构件的开裂破坏。脆性断裂可能发生在易受疲劳构件的细部出现初始疲劳裂纹之处。

导致疲劳裂纹的基本因素如下。

(1) 应力循环次数，与交通状况及桥梁构造形式相关。

(2) 应力幅，与活荷载大小相关。

(3) 构造细部的疲劳强度。

疲劳引起的裂纹经常出现在拉应力较集中的部位，焊接搭接或焊缝端点上裂纹可能会因超载、车辆的撞击或腐蚀使截面抗力减小而产生或加剧。另外，制造细节的低质量造成的应力集中和使用较差断裂韧性的材料也是其中的因素。材料的韧性决定开裂发生前容许裂纹的大小。

焊接要比栓接或铆接更易开裂。将焊缝表面打磨光亮、平整有助于提高其抗疲劳特性。一旦在焊接接头处出现裂纹，它就会沿连续路径发展到整个构件，从而可能导致整个结构失效。

螺栓连接和铆接同样会发生疲劳裂纹，但是某一板件上的裂纹不会传到其他板件上去。由于撕开作用及各连接件间的锈胀力作用，栓接和铆接接头也易于开裂或撕裂。由于灰尘、杂物的覆盖，裂纹可能很难发现，在检测之前应对可疑处的表面进行清理。

美国和日本在对道路钢桥损伤调查并分析后发现，造成损伤的原因主要归结为对各种细节的疲劳性能在设计过程中没有得到充分认识。通过对钢结构梁调查可以发现有以下几种疲劳损伤最为常见：正交异性钢桥面板；横梁（横联）与主梁腹板连接处；纤细结构风致涡激振动引起的疲劳损伤；主梁扭转引起的疲劳裂纹；主梁腹板受压区的呼吸疲劳；主梁受拉翼缘贴板端头开裂；与吊杆相连的眼杆可能因应力腐蚀或未发现的施工缺陷而引起的疲劳裂纹；主梁下翼缘附焊板件；桥道系纵梁接头处等。

5. 异常变形

钢材虽有强度高、韧塑性好，尤其是冷弯性能好的特点，但板厚与构件尺寸相比显得很薄，组合形成的桥梁结构是薄壁结构，它受外力作用时容易产生各式各样的变形。如果再加上原材料加工、制作、安装和使用过程中产生的缺陷及不合理的制作工艺等因素，钢结构的变形问题就可能更加突出。

(1) 钢结构变形的类型。

钢构件的变形可分为整体变形和局部变形两类。整体变形是指整个构件的外形和尺寸发生变化，出现弯曲、畸变和扭曲等；局部变形是指结构构件在局部区域内出现变形，如构件凹凸变形、端面的角变位、板边褶皱波浪形变形等。

整体变形与局部变形在实桥结构中有可能单独出现，但更多的是组合出现。无论何种变形都会影响到结构的美观，降低构件的刚度和稳定性，尤其是附加应力的产生，将严重降低构件的承载力，影响到整体结构的安全。钢结构的变形问题更加突出。因此，对钢结构异常变形的检查和评估应引起足够的重视。

(2) 钢结构变形的成因。

钢结构的制作和使用过程为材料→构件→结构→服役。其中，发生变形的原因可以概括如下。

① 钢材的初始变形。

钢结构所用的钢材常由钢厂以热轧钢板和热轧型钢供应。热轧钢板厚度为6～120 mm。热轧型钢包括角钢、槽钢、工字钢、H形钢、钢管、C形钢、Z形钢，其中，冷弯薄壁型钢厚度为6～12 mm。钢材由于轧制及人为因素等原因，时常存在初始变形，尤其是冷弯薄壁型钢，因此在钢结构构件制作前必须认真检查材料、矫正变形，不允许超出钢材规定的变形范围。

② 加工制作中的变形。

包括冷加工产生的变形、制作与组装带来的变形、焊接变形三种。

a. 冷加工。剪切钢板产生变形，一般为弯扭变形，窄板和厚板变形大一点；刨削以后产生的弯曲变形，窄板和薄板变形大一点。

b. 制作与组装。加工工艺不合理、组装场地不平整、组装方法不正确、支撑不当等原因引起的变形有弯曲、扭曲和畸变。

c. 焊接。焊接过程中的局部加热和不均匀冷却使焊件在产生残余应力的同时，还将伴随发生焊接残余变形，通常有纵向和横向收缩变形、弯曲变形、角变形、波浪变形和扭曲变形等。焊接变形产生的主要原因是焊接工艺不合理、电焊参数选择不当和焊接遍数不当等。焊接变形应控制在制造允许误差限值以内，否则应矫正处理。

③ 运输及安装过程中产生的变形。

运输中不小心、安装工序不合理、吊点位置不当、临时支撑不足、堆放场地不平，尤其是强行安装，均会使结构构件变形明显。

（3）服役期间产生的变形。

钢构件在使用过程中产生的异常变形一般是因弯曲、压曲、扭曲、拉伸或这些变形任意组合而成的变形。

永久弯曲变形可能发生在荷载作用的方向并且经常与弯曲杆件有关，但车辆的撞击力会使板件发生永久弯曲变形。

永久压曲变形通常沿垂直于荷载作用方向产生，与受压构件有关。主梁、板梁及箱梁的腹板和受压翼板可能会因压曲而产生局部永久变形。杆系可能会因超载应力或温度膨胀而造成压曲，也可能因撞击损伤而造成屈曲，组装在一起的杆件或薄板也会因此而压曲。压曲有时可能只产生弹性变形，应力移去后会恢复原状；有时则产生塑性变形，造成永久改变。当超静定杆件压曲时，其承受的荷载会转移到其他构件上而造成其他构件的超载。

永久扭曲变形表现为梁沿其纵向轴线的扭转，并且往往是在横向偏心荷载作用下产生的；永久轴向变形往往是沿杆件的轴向产生，一般与受轴向拉伸荷载有关。

常见的桥梁使用不当和维护管理不善造成永久变形的主要原因如下。

① 超载。桥梁自重增加，支座坏死不能自由伸缩而使温度内力增加，支座沉陷引起恒载内力变化，过桥车辆加重或者桥面路况不佳造成冲击力加大等都会使得构件受力超出正常范围。

② 车船撞击。薄壁钢结构截面易遭受车船的撞击引起永久变形，严重时还会降低结构承载能力。这些现象可能由超高车辆在桥下通过时对下翼缘或下弦杆的撞击或桥面上车辆对主梁和桁架的撞击造成。涨潮时易发生船撞或闷船事故，造成下平联变形甚至断裂。

③ 屈曲。屈曲是指结构或构件丧失了整体稳定性或局部稳定性，可能失稳前变形很小，呈现出脆性破坏的特征，这种破坏的突然性使得失稳破坏更具危险性。

④ 锈蚀。严重锈蚀将引起构件截面削弱，致使受力偏心，发生永久弯曲变形。

6. 连接松动和失效

钢结构的连接方法有焊接、普通螺栓连接、高强度螺栓连接和铆接。

钢工字梁的主焊缝焊接为钢梁生产中的重中之重。目前，公路钢梁的施工规范尚未完备，可参考的行业规范有限，钢工字梁在建筑行业内的应用又越来越普及，所以对钢工字梁的焊接施工研究有一定的必要性，焊材焊剂的选择、施焊顺序及焊接后的检验等显得尤为重要。施工过程中，一定要严格执行经评定审批的焊接工艺评定报告，对施焊顺序、层数、层间温度严格控制，以保证钢梁的施工质量。

除焊缝连接外，铆钉和螺栓连接也是钢构件的主要连接形式。铆钉通常加热合铆上，冷却之后对钢板产生约束力。铆钉主要受力形式为钉杆剪切和孔壁挤压，承载能力极高，在超载情况下钉杆产生锯齿状变形。钢桥在运营一段时间后，因铆合不良、运营时的塑性变形以及环境锈蚀等，可能会出现连接松动、锈蚀、烂头、裂纹等缺陷。铆钉在松动状况下不参加工作。

高强螺栓通常紧固到指定力矩，使被连接钢板产生挤压力，通过板间摩擦来实现连接传力。螺杆不仅存有较高预拉力，而且在活荷载作用下产生一定的变化幅度。由于在潮湿空气、雨水等环境中长期暴露，外部环境中的氢侵入螺杆，螺纹处的小缺陷在应力腐蚀及腐蚀疲劳的作用下开裂，发生延迟断裂。延迟断裂是"材料－环境－应力"相互作用而发生的一种环境脆化，是氢导致高应力材质的脆性破坏。对于早期较低设计荷载水平的栓焊钢桁梁桥，超载运营也是高强螺栓断裂的原因之一。

铆接和栓接常常因连接件和紧固件的腐蚀、过度振动、超应力、开裂或单个紧固体失效等而造成松动现象。钢结构常见病害如图 2.21 所示，具体原因如下。

(1) 螺栓初始安装不正确，铆钉施铆不当。
(2) 连接件的局部拉伸破坏，可能是连接件局部腐蚀造成截面损失。
(3) 板间锈蚀引起板层膨胀力，造成铆钉松动。
(4) 螺栓的振动导致螺母松动。

(a) 涂装粉化　　　　　　　　　　(b) U形肋疲劳裂缝

(c) 钢表面锈蚀　　　　　　　　　(d) 钢箱梁内锈蚀

图 2.21　钢结构常见病害

2.3.5　桥梁缆索体系的常见病害

随着建设地点自然环境的日趋复杂，为保障大跨径桥梁的安全性，对作为桥梁"生命线"的缆索强度和疲劳寿命提出了更高的要求。同时根据等承载能力换算，桥索的强度每提高 10%，不仅截面积可下降 10% 以上，而且还能为桥索的安装、维护和后期的维修带来更多便利，因此世界各国争相研发高强度桥梁缆索及制造缆索用超高强钢。

缆索是用高强度钢丝制成的长细构件，用以承受强大拉力作用。除缆索自身外，缆索体系还包括防护系统、锚固系统和转向系统（如鞍座）。缆索体系在桥梁工程中得到广泛应用，如悬索桥主缆和吊索、斜拉桥中的斜拉索，以及拱桥吊杆和系杆等。近年来缆索体系事故频发，安全性和耐久性远达不到使用要求，它们的养护管理与混凝土和钢结构相比显然有很大的不同。

1. 吊杆、系杆

吊杆是把桥面系的恒载与活载传递到拱肋的关键受力构件。系杆就是将两拱脚连接起来纵向水平受拉杆件，此时作用于支座上的水平推力就由系杆来承受，支座不再承受水平方向的力，这样可以减少基座受到的荷载。一般来说，中承式拱桥，吊杆在桥面以上，系杆在桥面以下。吊杆和系杆的常见病害如图 2.22 所示。

（1）短吊杆断索。典型案例为四川宜宾小南门桥，断裂发生在夜间气温较低时。发生破坏的吊杆具有以下特点：锈蚀严重，部分钢丝脆性断裂，但也有部分钢丝塑性断裂；断索长度较短，断索位置接近桥面。目前认为短吊杆断索是由下列因素造成的：早期建造的吊杆拱桥，短吊杆的布置不尽合理，短吊杆自由长度太短，受温度变化的影响，桥面反复纵向位移时，短吊杆不能自由摆动，且频频交替出现较大的附加应力；钢丝锈蚀及气温降低使构件的断裂韧性降低；吊杆内钢丝发生应力腐蚀。

（2）吊杆护套破损。吊杆护套与斜拉索护套材料相同，也存在着同样的开裂问题，主要原因如下。

(a) 短吊杆断索　　　　　　　　　　　(b) 吊杆锈蚀

(c) 吊杆下锚头防护罩顶部锈蚀　　　　(d) 吊杆下锚头销轴锈蚀

图 2.22　吊杆和系杆的常见病害（一）

图 2.22 吊杆和系杆的常见病害（二）

① 由于平行钢丝索体是在无应力状态下成索的，当索体工作时，HDPE 护套随钢丝的伸长而始终处于较高应力状态下，大多数工况还存在交变拉应力，因此长期处于高应力甚至交变拉应力状态下工作的 HDPE 分子与分子的结合力逐步下降，导致 HDPE 的耐环境应力和抗开裂性能降低，造成 HDPE 提前开裂。目前所看到的 HDPE 护套，其开裂均为环状应力开裂。

② HDPE 材料的影响。不同的 PE 粒子材料，其耐环境应力开裂的性能差异较大。相关技术标准规定该项指标耐环境应力开裂的失效时间不应低于 1 500 h。然而，受诸多因素的影响，目前国内某些工程索类所用的 HDPE 材料，其 F 指标只有 500～800 h。个别工程甚至使用低密度 PE。使用性能达不到要求，会造成 HDPE 护套在更短时间开裂。

③ 使用环境的影响。紫外线的照射、雨水冲淋及有害气体的腐蚀，均会影响 HDPE 护套的开裂。许多案例表明，所有 HDPE 护套的开裂多是从索的迎光面开始的。

④ 施工作业的影响。目前施工对索体的保护措施普遍不够，施工过程中索体的损伤时有发生。目前，对索体 PE 的损伤大多数采用补焊的办法修补，而补焊修补时 PE 二次加热成型后的耐环境应力开裂性能大大下降，补焊修补在野外作业，损伤面难以完全修复。因此，施工隐患加速 PE 护套的开裂。

（3）吊杆上锚箱内积水。有些拱桥吊杆上锚头位于拱肋内部，其上方通常采用混凝土密封，部分桥梁由于施工工艺欠佳，密封混凝土失效，导致雨水通过缝隙渗入吊杆的上锚箱内，导致上锚箱内构件锈蚀。

（4）吊杆下锚筒内积水与渗水。部分吊杆未采用吊耳板＋叉耳的结构形式，其下锚头伸至桥面下方锚固，在桥面与吊杆接触部位设置套筒对吊杆进行保护。由于套筒密封措施失效，顺吊杆流下的雨水可以通过套筒与桥面间缝隙进入套筒内部，使吊杆下端完全浸在水中，导致锚头和索体钢丝锈蚀，有的甚至断丝。在北方地区曾预埋管内积水而发生冻裂预埋管的现象。此外，当吊杆采用热铸锚时，由于铜锌合金灌铸时温度较高，可能导致钢丝表面高温氧化及防腐材料锈蚀，这些也加速了吊杆内钢丝的锈蚀速度。造成下端预埋管积水的主要原因如下。

① 防水罩失效，水直接沿索体进入预埋管内。由于老式防水罩结构的原因，大多数防水罩不能适应拉索摆动变形的需要，密封防水构造一般使用一两年便失效，某些桥梁的防水罩从设计到制造、安装均未达到防水的要求，因此一开始预埋管就进水。

② 大多数桥梁施工过程中的防水与扫冰的措施不够，造成预埋管积水。

③ 某些桥梁预埋管太短，没有高出桥面，水直接流入预埋管，造成积水。

④ 冷凝水造成预埋管积水和潮湿度增加。几乎所有的桥梁都没有阻止冷凝水产生的措施，现有的结构也没有阻隔潮气与锚头的接触。

（5）吊杆耳板、叉耳锈蚀。吊杆耳板采用焊接与拱桥加劲梁相连，可能因焊缝杂质而形成腐蚀电极，使焊缝位置易于生锈。叉耳、吊杆及其他构件存在大量的凹陷和缝隙，容易积水积尘，极易生锈。

（6）吊杆耳板焊缝开裂。吊杆耳板焊缝主要承受拉力，且吊耳板在运营期间承受较高的应力变幅。同时由于吊耳板焊缝工地施工可能存在杂质并形成焊缝内的微裂纹，因此吊耳板存在焊缝处开裂的风险。

（7）拱桥系杆索的构造与斜拉索类似，易于因锈蚀而失效。造成这一现象的主要原因如下。

① 进水，系杆长期浸泡于水中。大多数桥梁的吊杆都是直接穿过系杆箱，水沿吊杆直接进入系杆箱内，某些桥梁系杆箱没有设置排水孔。

② 施工不按规范要求操作，编索造成系杆打铰，某些桥梁在施工过程中会拉断系杆。

③ 系杆通常位于梁体内部，检查与养护非常困难。

2. 悬索桥

悬索桥，又称吊桥，是以通过索塔悬挂并锚固于两岸（或桥两端）的缆索（或钢链）作为上部结构主要承重构件的桥梁。其缆索几何形状由力的平衡条件决定，一般接近抛物线。从缆索垂下许多吊杆，将桥面吊住，在桥面和吊杆之间常设置加劲梁，同缆索形成组合体系，以减小荷载所引起的挠度变形。悬索桥主缆及其锚固系统的常见病害如下。

（1）主缆结冰。悬索桥主缆由于表面缠绕了匝丝，易于附着冰雪、灰尘。在冬季长期覆盖冰雪的地区，如不采取必要的除冰措施，主缆表面往往附结冰凌，冰凌会改变主缆截面形状，降低主缆的振动频率，增加悬索桥因驰振而破坏的风险。

（2）涂装失效。涂装在使用过程中受自然老化、外力等多种因素的影响会出现龟裂、起皮、剥落等现象。环境因子是涂装失效的最主要原因，对于典型的海滨城市，其空气湿度较高且辐射程度比较强烈，导致主缆涂装退化较快。由于涂装并不是直接涂覆在主缆受力钢丝表面，而是涂覆在主缆外层的匝丝上，加上匝丝间连接不紧密，相邻匝丝间通常无横向联系，当主缆受弯拉时，匝丝分离引起涂装漆膜受拉，可能导致漆膜破坏。此外，有些悬索桥主缆中某些部位养护不到位或无法养护也是涂装失效的原因之一。

（3）匝丝锈蚀与断丝松弛。匝丝的作用主要是保持主缆截面形状，避免主缆钢丝因外力作用而损坏，同时还能起到部分阻止水汽进入的作用。匝丝表面一般采用镀锌防护，但匝丝缝隙较多，易于积水，因此匝丝往往在主缆表层涂装失效后迅速锈蚀，甚至断丝。此外，匝丝在锈蚀达到一定程度，或受到额外的外力作用（如飞鸟啄挠、车辆撞击）后，极易超过匝丝抗力而导致匝丝断裂，表现为主缆某些部位的匝丝松动或变形。

（4）主缆钢丝锈蚀。当主缆外部的各类防蚀措施失效后，主缆钢丝就暴露在腐蚀环境中，并逐渐锈蚀直至断裂。在主缆钢丝锈蚀初期，表面仅出现白色锌粉，此时若能及时恢复防蚀功能，则主缆的承载力不会降低。如果钢丝表面已经出现黄色锈斑，则说明钢丝表面镀锌已经耗尽，并开始出现截面损失，此时必须对主缆采取较全面的维修。当钢丝出现严重锈蚀时，钢丝可能会因应力腐蚀或腐蚀疲劳而开裂，此时应对主缆承载力进行评定，然后再确定相应的维修加固措施。

主缆钢丝锈蚀表现为钢丝表面的锈粉、锈斑、锈坑及断丝后钢丝的翘起或下挠。通常情况下，位于地锚室内的主缆钢丝锈蚀程度最为严重，其原因是位于散索鞍后方地锚室内的钢丝比主缆其他部分的钢丝位置低，雨水甚至路面积水均有可能通过地锚室的缝隙渗漏其中，加上地锚室内钢丝散开与锚杆相连，增加了钢丝的锈蚀风险。除地锚室外，主缆在其他易于产生潮湿环境的位置，如边跨散索鞍、塔顶鞍座、中跨跨中等，也属于锈蚀多发部位。

（5）索夹移位。外观表现为对应的吊索倾斜，主要原因如下。

① 由于固定索夹的高强度拉杆预应力松弛，使索夹与主缆间夹紧程度放松。

② 在长期使用后，主缆的挤紧程度提高，空隙率减小，使得索夹与主缆的夹紧程度减弱。

索夹滑移对结构的不利影响表现在两个方面：一是改变吊索状态，由铅垂变成斜吊索，使加劲梁的受力状态改变，吊索的内力改变，对结构产生不利影响；二是索夹在主缆上滑移会损坏主缆的防锈层，或使缠丝破坏（断裂或鼓包），从而导致主缆损伤。

（6）索夹或鞍座锈蚀。索夹或鞍座锈蚀常出现在索夹（鞍座）与主缆接触部位或其中的孔洞、凹角中。涂装失效及凹陷处积水积尘是锈蚀发生的主要原因。

（7）地锚室位于路面下方，其散索鞍后的缝隙不易密封，导致路面积水、雨水等大量渗入，同时由于地锚室埋入地下较深，其排水往往不佳，容易形成大量积水。以上种种因素导致地锚室内环境相对湿度较高甚至接近饱和，致使地锚室内的构件涂装加速失效，最终产生锈蚀。

（8）吊索与主梁相连的吊耳板、锚杯、锚垫板开裂。此类病害可能导致局部构件的突然破坏，危害较大，而开裂通常源于锈坑或构件连接缺陷。

3. 斜拉桥

斜拉桥又称斜张桥，是将主梁用许多拉索直接拉在桥塔上的一种桥梁，是由承压的塔、受拉的索和承弯的梁体组合起来的一种结构体系。其可看作拉索代替支墩的多跨弹性支承连续梁，可使梁体内弯矩减小，降低建筑高度，减轻了结构质量，节省了材料。斜拉桥主要由索塔、主梁、斜拉索组成。斜拉桥常见病害及成因如下。

(1) PE护套损坏。

PE护套损坏有多种形式，如翘皮、龟裂、开孔、纵向裂缝、横向裂缝、环状开裂等。护套开裂原因复杂，主要原因如下。

① 在制造过程中，索体可能因制造原因而存在初始损伤。

② 在卷盘运输过程中，位于内圈的索体护套由于卷绕直径较小，始终保持较高应变状态，如果护套长期处于这种状态，则可能导致应力开裂。

③ 在施工过程中，施工方因操作失误或重视程度不够，在成品索运输及安装过程中未采取适当的保护措施，导致护套被碰伤或刮伤。工地施工导致的开裂通常为纵向开裂。

④ 拉索在运营过程中，可能因遭遇意外事故（如车辆撞击）或缆索检测车刮碰而导致护套损伤。

⑤ 随着HDPE（高密度聚乙烯）长期暴晒老化，护套韧性降低，在达到使用寿命时也必然开裂，这种开裂通常为环向开裂。

⑥ 采用PE+PU双层护套的索体，由于两种材料的热膨胀系数不同，且两层护套间的粘结力较弱，使得在两层材料的交界面产生分离。

(2) 钢丝锈蚀与断裂。

斜拉索钢丝锈蚀乃至断丝是导致拉索承载能力降低的最主要原因。拉索钢丝锈蚀分布存在不均匀性，外层钢丝特别是处于护套破损位置附近的钢丝锈蚀较为严重，拉索下部因积水往往锈蚀较严重。在拉索截面上，钢丝锈蚀程度由外向内逐渐降低。钢丝锈蚀形式多种多样，包括孔蚀、均匀腐蚀、应力腐蚀和腐蚀疲劳等。拉索钢丝生锈往往伴随着锈水流淌、锈皮起鼓脱落等现象，钢丝锈蚀与断裂数量较多时，将会导致拉索断裂，酿成事故。

造成钢丝锈蚀与断裂的主要原因如下。

① 早期套筒式拉索护套（金属套筒或橡胶、塑料套筒）内注水泥浆酿成下列隐患：注浆时水泥浆液未充盈至套筒顶部；套筒上端浆液离析不凝固；套筒有裂缝，雨水、大气侵入；铝管套筒灌水泥浆，水泥浆与铝皮发生化学反应，铝皮迅速腐蚀（约半年至一年）；

② 聚乙烯或橡胶护套在拉索架设中损坏，如被割破、拉裂，又未进行及时修补，雨水、大气顺裂口侵入，腐蚀钢丝。

③ 拉索钢丝耐腐蚀能力较差（如用镀锌高强度钢丝，则抗腐蚀能力大大高于无镀层防护的黑钢丝）。

④ 早期拉索采用铁丝缠绕方式保持索体的截面形状，匝丝部分拦阻了渗入护套内的下行水分而积水，锈蚀极为严重。

⑤ 应力腐蚀。因为斜拉索体承受很大的拉力（2 000～11 000 kN），所以高强度钢丝应力很高，在高应力、反复荷载、风振的作用下，钢丝更易发生应力裂纹腐蚀。

(3) 下锚头渗水。

下锚头渗水是拉索锚固构造的常见病害，其主要原因在于桥面积水及由索体破口进入的雨水，通过索体与桥面之间的各种缝隙渗入到导管中，渗水最终导致锚杯及钢丝镦头锈蚀。

(4) 锚头锈蚀。

锚头锈蚀是渗水及锚箱内潮湿空气导致的，但锚杯盖板遗失或密封不严、防锈油脂和涂层老化容易使锚头锈蚀。锚头外锚圈或盖板内螺纹、锚头上的结构固定螺栓及孔洞极易发生锈蚀，轻则表面浮锈，严重时锚头流淌锈水，侵入内部锚垫板及钢丝镦头。锚圈的严重锈蚀影响锚固螺母的拧动，可能发生"烂牙"现象。造成锚头锈蚀的主要原因如下。

① 锚头安装后没有及时除锈，没有涂黄油、防锈油或防锈涂料。

② 锚头盖板未安装，或盖板固定螺栓松动脱落以致盖板脱落或不密封，使水、汽侵入。

③ 锚垫板的防护层如环氧树脂、橡胶板、涂层等老化、龟裂、脱落失效。

2.3.6 桥梁下部结构的常见病害

桥梁下部结构由墩台和基础组成，它是桥梁最重要的组成部分之一，直接承受着桥梁上部结构及交通车辆的重力，同时将所有荷载传递给地基。

桥台使桥梁与道路连接，它除承受上部结构的荷载外，还承受着台后路堤填土的主动土压力和被动土压力，同时还有风力、水压力、撞击力等。再加上城市桥梁的交通量日益繁重，有些墩台所受的负荷强度已达到或超过设计规定，经过多年使用后会出现不同程度的损坏和各种各样的缺陷。

1. 墩台

桥台的构造可归纳为以下几种形式。

(1) 非挡土式轻型桥台。采用钢筋混凝土台帽，支承于打入桩或带有钢筋混凝土柱的框架上，地面以下设有承台。

(2) 墙式桥台。由立柱和一个台帽组成，在柱之间设有墙板。

(3) 砌石圬工墙式桥台。

(4) 带有地基梁的加劲土墙。

非挡土式桥台可能是最普通的形式，除收缩裂缝外，台帽通常很少或没有裂缝。框架式台帽受到较高压力，在立柱之间或立柱顶端可能会出现某些弯曲裂缝。台前、台下和台后的土体流失是一个普遍问题，需要重视，以保持桥台后路堤填土对桥台的稳定。

墙式桥台墙板的前面往往有开裂现象，但通常不是一个大问题，因为有上部结构支撑着路堤填土可能产生的大位移。开裂严重时，如果梁体太重或是悬臂板对护墙顶部施加了压力，那么护墙常常会开裂。假如没有过量的水汽透过墙体，则这种开裂不是非常重要。

桥墩的形式有：支承于桩或柱上的盖梁；墙式墩，其中有些由立柱带盖梁和薄壁内填板块、等厚或变厚直墙组成；箱形素混凝土桥墩；圬工桥墩。

这些桥墩的开裂情况与前文提及的桥台开裂类似。对于较高的墙式墩，围绕着施工缝可能发生水平开裂；在连接上部结构和桥台处发生大位移情形下，墩壁或柱面可能随着弯曲应力作用到墙体上而发生水平开裂；若桥梁处于大斜角或较急的弯道上，弯曲压力也会作用到高细长墩或桩上，引起桥墩下部的横向开裂。

2. 基础

由于每类基础所处的条件不尽相同，基础结构形式及修筑基础地形（包括地基地质条件）存在差异，因此所产生的缺陷也不完全相同。但是从总的方面来分析，具有一定的规律性。桥梁基础常见病害如图 2.23 所示。桥梁基础一般容易发生的主要缺陷有如下几类。

(a) 墩柱开裂　　　　　　　　　　　　(b) 墩柱开裂

(c) 桩基破损露筋　　　　　　　　　　(d) 桩基腐蚀露筋

(e) 桥台翼墙开裂　　　　　　　　　　(f) 翼墙与侧墙之间错位

图 2.23　桥梁基础常见病害

（1）桥梁基础的不均匀沉降。

地基的压密下沉引起基础沉降，对于一般桥梁都是难以避免的，也是正常现象，而超过一定的范围则将对桥梁产生有害的影响。在软土地基上修建的桥梁基础，由于经常受到土基压实下沉和地下水位升降等的影响，往往还会产生不均匀的沉降，因此在桥梁施工过程中或通车后相当长的一段时间内，应定期及时地做好基础沉降变位的观测分析工作，以便了解基础的沉降情况及发展趋势，分析均匀沉降和不均匀沉降对桥梁结构的影响，并对有害的基础沉降采取有效的防治措施。

(2) 桥梁基础的滑移和倾斜。

桥梁基础经常受到洪水的冲刷，发生滑移。冲刷深度由河流的河床纵坡与河床堆积物成分等因素所决定。由于桥梁所在河床潜挖，减少了桥台台前临河面地基土层的侧向压力，从而使基础产生侧向滑移。桥台基础建造于软土地基，当台背填土超过一定高度且基础构造处理不当时，作用于台背的水平力增大，将导致地基失稳，产生塑性流动，使桥台产生前移。当基础上下受力不均时，台身也随之产生不均匀的滑移，导致基础出现倾斜。

产生滑移或倾斜的桥台基础多为建造在软土地基上的重力式桥台、倒T形桥台。沉井基础也有产生前移的，这是因为沉井基础施工时扰动了地基且承受台背土压力的宽度大，不像桩基础那样，有使流动土压力从桩间挤过去的效果，所以作用于沉井基础的流动压力比桩基础要大。

基础产生的滑移或倾斜，严重时会导致桥梁结构的破坏，其破坏形式有：支座和墩台支承面破坏，以及梁从支承面上滑落下来；伸缩缝装置被破坏或使接缝宽度减小，伸缩功能受损；当滑移量过大时，梁端与背墙紧贴，严重时导致背墙破坏或梁局部压碎。

(3) 桥梁基础结构的异常应力和开裂。

桥梁受力不均，往往会产生局部异常应力，并导致桥梁出现横向或竖向裂缝。在外荷载作用下，还会使基础结构物因出现异常应力而局部损坏。

桥梁基础的主要类型及其常见的缺陷见表2.6。

桥梁基础的主要类型及其常见的缺陷 表 2.6

基础类型		常见的缺陷
浅基础	天然地基上的浅基础	(1) 桥梁基础埋置深度浅，易受大水的冲刷而淘空； (2) 桥梁基础埋置深度不足，受冻害影响； (3) 桥梁地基不稳定，易产生滑移和倾斜
	岩石基础	(1) 基础置于风化岩层上，风化部分易经水流冲刷而淘空或悬空； (2) 桥梁基础受地震时的剪切作用，易产生裂缝
	人工地基基础	因桥梁基础处于软弱地基上，在竖向荷载作用下压实沉陷
桩基础	木桩	地下水位下降时，桥梁的桩身经常腐蚀
	钢筋混凝土预制桩	(1) 打桩时，桩身受损坏； (2) 桥墩受水冲刷、侵蚀，产生空洞、剥落等； (3) 桥墩受船只或其他漂浮物的撞击而损坏
	钻孔灌注桩	(1) 施工时，淤积未完全清除即灌注混凝土，使成型后的桩基产生缺陷； (2) 施工不当，或受水冲刷、侵蚀而产生空洞、剥落、钢筋外露等； (3) 灌注混凝土过程中发生塌孔而未做处理，桩身部分脱空； (4) 桥墩受外力冲击而产生损坏
	管桩基础	承载力不足而使基础产生下沉
深基础	沉井基础	(1) 桥梁所处的地基下沉时，基础也常发生一些下沉； (2) 地基下沉不均，或桥台背高填土受地基侧向流动的影响时，产生滑移、倾斜

3. **特殊病害**

我国地形复杂，建成的桥梁常常受到环境的影响，造成技术状况和服务水平有所下降，桥梁构件出现了不同程度的病害和缺损。大部分桥梁存在着影响桥梁运营安全的病害。例如，桥梁桩基常受到流水、泥石流、石块的冲刷撞击磨蚀，使桥梁桩基结构的承载力下降，甚至造成桥梁桩基突然失稳和垮塌，严重影响交通运输安全。

冲刷是水流冲蚀作用引起河床或海岸剥蚀的一种自然现象。统计资料表明，超过半数的桥梁破坏与洪水冲刷有关。虽然在最近几年桥梁桩基冲刷防护工程通过改建施工整治病害而进步显著，但是整治都是针对某些特定的病害，没有从根本上进行综合整治，而且相关的施工技术、设备、材料等还没有统一标准，基本还是靠经验施工，因此整治效率还有待提高。针对桩基病害，可以采取以下措施。

（1）当桩基受到持续冲刷导致钢筋裸露，并继续受到含泥沙的水流冲刷时，首先要充分清理桩身破损位置表面的污渍，打磨粗糙面，清理桩基表面水分，并在桩基表面重新涂抹防护砂浆，砂浆高度控制在桩顶到地面线以下 0.5~1 m 处，涂抹完成后进行浇水养护硬化处理。

（2）当桩基桩身有明显开裂现象时，在开裂严重位置钻孔每隔 2 cm 植入 1 根直径 10 mm 锚固钢筋。再使用坚硬石粒拌制混凝土进行浇筑，浇筑完成后进行养护硬化处理。

（3）当桩身表面混凝土破损时，清理表面受损混凝土，清理裸露钢筋表面锈迹后植入锚固钢筋，凿平不平的桩身后，在植入的锚固钢筋上扎入加强钢筋，再使用坚硬石粒拌制混凝土进行浇筑，浇筑完成后进行养护硬化处理。

第3章 养护项目管理

3.1 养护项目管理概述

养护项目管理是指将养护工作按照项目管理方式进行管理，工作内容包含养护计划、前期招投标、进场准备、组织实施、现场管理、考核管理、计量支付等，是一个系统工作，通过建立项目制管理，达到保证养护工程质量、提高桥梁使用价值和安全价值的目的。

养护项目管理内容多，包含巡查管理、维修管理、安全文明管理、台账管理等，对人员的专业性及检查检测设备要求较高，项目部人员组成复杂，要构建合理的构建项目部人员和管理体系，才能更好地开展桥梁养护工作。

3.2 养护项目的人员组成和机构建设

养护项目人员组织机构如图3.1所示。

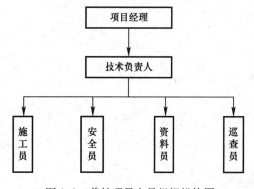

图3.1 养护项目人员组织机构图

3.2.1 项目经理岗位职责

项目经理是养护工程的总负责人，全权管理养护项目。

（1）做好进场前的各类工作，包括项目部场地落实、设备机械车辆进驻、养护项目交底、项目部组建及人员上岗审核、设施情况普查、养护项目工作方案上报等工作内容。

（2）做好进场后的交底工作，组织项目部全体人员参加各类形式的安全育和学习培训。

（3）组织人员编制养护项目实施性组织设计并报监理审核。

（4）做好与桥梁管理单位、设计单位、审计单位、监理单位等多方面的协调工作。

（5）组织人员编制年度、月度、周、日养护计划、专项施工方案、报告总结等，并审核。

（6）负责施工进度计划的审核及施工方案的审核。

（7）负责组织养护检查、参加考核及定期或不定期会议。

（8）动态地控制好工程效益，强化资金管理，定期分析工程成果并采取相应的措施。

3.2.2 技术负责人岗位职责

（1）负责劳动力、机械、材料等资源的调配与供应，有计划地安排施工机械和材料的进出场。

(2) 参与定期的考核检查和专项检查，并对考核检查中发现的问题进行整改。

(3) 参与编制年、月、周养护工作计划，并上报项目经理进行审核，在工作开展中发现问题及时上报、改正，并自主向业主的项目代表进行工作汇报，若存在不可解决的难点问题，则由项目经理进行沟通、协调。

(4) 组织项目管理人员进行专项施工方案的现场调查与方案编制，审核分包单位小型单位工程的施工方案，组织项目管理人员对施工班组开展专项安全、技术交底。

(5) 负责做好定期检查、季度监测等数据分析、报告审核工作。

(6) 参加业主、监理的月例会，在会上报告施工情况和施工组织落实情况。

(7) 做好专项方案现场技术指导及作业管理。

(8) 学习"四新"技术，并结合施工班组开展"四新"工作，结合实际施工发现具体问题，并解决问题，落实贯彻"四新"工作的开展。

(9) 审核每月台账，确保签证资料的准确性．

(10) 负责编制月度进度款报表，对每月进度款进行跟踪审查。

3.2.3 巡查员岗位职责

(1) 根据合同及招标文件要求进行桥梁的日常巡查、定期检查等。

(2) 接受项目经理的指令，参与恶劣天气的应急巡查、迎检工作巡查、特殊事件巡查等。

(3) 全面负责巡逻车辆及巡查检查设备的管理，确保完好。

(4) 对病害给予维修建议，若发现需要专项整治的病害，则与技术负责人一同对现场进行勘察，上报项目负责人，并参与编制专项维修方案。

(5) 负责病害上报、拍照取证，填写巡查记录表和巡查二维码 App，并进行归档整理。

(6) 负责对已修复的设施实施功能性验收工作。

3.2.4 施工员岗位职责

(1) 负责施工质量，保证不合格工序未整改前不进入下道工序，对工序管理引起的质量问题负责。

(2) 参与专项方案的编制和技术交底，认真做好隐蔽验收等签证及记录。

(3) 配合项目经理安排好每天的生产工作，配合项目经理编制月施工计划、周计划、日计划。

(4) 严格控制进场材料的质量，坚决杜绝不合格材料的使用。

(5) 填写施工进度日志、质量报表、工程进度表、施工过程的各种原始记录、工程领料单等，进行核对、整理、收集。

(6) 控制施工过程人、材、机的使用情况，合理规范施工现场，协调交叉工作，确保月计划的顺利完工。

3.2.5 资料员岗位职责

(1) 负责养护巡查资料完整性的检查和归档管理工作。

（2）参与月度进度款、年度结算报表编制，参与编制养护计划，办理工程拨款事项。

（3）负责养护业务计量支付、"一桥一档"等资料的归档整理和检查工作，汇总台账。

（4）负责向桥梁健康监测系统上传相关养护数据。

（5）完成项目经理交办的其他工作。

3.2.6 安全员岗位职责

（1）组织学习有关安全生产的规章制度，教育施工人员遵守操作规程和技术规范，负责对工人队伍入场安全教育。

（2）负责对项目部危险源进行辨识、评价、更新工作，建立危险源台账。

（3）负责对机械、设备的安全检查，发现隐患及时整改，制定预防措施，并做好安全记录。

（4）负责现场作业安全，指导现场安全围挡。

（5）指导、监督施工（操作）人员正确使用个人防护用具。

（6）配合技术负责人做好安全技术交底，并对施工队伍及人员及时交底，做到每个工序交底到人。

（7）掌握现场救护基本知识，发现工伤事故要详细记录并立即上报，认真组织全组人员分析事故原因，提出防范措施。

3.3 养护项目管理体系

3.3.1 养护项目的巡检体系

每个项目部必须制定详细的巡检方案，报监理和业主同意后实施。方案包括巡检内容及频率、路线时间、安全措施等。桥梁巡检体系如图3.2所示。

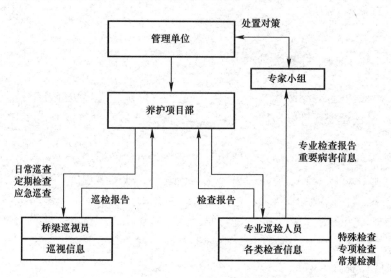

图 3.2 桥梁巡检体系图

3.3.2 养护项目验收体系

验收分为内业资料验收和维修质量验收，在项目部做好自检的基础上由项目部所属公司进行检查考核，再由项目经理通知监理，由监理组织各方验收。整改通知和整改回复单经监理审核后再报审至桥梁管理单位。验收合格后各方签署专项验收流程表，质保期自验收合格日起。验收流程如图 3.3 所示。

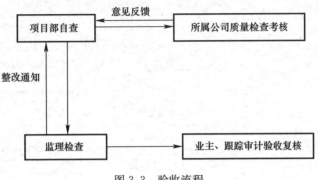

图 3.3 验收流程

3.3.3 养护项目考核体系

养护项目考核分为日考核、周考核、月考核及年度考核四种，从养护工作完成情况、内业资料、外业情况、服务响应和养护信息化等方面进行考核。日考核由监理单位对养护单位进行考核；周考核由监理单位组织各方参养单位进行考核；月考核由桥梁管理单位组织进行抽查考核；年度考核由桥梁管理单位组织进行全面系统的考核。各类考核分各占一定比例，得出续签考核分，作为"1＋1"养护合同的下一年度续签依据。考核体系如图 3.4 所示。

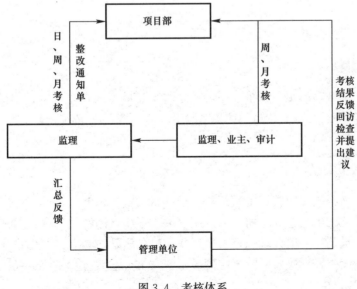

图 3.4 考核体系

3.3.4 安全文明管理体系

养护项目的安全文明管理主要包括养护单位的现场作业安全文明、办公与住宿、现场防火等。养护单位要建立安全生产责任体系，制定安全生产制度，健全安全生产工作机制，按规定和要求落实责任和任务。安全文明管理体系如图3.5所示。

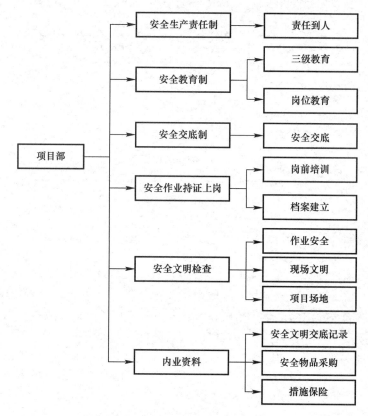

图 3.5 安全文明管理体系

3.3.5 应急保障体系

项目部进场前必须制定多种情况下的应急预案并报监理和业主审批，如船撞桥、恶劣天气及重大活动、施工人员受伤、重大交通事故等（具体见第10章）。抢险救援体系如图3.6所示，应急保障体系如图3.7所示。

3.3.6 养护项目质量管控体系

项目部进场前必须制定符合本项目特点的项目质量管理办法，确保养护质量，确保责任到人。养护作业的施工过程是由一系列相互关联、相互制约的工序构成的，工序质量是构成工程质量的最基本的单元，上道工序存在质量缺陷是因为本工序质量达不到标准的要求，而且直接影响下道工序及后续工程的质量与安全，进而影响最终成品的质量。质量管控体系如图3.8所示。

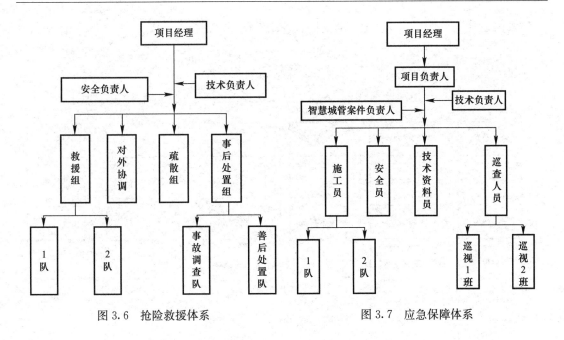

图 3.6 抢险救援体系　　　　图 3.7 应急保障体系

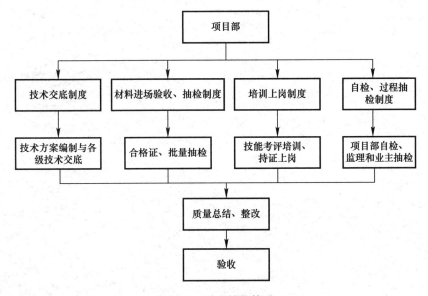

图 3.8 质量管控体系

3.3.7 档案管理体系

项目部进场前必须制定详细的养护档案管理办法，并派专人进行整理保管，确保桥梁基础档案、养护台账齐全，确保可追溯。档案管理体系如图 3.9 所示。

养护单位应做好养护项目资料整理及电子档案归档工作，各类相关资料按要求录入监测系统存档。

资料归档保存期限应满足质量保修及审计复查需要。养管工作须做好文字和影像记录，各项养护作业记录、巡检记录、计量记录等应及时整理归档，重要养护信息应及时录入桥梁信息管理系统,建立养管工作的"追溯机制",以备检查调阅。

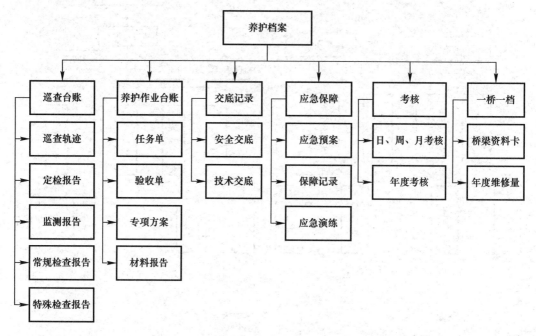

图 3.9 档案管理体系

第4章 桥梁巡查、检测与监测

为确保城市桥梁的设施完好、结构安全、通行畅通、外观整洁,应对使用中的城市桥梁进行巡查、检测、监测,及时掌握桥梁的设施现状及安全技术状况,并采取相应的养护措施。通过了解桥梁的技术状况及缺陷和损伤的性质、部位、严重程度、发展趋势,弄清出现缺陷和损伤对桥梁质量和使用承载能力的影响,并为桥梁维修加固设计提供可靠的技术数据和依据。因此,桥梁巡检监是进行桥梁养护、维修与加固的先导工作,是决定维修与加固方案可行和正确与否的保证。

4.1 基本原则和要求

4.1.1 日常巡查

日常巡查是指对桥面系、上下部结构、附属设施进行的日常巡视检查,一般以人工记录为主,巡查频率和具体内容按规范要求执行。巡查工作原则上要求对设施全面覆盖,应根据设施情况制定巡查方案和计划,需定专人专桥负责,遇台风、雨雪冰冻等恶劣气候和应急突发事件等特殊情况时,需安排专项检查。其中,桥面巡查以车行和步行方式结合为主,车行状态时一般情况下应匀速慢行,桥下、水上、高空设施巡查检查可结合仪器设备或借助检测车辆、船只、桥梁桁车等。车行巡查要有轨迹记录,塔梁箱室等设施内部巡查检查及吊杆等重要结构部件巡查要有影像资料,以备核查及资料归档。

巡查的病害记录及标记要求规范标准,同一病害不同时间拍摄需相同角度相同参照,以备后续比对病害发展情况和作为维修计量依据,现场标记应规范清晰。巡查记录情况应当天上报,病害数据应及时、规范录入桥梁监测管理系统,做好归档整理。发现有安全隐患的病害,须立即上报,并及时采取现场围挡等临时措施。

(1)及时发现桥梁及其附属设施的损坏情况和影响交通的路障,以确保行车安全;掌握、收集公路路况和交通信息,以便桥梁管理单位及时制定桥梁病害处理的工程计划,桥梁养护单位需做好桥梁的日常巡视和检查工作。

(2)桥梁日常巡查的基本要求是按时巡查、判断准确、记录翔实、报送及时。

1. 日常巡查的内容

(1)巡查内容。巡视桥梁、桥面和沿线设施的完好程度,顺便检查车辆抛洒物或其他路障,巡查重点是桥面。

(2)巡查方法。巡视人员在进行巡视准备工作时,应认真检查巡视车辆和通信联络设备的技术状况,核查巡视交接班记录,制定巡视方案。在巡视过程中,巡视车辆应按规定开启示警灯具,车速一般应控制在60 km/h以下。注意掌握桥梁技术状况的变化,并对重点结构物和路段的巡视情况做好记录。巡视结束后，巡视人员应整理巡视日记，做好交接班工作。

（3）巡查频率。Ⅰ等养护的城市桥梁应每日巡检；Ⅱ等养护的城市桥梁巡检周期不宜超过3天；Ⅲ等养护的城市桥梁巡检周期不宜超过7天。

（4）巡查注意要点。下雨或汛期、冰雪或大风大雾时，应及时加强日常巡查次数和巡查内容。

2. 日常巡查管理

（1）桥梁养护单位应按巡查要求进行检查人员的培训，使其掌握巡视和检查技术，并配备必要的设备和车辆。

（2）桥梁养护单位除认真进行桥梁外业巡查外，还应按周、月统计，汇总桥梁病害，并报送日常巡查周报表及月报表和电子资料。若巡查发现桥梁重大险情或明显影响行车安全的桥梁隐患，应在24 h内迅速上报桥梁管理单位。

4.1.2 定期检测

定期检测分为常规定期检测和结构定期检测。常规定期检测应每年进行1次，可根据城市桥梁实际运行状况和结构类型、周边环境等适当增加检测次数。结构定期检测应在规定的时间间隔进行。Ⅰ类养护的城市桥梁宜为3～5年，关键部位可设仪器监控测试；Ⅱ～Ⅴ类养护的城市桥梁时间间隔宜为6～10年。

1. 常规定期检测

（1）常规定期检测应由专职桥梁养护工程技术人员或实践经验丰富的桥梁工程技术人员负责，并应对每座桥梁制定相应的定期检测计划与实施方案。

（2）常规定期检测宜以目测为主，并应配备如照相机、裂缝观测仪、探查工具及辅助器材等必要的量测仪器和设备。

（3）常规定期检测应包括下列内容。

① 对照城市桥梁资料卡和设施量年报表现场校核城市桥梁的基本数据。

② 记录病害状况，实地判断损坏原因，估计维修范围和方案。

③ 对难以判断其损坏程度和原因的构件，提出做特殊检测的建议。

④ 对损坏严重、危及安全的城市桥梁，提出限载以至暂时限制交通的建议。

⑤ 根据城市桥梁技术状况，确定下次检测的时间。

（4）常规定期检测应包括下列范围。

① 桥面系：桥面铺装、桥头搭板、伸缩装置、排水系统、人行道、栏杆或护栏等。

② 上部结构：主梁、主桁架、主拱圈、横梁、横向联系、主节点、挂梁、连接件等。

③ 下部结构：支座、盖梁、墩身、台帽、台身、基础、挡土墙、护坡及河床冲刷情况。

（5）下列结构桥梁开展常规定期检测时，应包括以下内容，并应委托有资质的专业检测单位实施。

① 拱桥、悬索桥、斜拉桥及软弱地基桥梁的沉降应每年测量1次。

② 独柱式墩桥梁墩柱的侧向倾角及梁体相对水平位移值应每年测量1次。

③ Ⅰ类养护的桥梁结构变位应每年测量1次。

④ 系杆拱桥、悬索桥、斜拉桥拉索索力和吊杆拉力应每年测量1次。

(6) 常规定期检测的情况记录、评分及养护维修管理措施的建议，均应及时整理、归档。已建立信息管理系统的，应及时纳入城市桥梁管理系统数据库。

(7) 应根据常规定期检测的结果，进行桥梁技术状况的评估和分级。

2. 结构定期检测

(1) 结构定期检测应由具备相应资质的专业单位承担，由具有桥梁养护、管理、设计、施工经验的人员参加。检测负责人应具有5年以上桥梁专业工作经验。

(2) Ⅰ类养护的城市桥梁，结构定期检测应根据桥梁检测技术方案和细节分组，并加以标识，确定相应的检测频率；Ⅱ～Ⅴ类养护的城市桥梁结构定期检测应包括桥梁结构中所有构件。

(3) 结构定期检测应根据桥龄、交通量、车辆载重、桥梁使用历史、已有技术评定、自然环境及桥梁临时封闭的社会影响制订详细计划，计划应包括采用的测试技术与组织方案并提交主管部门批准。

(4) 结构定期检测应包括下列内容。

① 查阅历次检测报告和常规定期检测中提出的建议。

② 根据常规定期检测中桥梁状况评定结果，进行梁体线型、墩柱沉降及结构构件的检测。

③ 通过材料取样试验确认材料特性、退化的程度和退化的性质。

④ 对桥梁进行结构检算，包括承载力验算、稳定性验算和刚度验算。

⑤ 分析确定退化的原因，以及对结构性能和耐久性的影响。

⑥ 对可能影响结构正常工作的构件，评价其在下一次检测之前的可能退化情况。若构件在下一次检测前可能失效，应立即报告桥梁养护管理部门。

⑦ 检测桥梁的淤积、冲刷等现象，记录水位。

⑧ 必要时应进行荷载试验和分析评估。城市桥梁的荷载试验评估应按有关标准进行。

⑨ 通过综合检测评定，确定具有潜在退化可能或已处于退化状况的桥梁构件，提出相应的养护措施。

(5) 对下列城市桥梁应进行监控测试，Ⅰ类养护的城市桥梁可采用自动化监测系统。

① 经现场重复荷载试验其结果属于D级或E级的桥梁。

② 施工质量不佳或存在疑问的桥梁。

③ 对结构随时间因素变化进行研究的桥梁。

④ Ⅰ类养护的城市桥梁。

(6) 结构定期检测应有现场记录，应按《城市桥梁养护技术标准》CJJ 99—2017附录F并应符合下列规定。

① 技术状况评定应符合《城市桥梁养护技术标准》CJJ 99—2017中常规定期检测中的评分标准。同时填写下列相关内容。

a. 列出所有桥梁构件的侵蚀环境情况。

b. 构件的实测损坏类型和程度。

② 对Ⅰ类养护的城市桥梁评为不合格级的，退化速度过快的构件，或Ⅱ～Ⅴ类养护的城市桥梁技术状况评定为 D 级、E 级的，应在结构状态记录表中记录下列相关内容。

  a. 构件编号。

  b. 构件描述。

  c. 构件在结构中的位置。

  d. 损坏状况描述，包括损坏位置、程度、产生的原因和可能的退化、照片编号、所有材料试验的细节和材料在结构中的部位。

③ 特殊构件信息表应记录结构状态记录表中没有涵盖的信息，包括下列内容。

  a. 没有在评分标准中定义的构件。

  b. 无法检测的构件，并说明不能检测的原因。

  c. 河道的淤积、冲刷、水位记录。

  d. 记录材料测试和取样的位置并编号，以便试验结果的交叉参考。

④ 照片记录表中的照片应针对构件损坏拍摄，并按顺序编号。

（7）结构定期检测应对桥梁构件进行侵蚀环境分类，并应符合下列规定。

① 桥梁的侵蚀环境分为 A、B、C、D 四类，侵蚀环境分类见表 4.1。

侵蚀环境分类   表 4.1

侵蚀环境分类	状态描述
A 类	无侵蚀性静水浸没环境，与无侵蚀性土壤直接接触的环境
B 类	严寒和寒冷地区露天环境，构件表面经常处于结露或湿润状态的环境，水位频繁变动环境
C 类	距海岸线 1 km 范围内，直接承受盐雾影响的环境
D 类	盐渍土环境，受除冰盐作用环境，严寒和寒冷地区冬季水位变动区环境

② 易受盐侵蚀地区、沼泽、腐殖质土壤（填土）或工业废弃区，受人为或自然的侵蚀性物质影响的环境，应检测土壤侵蚀性、水质侵蚀性。

（8）加宽桥梁应将原桥与加宽部分分开评估。

（9）系杆拱桥、悬索桥、斜拉桥应定期进行动力特性及重要部位的内力静载试验检测，时间间隔不得超过 7 年。检测报告应结合历年的各项检测结果综合分析。应通过结构监测，掌握桥梁在使用过程中结构构件的变化和力学性能及空间位移情况。

（10）对Ⅰ类养护的城市桥梁因结构损坏被评定为不合格的，应立即限制交通，组织修复；对Ⅱ～Ⅴ类养护的城市桥梁评为 D 级桥梁的，应提出处理措施，需紧急抢修的桥梁应提出时间要求；对 E 级桥梁，应立即限制交通，等待处理。

（11）所有现场记录资料及结构定期检测报告应以电子文档和书面形式在现场调查完成后及时提供给管理部门。结构定期检测报告应包括下列内容。

① 城市桥梁进行结构定期检测的原因。

② 结构定期检测的方法和评价结论。

③ 采用相关技术规范或数据分析，确定桥梁承载能力、抗倾覆能力及耐久性能。

④ 结构使用限制，包括荷载、速度、机动车通行或车道数限制。

⑤ 养护维修加固措施。
⑥ 进一步检测、试验、结构分析评估及建议。

4.1.3 特殊检测

（1）特殊检测应由相应资质的专业单位承担，主要检测人员应为从事桥梁专业工作5年以上经验的工程师。

（2）特殊检测应由专业人员采用专门技术手段，并辅以现场和实验室测试等特殊手段进行详细检测和综合分析，检测结果应提交书面报告。

（3）城市桥梁在下列情况下应进行特殊检测。

① 城市桥梁遭受洪水冲刷、流冰、漂流物、船舶或车辆撞击、滑坡、地震、风灾、火灾、化学剂腐蚀、车辆荷载超过桥梁限载的车辆通过等特殊灾害造成结构损伤。

② 城市桥梁定期检测中难以判明是否安全的桥梁。

③ 为提高或达到设计承载等级需要进行修复加固、改建、扩建的城市桥梁。

④ 超过设计使用年限，需延长使用的城市桥梁。

⑤ 常规定期检测中桥梁技术状况评定时，Ⅰ类养护的城市桥梁被评定为不合格级的桥梁，Ⅱ～Ⅴ类养护的城市桥梁被评定为D级或E级的桥梁。

⑥ 常规定期检测发现加速退化的桥梁构件需要补充检测的城市桥梁。

（4）实施特殊检测前，检测单位应搜集下列资料。

① 竣工资料。

② 识别和鉴定桥梁结构的主要材料及其强度。

③ 特殊检测的原因，影响桥梁承载能力的因素。

④ 历次桥梁定期检测和特殊检测报告。

⑤ 历次维修资料。

⑥ 交通量统计资料。

（5）城市桥梁特殊检测应包含下列内容。

① 结构材料缺损状况诊断。

② 结构整体性能、功能状况评估。

（6）结构材料缺损状况的诊断，宜根据缺损的类型、位置和检测的要求，选择表面测量、无损检测技术和局部取试样等方法。试样宜在有代表性构件的次要部位获取。检测与评估应按照相应的试验标准进行。

（7）结构整体性能、功能状况评估应根据诊断的构件材料质量状况及其在结构中的实际功能，用计算分析评估结构承载能力。当计算分析评估不满足或难以确定时，用静力荷载方法鉴定结构承载能力，用动力荷载方法测定结构力学性能参数和振动参数。结构计算、荷载试验和评估应符合国家现行有关标准的规定。

（8）特殊检测报告应包括下列主要内容。

① 概述、桥梁基本情况、检测组织、时间背景和工作过程。

② 描述目前桥梁技术状况、试验与检测项目及方法、检测数据与分析结果、桥梁技术状况评价。

③ 阐述检测部位的损坏原因及程度，评定桥梁继续使用的安全性。

④ 提出结构及局部构件的维修、加固或改造的建议方案，提出维护管理措施。

（9）对特殊检测结果不满足要求的城市桥梁，在维修加固之前，应采取限载、限速或封闭交通的措施，并应继续监测结构变化。

4.1.4 桥梁监测

桥梁监测是利用现代各种大地测量和精密测量技术测定大桥相应部位的空间位置及其变化，为桥梁的现代化管理、养护提供几何信息，可在每个桥墩设置观测点，并根据需要选择性地进行观测。

为加强监测管理工作，应做到专人负责、专业应用，做好实时监测及设施安全监管的值班和预警上报，依托系统做好应急处置，专项和综合评定评估报告应由管理单位审核，并通过专家评审。

1. 桥梁监测内容

在城市桥梁日常养管过程中，主要对城市桥梁的墩台沉降和桥面线形进行定期观测。

（1）墩身沉陷观测。

先对桥梁的每个墩身进行测量作为初始值，定期选择性进行沉陷观测，为保持墩壁的美观，观测点标志按地面高程分段设置，每段相邻桥墩观测点标志应尽量设立在同一高度。

（2）桥面线形观测。

桥面线形测点一般布设在桥梁两侧的人行道外侧护栏底座上，通过观察栏杆的整体线形来反映桥梁的整体线形。

2. 桥梁监测基准点设置

为确保上述监测项目所获得的信息正确可靠，必须建立桥梁监测基准控制点或利用施工时已有的测点。

3. 桥梁监测技术要求

（1）控制检测测点观测。

高程基准网联测、桥墩沉陷、桥面线形测量等均按国家水准测量规范的二等精度要求实施。考虑到桥面行车的活荷载对观测精度的影响和不中断交通的条件下，每次观测的时间应选择在夜间至凌晨桥面车辆较少的时间段。桥墩沉陷、桥面线形等观测点的高程测定均应闭合在已知高程的基准点上。

（2）资料提交。

上述各项监测项目在每次外业观测结束后，应立即对成果进行检核计算，提交观测点的高程和平面位置，计算出各点相对首次观测的变化量。当发现异常情况时，应及时进行检核分析，检查原因，确保数据准确无误。

（3）观测频率。

根据《城市桥梁养护技术标准》（CJJ 99—2017）有关桥梁定期检查及桥梁永久性控制检测的规定，每次观测点日期和时间尽量相同，确保观测环境和条件基本一致，便于数据比较和分析。

4.2 桥面系及附属设施巡查检测内容及方式

桥面系及附属设施检测内容及方式见表4.2。

桥面系及附属设施检测内容及方式 表4.2

检查部位	检查内容	检查方式
桥面铺装	①桥面铺装的保养、小修状况。 ②桥面横坡、纵坡顺适度，积水状况；铺装是否平整，桥头有无跳车。 ③沥青混凝土桥面有无龟裂、块状裂缝、坑槽、松散、沉陷、拥包、车辙、泛油等病害情况病害。 ④水泥混凝土桥面有无裂缝、断裂、碎积、碎裂、坑洞、露骨、缝料损坏、起皮脱落、啃边、空鼓、磨光等病害。 ⑤桥面铺装防水层漏水以及其他病害	①目测观察表面的病害情况。 ②量测表面病害面积、裂缝长度
桥头搭板	桥头搭板有无明显下沉、坑洞、裂缝、松散等	①目测观察表面的病害情况。 ②量测表面病害面积、搭板下沉深度
伸缩装置	①伸缩装置的保养、小修状况，变形、漏水程度、跳车原因等。 ②伸缩缝是否有杂物嵌入、阻塞卡死，钢构件有无锈蚀、断裂；保护带是否破损；橡胶件有无开裂、脱落、老化；连接部件有无松动、脱落、缺失或局部损伤等病害	①目测观察表面的病害情况。 ②量测伸缩缝的宽度和高差。 ③检查止水带漏水情况。 ④定期测量应参考厂家提供的养护手册执行
排水设施	①排水设施的保养小修状况。 ②桥面排水设施是否良好：桥面泄水孔是否堵塞、破损，雨水篦子是否缺损，格栅的缺损及桥面格栅有无缺失；泄水管有无脱落、缺失、破损、开裂、堵塞；泄水孔有无堵塞、盖板有无缺失、破损；限水板、集水槽、边沟等设施是否缺损、渗漏、堵塞；截水构造是否完好等	①目测观察排水设施的缺损及桥面泄水孔堵塞情况。 ②泄水管堵塞检查可采用灌水方法
栏杆和护栏	①栏杆、护栏、扶手等保养小修状况；有无断裂、撞坏、松动、错位、破损、缺失、剥落、露筋、锈蚀等病害。 ②防撞墙、挂板有无破损、缺失、露筋、锈蚀等病害	①目测观察表面的病害情况。 ②用手摇动检查其松动情况。 ③量测表面病害面积
人行道	人行道铺装、路缘石、平石是否缺失，有无破损、开裂、露筋、锈蚀等病害	①目测观察表面的病害情况。 ②量测表面病害面积
其他附属设施	①桥上交通信号、标志、标线、照明设施是否损坏、老化、失效，是否需要更换； ②桥上避雷装置是否完善、良好；桥上航空灯、航道灯是否完好，能否保证正常照明，结构物内供养护检修的照明系统是否完好； ③桥上的路用通信、供电线路及设备是否完好	①目测观察表面的病害情况。 ②定期测量应参考厂家提供的养护手册执行

4.3 上部结构巡查检测内容及方式

桥梁上部结构检测内容及方式见表4.3。

桥梁上部结构检测内容及方式　　　　　　　　　　　　　　表 4.3

桥梁类型	检查内容	检查方式
钢筋混凝土及预应力混凝土梁（板）桥	①梁体的保养、小修情况，梁体表面是否清洁，有无积土、杂物，有无雨水渗漏的痕迹。 ②混凝土有无大于0.2 mm的裂缝、渗水、表面风化、剥落、露筋和钢筋锈蚀、龟裂现象；重点检查跨中、支座附近、1/4截面、变截面处的混凝土开裂和钢筋锈蚀等缺损状况及跨中挠度是否过大。 ③梁端头、底面是否损坏，箱梁内是否有积水。 ④预应力钢束铺固区段混凝土有无开裂、破损，沿预应力筋的混凝土表面有无纵向裂缝或水侵害。 ⑤横向连接部位的缺损状况： 　a. 梁与梁之间的接头处及纵向接缝处混凝土表面有无裂缝。 　b. 梁（板）接缝混凝土有无开裂和钢筋锈蚀。 　c. 横向联结构件有无开裂，连接钢板的焊缝有无锈蚀、断裂，边梁有无横移或向外倾斜。 　d. 预应力拼装结构拼装缝有无较大开裂和碱蚀。 ⑥梁（板）式结构跨中、支点、变截面处、悬臂端牛腿或中间铰部位，刚构和桁架结构固结处和桁架节点部位，主要检查混凝土是否开裂、缺损和出现钢筋锈蚀。 ⑦刚构桥梁主要检查各部位产生的缝，如跨中处、角隅处、支座处。 ⑧连续梁和连续刚构桥主要检查跨中变形，桥墩处梁顶部开裂。 ⑨箱梁裂缝主要检查各中间支座及其附近区段的顶板和中性轴以上的腹板、各跨跨中及其附近区段的底板和中性轴以下的腹板。 ⑩处于平曲线的梁式桥应每年对横向偏移进行检测	①目测观察表面的清洁状况及风化、剥落、露筋、锈蚀等病害情况。 ②量测表面病害面积。 ③用裂缝测深仪、裂缝宽度仪测量裂缝的深度及宽度，并记录裂缝的起终点位置、长度、宽度、走向等信息。 ④在病害部位用酚酞试液，观察是否变红检查碳化情况，变红说明有碳化。 ⑤用水准仪量测挠度是否过大。 ⑥用经纬仪检查桥梁的横向偏移情况
钢桥	①钢梁上部结构的小修、保养状况，清洁状况，有无杂物堆积、雨水侵蚀现象。 ②构件（特别是受压构件）是否扭曲变形、局部损伤。 ③铆钉和螺栓有无松动、脱落、锈蚀或断裂，节点是否滑动错裂。 ④焊缝及边缘（热影响区）有无脱焊或裂纹。 ⑤防腐涂装层有无裂纹、起皮、脱落，构件是否腐蚀。 ⑥钢结构表面是否有污垢、灰尘堆积和污水滴漏。 ⑦钢结构桥梁的除湿设备运转是否正常	①目测观察表面的清洁状况及涂装层裂纹、起皮脱落，钢构件脱焊、裂缝、锈蚀、变形等病害情况。 ②量测表面病害面积。 ③用手摇动铆钉和螺栓检查是否松动
钢-混凝土组合梁桥	①钢-混凝组合梁桥检查的相关内容及检查方式与钢筋混凝土及预应力钢筋混凝土梁（板）桥、钢桥的要求相同。 ②桥面板纵、横向裂缝的位置、宽度、长度及发展程度，必要时应拆除部分铺装层观测。 ③桥面板及支座附近的渗漏水情况。 ④钢梁跨中区桥面板的破损。 ⑤钢梁与混凝土组合桥面板之间的剪力连接件是否有破损、纵向滑移及翘起，桥面混凝土铺装层是否有鼓起、破损等现象	同上

续表

桥梁类型	检查内容	检查方式
拱桥	①拱桥的小修保养状况，上部结构有无杂物堆积、雨水侵蚀等。 ②拱桥主要检查主拱圈的拱脚、1/4 跨径、拱顶和拱上结构的变形，混凝土开裂与钢筋锈蚀情况，以及有无缺损。 ③主拱圈的拱板、拱箱或拱肋是否开裂；钢筋混凝土拱有无露筋、钢筋锈蚀；圬工拱桥砌块有无压碎、局部脱块，砌缝有无脱离或脱落、渗水，表面有无苔藓、草木滋生，拱铰工作是否正常；腹拱的小拱有无较大的变形、开裂、错位，立墙或立柱有无倾斜、开裂。 ④拱上立柱（或立墙）上下端、盖梁和横系梁以及腹拱的混凝土有无开裂、剥落、露筋和锈蚀。 ⑤拱的侧墙与主拱圈间有无脱落，侧墙有无鼓凸、变形、开裂，实腹拱拱上填料有无沉陷；肋拱桥的肋间横向连接是否开裂、表面剥落、露筋、锈蚀等。 ⑥系杆拱的吊杆、系杆 PE 护套是否老化、开裂，无混凝土包裹的系杆是否有锈蚀；拱座表面是否开裂、破损；上下锚头是否渗水、渗油、锈蚀等。 ⑦钢结构与混凝土节点连接部位，要检查是否开裂、变形、渗水、锈蚀，并通过监控预埋件检查受力状况是否正常。 ⑧钢管混凝土拱与拱座处裂缝、开裂情况。 ⑨钢管混凝土拱桥裸露部分的钢管及构件检查应符合钢桥相关要求，同时还应检查管内混凝土是否填充密实。	①钢筋混凝土表面病害及裂缝的检查同钢筋混凝土及预应力混凝土梁（板）桥。 ②立墙、立柱的倾斜，侧墙鼓凸、变形应通过目测辅以铅垂仪检查。 ③钢管混凝土拱与拱座处裂缝、开裂情况采用超声波探伤仪检查
悬索桥和斜拉桥	①检查索塔及桥塔高程、塔柱倾斜度、桥面高程及梁体纵向位移，注意是否有异常变位。 ②检测索体振动频率、索力有无异常变化，索体振动频率观测应在多种典型气候下进行，观测周期不超过 3 年。 ③主梁或加劲梁的检查，按预应力混凝土及钢结构的相应要求进行。 ④悬索桥的锚碇及锚杆有无异常的移动，锚头、散索鞍有无锈蚀破损，锚碇内锚箱是否渗油，锚室（锚洞）有无开裂、变形、积水，温度、湿度是否符合要求，除湿机运行是否安全、正常。 ⑤主缆、吊杆及斜拉索的表面封闭、防护是否完好，有无破损、老化。 ⑥悬索桥的索鞍是否有异常的错位、卡死、辊轴歪斜，构件是否有锈蚀、破损，主缆索跨过索鞍部分是否有挤扁现象。 ⑦悬索桥吊杆上端与主缆索的索夹是否有松动、滑移和破损，下端与梁连接的螺栓有无松动。 ⑧逐束检测索体是否开裂、鼓胀及变形，必要时可剥开护套检查索内干湿情况和钢索的锈蚀情况，检查后应做好保护套剥开处的防护处理。 ⑨逐个检查锚具及周围混凝土的情况，锚具是否渗水、锈蚀，是否有锈水流出的痕迹，周围混凝土是否开裂。必要时可打开锚具后盖抽查锚杯内是否积水、潮湿，防锈油是否结块、乳化失效，锚杯是否锈蚀。 ⑩逐个检查索端出索处钢护筒、钢管与索套管连接处的外观情况。检查钢护筒是否松脱脱落、锈蚀、渗水，抽查连接处钢护筒内防水垫圈是否老化失效，筒内是否潮湿积水。 ⑪应检查斜拉索及阻尼垫圈减振器的防水情况和橡胶老化变质情况，必要时更换。 ⑫检查索塔及桥塔的爬梯、检查门、工作电梯是否安全可靠，塔内的照明系统是否完好	①目测观察表面情况。 ②用手摇动铆钉和螺栓，检查是否松动。 ③定期测量应参考厂家提供的养护手册执行

4.4 下部结构巡查检测内容及方式

桥梁下部结构检测内容及方式见表 4.4。

桥梁下部结构检测内容及方式　　　　　　　　　　　表 4.4

序号	检查内容	检查方式
1	墩台顶面是否清洁,有无积水、泥土、杂物堆积、滋生草木及雨水侵蚀等	①钢筋混凝土表面病害及裂缝的检查同钢筋混凝土及预应力混凝土梁(板)桥。 ②用铅垂仪测量是否倾斜。 ③用经纬仪和水准仪测量墩台顶部和底部四角的高差和相对高程,判断是否滑动、下沉。 ④目测观察台背以上路面,判断台背填土有无沉降裂缝或挤压隆起
2	墩台与基础有无滑动、倾斜、下沉	
3	独柱墩有无倾斜,墩台及帽梁有无脱开	
4	台背填土有无不均匀沉降、裂缝或挤压隆起	
5	混凝土墩台及帽梁有无冻胀、风化、腐蚀、开裂、剥落、露筋等,空心墩的水下通水孔是否堵塞	
6	石砌墩台有无砌块断裂、脱开、变形,砌体泄水孔是否堵塞,防水层是否破坏	
7	横系梁连接处是否开裂、破损	
8	墩台防震设施是否破损、开裂、有效;锥坡有无冲蚀、塌陷等	
9	基础下是否发生不允许的冲刷或掏空现象,扩大基础的地基有无侵蚀;桩柱在水位涨落、干湿交替变化处有无磨损、露筋、环裂和腐蚀	

4.5　桥下空间巡查

(1) 桥下空间使用应满足城市桥梁安全需求,宜用于停放车辆、设置道路养护管理设施或绿化。

(2) 桥下空间使用单位应建立健全消防安全管理制度、环境卫生管理制度。

(3) 桥下搭建构筑物时与桥梁底面、桥墩、桥台的距离应不少于 1.5 m,且不得将桥墩、桥台封闭在内,同时应采取措施保护桥梁设施。

(4) 桥下空间使用不得影响城市桥梁日常养护、维修、检测作业。

4.6　城市桥梁安全保护区域巡查

(1) 城市桥梁养护应按结构形式、桥梁类型的不同划定城市桥梁安全保护区域范围,编制监督管理方案,发现桥梁安全隐患应及时做出处置。

(2) 在城市桥梁安全保护区域内可能影响城市桥梁安全的施工作业行为包括:

① 河道疏浚、河道挖掘等施工作业。

② 建筑打桩、修建地下结构物、盾构顶进、管线顶进、(架)埋设管线、爆破、基坑开挖、降水工程等作业。

③ 大面积堆物或减少载荷量超过 $20~\text{kN/m}^2$ 的作业。

④ 其他可能损害城市桥梁的作业。

(3) 在城市桥梁安全保护区域内,从事可能影响城市桥梁安全的施工作业时,应制定城市桥梁安全保护设计方案和相应的施工方案,并签订城市桥梁安全保护协议。

(4) 在城市桥梁安全保护区域内,从事可能影响城市桥梁安全的施工作业时,可能影响城市桥梁安全运行的,应由具有相应资质的专业检测单位进行桥梁结构检测,编制检测报告，并根据检测结果采取相应的加固措施。

（5）应由具有相应资质的专业检测单位编制监测方案，施工作业期间对相关城市桥梁进行动态监测，并定期报送城市桥梁动态监测记录。

（6）对城市桥梁进行动态监测前，应根据使用情况、现有状态及设计要求制定其沉降、位移的监控值及报警值。

4.7 单元制定期检查

针对大型桥梁的设施体量十分庞大的特点，建立并推行大型桥梁养护单元制，将大桥的检查养护工作以单元为基础展开。首先将大桥的桥体合理细分成若干单元，将桥梁根据桥面系、上部结构、下部结构、附属设施划分为若干个养护单元，然后以养护单元为基础制订养护计划，根据计划实施养护维修任务。

4.7.1 养护单元划分原则

桥梁构件编号包括两个层次：桥梁整体编号和桥梁构件标号。桥梁整体编号是为了在整个管理区域范围内定位该桥梁，构件编号是为了体现该桥内部构件组成情况。

（1）纵、立面按里程从大到小。

（2）横断面由左到右。

将桥梁划分为桥面系、上部结构、下部结构和附属设施分块划分单元。

桥面系分为防护栏杆、声屏障、桥面铺装、责任牌、排水系统、伸缩缝、人行道；上部结构分为主塔、拱肋、主拱圈、后斜杆、水平杆、横梁、主梁、系杆、吊杆、斜拉索、主缆等；下部结构划分为桥墩柱、承台；附属设施有除湿机和检修桁车等。

4.7.2 养护管理单元划分

特大型桥梁根据情况采用养护单元制，划分桥梁养护单元，根据单元制定巡查、检查及养护工作计划，确保计划全面详细、切实可行，数据便于跟踪记录、归档核查，定期对比分析，实现精细化、精准性养护管理。大桥工程规模大、线路长，为便于养护管理，按分布区域、桥梁结构类型及特点划分养护单元。

第 5 章 桥梁养护维修施工

5.1 养护工程分类

桥梁的养护维修工作按其性质、规模、技术难易程度可分为以下两类，桥梁结构养护工程分类与工作内容见表 5.1。

1. 日常养护

日常养护分零星养护、经常性养护（保养保洁）、应急养护。对桥梁各部分，包括设计规定的引桥、接坡，以及其各种设施进行预防性保养和修补其轻微损坏部分，使之经常保持完好状态，此项工作应定期进行。对特大型特殊桥梁，频率应适当加快。

2. 专项养护

专项养护分设施完善、品质提升、结构维修、重点养护、专项整治五大类。对桥梁各部分，包括设计规定的引桥、接坡，以及其各种设施的一般性自然磨损和局部损坏进行修理加固以恢复原状和周期性的综合修理，全面恢复到原设计标准，或在原技术等级范围内进行局部改善和个别增建。由养护单位负责编制专项养护方案，专项养护方案包含养护内容、资金预算、工期计划、安全质量管控等。此项工作定期按年度专项养护计划进行。

桥梁结构养护工程分类与工作内容　　　　表 5.1

养护分类		相应的工作内容
日常养护	经常性养护	（1）吊索区、伸缩缝、泄水孔、隔声屏、防撞墙、栏杆、钢拱、索塔、桁架、盖梁保洁等； （2）吊索及拉索系统、梳齿伸缩缝、支座、机电设备保养等
	零星养护	（1）修理更换栏杆，更换泄水盖板孔、伸缩缝维修等； （2）修补人行道、桥面铺装、侧石等； （3）钢构件的除锈、刷漆； （4）更换落水管、隔声屏玻璃等
	应急养护	（1）限高架撞击维修；（2）船只卡桥撞桥维修；（3）雨天桥面排水
专项养护		（1）非接触应变等智能监测设备补建； （2）大面积人行道铺装、桥面铺装更换； （3）大、中型钢桥的全面油漆、除锈； （4）索结构系统养护（缠绕带、除湿系统等）； （5）梁板铰缝、拼缝等部位渗漏水整治

5.2 养护工作流程

养护工作流程如图 5.1 所示。

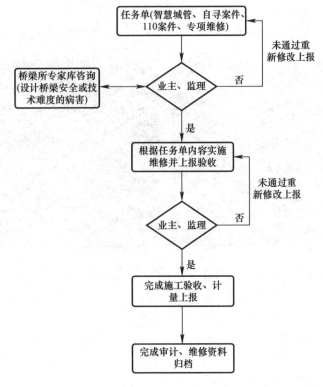

图 5.1 养护工作流程

5.3 桥面系、支座及附属设施养护维修

5.3.1 栏杆和防撞墙的养护维修

栏杆、防撞墙的日常养护工作主要内容和要求如下。

（1）涂料防护层损坏时，应及时修补。反光膜脱落时，应随时补贴。

（2）及时修复或更换因交通事故或自然灾害造成的缺损，锈蚀严重的金属栏杆应予以更换。

（3）调整和更换高度不符合规定的栏杆，同时保证栏杆、防撞墙与接坡栏杆之间的顺直。

（4）伸缩缝处的金属栏杆维修后，不得将套筒焊死。

（5）在不能及时将损坏部位按原样修复，而又对交通安全威胁比较大的地段，宜采用应急材料临时修复。

（6）用聚合物砂浆或环氧砂浆修补露筋部位。

（7）及时校正或修补撞击使防撞墙引起的转动或损伤。

（8）按需冲洗，保证表面清洁干净、无污渍。护栏的清洗如图 5.2 所示。

5.3.2 桥面铺装的养护

桥面铺装的日常养护工作应注意以下要求。

(1) 经常清扫桥面，使桥面清洁平整，保持行车的舒适性。
(2) 桥面铺装应保持一定的横坡和纵坡，在雨后应及时将积水排除。

图 5.2　护栏的清洗

(3) 冬季雨、雪后，应及时清除桥面上的冻块或积雪。
(4) 严禁在桥面上放置杂物或作为晒场等。
(5) 保持桥面防水层具有良好的使用性能。
(6) 及时处理桥面铺装存在的裂缝等表面缺陷，并立即查明原因。对于无法判明的铺装层病因，可提出特殊检测的要求。

1. 混凝土桥面板沥青铺装层的养护维修

沥青混凝土桥面的养护、病害处理和修补应按国家现行标准《城市道路养护技术规范》(CJJ 36)要求进行。应加强沥青路面经常性、预防性小修保养，对局部的、轻微的初始破损及时进行修理。沥青类铺装层的养护维修如图 5.3 所示。

(a) 沥青桥面养护　　　　　　　　　　　(b) 沥青罩面施工

图 5.3　沥青类铺装层的养护维修

(1) 对桥面裂缝的维修。对于黑色路面纵、横向裂缝，先清扫干净缝隙，并用压缩机吹去尘土，然后用热沥青或乳化沥青灌缝撒料法封堵。对大于 3 mm 的桥面裂缝，应检查其发生原因。在确定无结构破坏和延续发展的条件下，可进行灌缝处理或使用贴缝带。
(2) 对麻面、松散等病害的维修。可清扫干净，铣刨后重新摊铺。

(3) 对拥包、坑槽的维修。测定破坏部分的范围和深度，用直尺画出矩形（与中心线平行或垂直），再凿到稳定部分，深度不小于 3 cm，坑壁要垂直。清除坑底后，在干净的坑底、坑壁薄洒一层黏结沥青，根据原路面结构层次填补混合料或沥青混凝土，填补后压实。修补要求做到圆洞方补、浅洞深补、湿洞干补。如路面基层损坏，应针对损坏原因，先处理基层病害，再修复面层。

2. 水泥混凝土桥面铺装的养护维修

桥面裂缝、坑洞、坑槽等病害修补参考本节中沥青铺装有关维修方法，如铺装层出现大面积的表面脱落、麻面，可凿除后重新铺装混凝土面层。在桥梁承载能力允许的条件下，可在病害处理后加铺沥青混凝土层，方案需经专项设计，伸缩装置和保护带的标高应做出统一调整。

3. 钢桥面铺装的养护维修

(1) 坑槽类病害修补。在基面及四周涂布界面黏结剂，涂布应均匀、连续、用量准确，涂布量为 $0.45\sim0.68 \text{ L/m}^2$。将拌和好的环氧沥青砂浆填于修复区并压实处理。如果坑槽较深，应分两次或三次摊铺和压实。处理后需涂刷 SBS 防水涂料达到封闭处理表面的目的，厚度控制在 0.5 mm。最后在修复表面撒布碎石（粒径 $1.18\sim2.36$ mm），以防止黏轮。

(2) 裂缝病害维修。

① 裂缝封闭主要适用于孔隙率较小的沥青铺装层中缝宽小于 3 mm 微裂缝的修复。

② 裂缝灌封主要适用于缝宽大于 3 mm 裂缝的修复。维修工艺为裂缝清理（深度较大的裂缝可进行开 V 形或 U 形槽）→材料配置（缝宽小于 5 mm 的裂缝用 ERR-1 环氧修复材料，缝宽大于 5 mm 的裂缝用 EAR-1 环氧沥青类修复材料）→修复（涂刷、注射器）→封闭养护（涂刷防水涂料、撒布碎石）。

4. 桥面铺装预养护

(1) 雾封层。雾封层技术是利用专用雾封层洒布车在沥青面层上喷洒一层薄薄的高渗透乳化沥青或改性乳化沥青，以形成一层严密的防水层，将路面封闭，材料应满足《公路沥青路面施工技术规范》的相关规定。雾封层具有施工工艺简单、开放交通迅速，同时又不损坏路面原有标线的特点。

(2) 稀浆封层。稀浆封层是一种将乳化沥青、集料、水和添加剂拌和后形成的表面处置层，适用于 SMA 或改性 AC 铺装层，均匀施工后能与原铺装牢固连接，在使用期内可提供一个良好的抗滑表面。稀浆封层可单层铺筑，也可双层铺筑。施工前需对原桥面病害进行处理。

(3) 微表处。微表处是由专门的施工设备将聚合物改性沥青、100％轧碎石料、矿物填料、水和必要的添加剂按设计配合比拌合摊铺的一种表面处置技术。可用于桥面沥青铺装层的车辙填充与罩面，提高铺装层抗滑能力，延长铺装层的使用寿命。

5. 桥面防水层的养护维修

(1) 桥面卷材防水层的修补应符合下列规定。

① 损坏的防水层，应及时修补，防水层维修应按施工要求进行。

② 修补后的防水层，其防水性能、整体强度、与下层黏结强度和耐久性等指标应满足设计要求。

(2) 防水混凝土结构层的维修应符合下列规定。

① 当防水混凝土表皮脱落或粉化轻微而整体强度未受影响，且防水混凝土层与下层连接牢固时，应彻底清除脱落表皮和粉化物。

② 当防水混凝土受到侵蚀，表皮严重粉化且强度降低或防水混凝土层与下层已脱离连接时，应完全清除该层结构重新进行浇筑。

③ 清理表皮脱落层时，应清理至具有强度的表面完全露出。

④ 清除损坏的结构层时，应切割出清理边界，然后再进行清除作业。清除应彻底，不得留隐患，应避免扰动其他完好部分。

⑤ 钢筋网结构的防水混凝土层清除作业时，应确保原钢筋结构的完整。

⑥ 在浇筑新混凝土前，作业面（包括边缘）应清洁、粗糙。

⑦ 选用的防水混凝土抗渗等级应高于 P6，且不得低于原设计指标要求，严禁使用普通配比混凝土替代防水混凝土。

5.3.3 伸缩装置的养护维修

伸缩装置应保证平整、顺直、排水通畅、正常伸缩，处于良好的工作状态。根据伸缩缝装置的不同种类和不同病害，日常养护中应采取相应的养护措施。伸缩缝清理如图 5.4 所示。

(1) 应每月清理一次，及时清理缝内垃圾和杂物。

(2) 橡胶止水带损坏后及时更换（满足原设计的规格和性能要求）。

(3) 梳型板伸缩缝应经常检查紧固螺栓，发现梳齿出现裂缝后及时焊接修补。

(4) 发现钢构件锈蚀时通过喷防锈漆处理，并使用油脂或润滑油涂抹表面。

(5) 出现损坏而无法修复时，宜选用原型号产品进行整体更换。

(6) 预埋部分损坏或与混凝土保护带已脱离，凿除损坏部分，重新焊接和浇筑，必要时更换损坏的伸缩缝装置。

(7) 当伸缩缝整体损坏，保护带整体碎裂时，则采用整体更换的方法维修。

图 5.4 伸缩缝清理

5.3.4 排水设施的养护维修

排水设施养护如图 5.5 所示，排水设施的养护维修内容如下。

图 5.5 排水设施养护

(1) 进水口都要进行清捞,保持进水口干净。进水口按每月一次频率清捞。(汛期频率加大)对损坏缺损的进水口盖板须及时进行更换维修时,应采用与原设施性质相同的材料,进水口抹面要光洁。

(2) 立管每两个月进行一次疏通。立管修复时要擦清管口,涂刷胶水均匀,管道接好,检查保证不渗水。管道安装抱箍要安放水平,螺栓连接应牢固。

(3) 立管集水斗要定期清捞,每季度一次,汛期要加大清捞频率。

(4) 桥面泄水孔应完好、畅通、有效,泄水孔的清理如图 5.6 所示。

(5) 发现泄水管损坏应及时修补,损坏严重的应及时更换。

(6) 桥面易积水部位采取增加泄水孔个数、增加边沟、调整桥面坡度等措施。

图 5.6 泄水孔的清理

5.3.5 支座的养护与维修

支座日常养护要求如下。

(1) 支座各部应保持完整、清洁、有效,支座垫板应平整、紧密、锚固牢固,支座周边应干燥、洁净,无积水、油污。支座应每半年检查、清扫一次,应每年养护一次。板式橡胶支座可抽样检查,检查其是否老化并做好记录,对固定支座及盆式橡胶支座应检查锚栓的坚固程度,支承垫板应平整密贴支座,及时拧紧结合螺栓。

（2）在滚动支座滚动面上定期更换润滑油（每年一次），在涂油之前，应先清洁滚动面。

（3）对钢支座每三年进行烤铲油漆一次（包括盆式橡胶支座的钢圈部分），清除锈迹，打磨光洁，并重新涂刷防锈油漆保护。

（4）对盆式橡胶支座应定期进行清扫，并应设置支座防尘罩，防止灰尘落入或雨、雪渗入支座内，支座外表部分应定期涂红防锈漆进行保护。

在支座日常检查和养护过程中，若出现以下病害情况，应采取相应的措施进行维修。

（1）滚动面不平整、辊轴有裂纹或切口、个别辊轴大小不合适时，必须予以更换。

（2）梁支点承压不均匀时，应进行调整。调整时可采用千斤顶将梁上部顶起，然后移动调整支座的位置。在矫正支座位置以后，降落上部结构时，为避免桥孔结构倾斜，应徐徐下落，并注意千斤顶的工作状态是否均衡，调整顶升时可采用楔子，以保证上部结构恢复原位。

（3）支座上板翘起、扭曲、断裂时，应予更换或补充。焊缝开裂应予维修加固。支座更换时，也同时采用前述顶升法施工。

（4）如要抬高支座时可采用捣筑砂浆垫层，加入钢板垫层或预制钢筋混凝土块的办法。

（5）橡胶支座已老化、变质而失效时，需要及时更换。

支座的养护维修如图 5.7 所示。

(a) 支座保养　　　　　　　　　　　(b) 支座维修

图 5.7　支座的养护维修

5.4　上部结构养护维修

5.4.1　混凝土桥梁的养护

混凝土桥梁如图 5.8 所示。混凝土桥梁一般性养护工作包括：清除表面污垢；修补混凝土孔洞、破损、剥落、表面风化、非结构受力影响产生的裂缝；对裸露钢筋进行除锈；修复保护层；对纵横梁连接件的钢板开裂、脱焊、锈蚀进行处理等。具体概括如下。

(1)渗水、洪水等自然环境的原因造成梁体产生的污垢,应用清水或中性洗剂刷洗,不宜用化学试剂清洗。

(2)梁体出现露筋或保护层剥落等现象时,应先将松动的保护层凿去,并将钢筋锈迹清除。若损坏面积不大,可用环氧砂浆修补;若损坏面积过大,需要浇筑新的混凝土,可采用普通混凝土、环氧混凝土或聚合物混凝土。为延长混凝土使用寿命,应对维修部分进行表面处理,如涂上防水剂或涂料。

图 5.8 混凝土桥梁

(3)梁(板)体的横纵向连接板件、钢板、钢筋等构件出现开裂、脱焊、断裂、损坏等病害时,可采取更换、补焊、绑焊等措施。

(4)为使钢筋混凝土桥上的裂纹(指在允许的范围内)不与大气接触,以保持钢筋完好,裂缝应进行封闭处理,一般情况下是涂刷水玻璃或环氧树脂。当裂缝大于规定值时,应灌注环氧树脂填充,一般用空压式的方法进行。

(5)当裂缝宽度大于 0.5 mm 时,应将裂缝凿开,刷净缝隙中的松块或粉尘,然后立模填补环氧砂浆或高强度等级水泥砂浆。若体积较大,可采用高强度等级的小砾石混凝土修补。

(6)若裂缝过大,应采取加固或更换构件的办法来解决,但应查明原因,通过计算来确定。

5.4.2 钢桥的养护

钢桥如图 5.9 所示。

1. 钢桥养护工作的内容

(1)保持钢桥上所有铆钉螺栓连接和焊接点均处于正常的状态下。

图 5.9 钢桥

(2)严格防止钢桥的梁、杆、板等部件出现锈蚀,尽量延长钢桥的使用寿命。

(3)矫正桥梁杆件局部的各种变形。

(4)对桥梁的基座进行观测保养。

(5)每天对钢桥的桥面进行一次以上的清扫保养工作。

2. 钢结构养护要求

(1)钢结构梁的刚度、强度和稳定性应符合设计要求,运营中根据钢结构形式,应加强对各部分连接节点及杆件、铆钉、销栓、焊缝的检查、养护。对承载能力或刚度低于限值、结构不良的钢结构,应进行维修或加固。

(2)钢结构外观应保持清洁,冬季应及时除冰雪,泄水孔应畅通,桥面铺装应无坑洼积水现象,渗漏部分应及时修好。当桥面积水时,应设置直径不小于 50 mm 的泄水孔,钻孔前应对杆件强度进行验算。

(3) 钢结构应每年进行一次保养，每年做一次检测，检测时发现节点上的铆钉和螺栓松动或损坏脱落、焊缝开裂，应采用油漆标记并做记录。在同一个节点，缺少、损坏、松动和歪斜的铆钉和螺栓超过 1/10 时，应进行调换，当焊接节点有脱缝、焊缝处有裂纹时，应及时修补。对有眼纹及表面脱落的构件，应仔细观察其发展，做出明显的标记，注明日期，以备观察，必要时应补焊或更换。

(4) 钢梁杆件伤损容许限度超过规定时，应及时进行整修、加固或更换。

(5) 不良铆钉的容许限度超过规定时，应对不良铆钉进行更换，其他不良铆钉宜根据不良程度进行更换。

3. 钢梁维修条件

钢梁有下列状态之一时，应及时维修。

(1) 桁腹杆铆接接头处裂缝长度超过 50 mm。
(2) 下承式横梁与纵梁加接处下端裂缝长度超过 50 mm。
(3) 受拉翼缘焊接一端裂缝长度超过 20 mm。
(4) 主梁、纵横梁受拉翼缘边裂缝长度超过 5 mm；焊缝处裂缝长度超过 10 mm。
(5) 纵梁上翼缘角钢裂缝。
(6) 主桁节点和板拼接接头铆栓失效率大于 10%。
(7) 主桁构件、板梁结合御钉松动连续 5 个及以上。
(8) 纵横梁连接铆钉松动。
(9) 纵梁受压翼缘、上承板主梁上板件断面削弱大于 20%。
(10) 箱梁焊缝开裂长度超过 20 mm。

4. 新换钢梁或加固杆件组拼规定

新换钢梁或加固杆件的组拼应符合下列规定：

(1) 组拼板件应均匀拧紧，板件密贴，缝隙用 0.3 mm 插片探入长度不得大于 20 mm。

(2) 组拼杆件应在无活载情况下进行，并至少有 1/3 的孔眼安装螺栓及冲钉，其中 2/3 为冲钉，1/3 为螺栓。

(3) 无活载情况下铆合时，应每隔 2 个钉孔装一个螺栓，螺栓间距不得超过 400 mm，必要时应每隔 1 个钉孔装一个螺栓，每组孔眼应打入 10% 的冲钉。

(4) 栓接梁使用的高强螺栓、螺母及垫圈应符合现行国家标准《钢结构用高强度大六角头螺栓》(GB/T 1228) 的规定，并应附有出厂合格证。

(5) 在有活载情况下更换铆钉，应拆除一个铆钉，同时上紧一个螺栓。必要时可使用不超过 30% 的冲钉，严禁使用锛斧和大锤铲除钉头。对结构承载力至关重要的构件在更换铆钉时，应禁止车辆通行。

5. 高强螺栓的更换

高强螺栓的更换应符合下列规定：

(1) 高强螺栓的施工预拉力应符合设计要求，允拧值或超拧值均不应超过规定值的 10%，各种型号的高强螺栓的设计预拉力值应符合设计规定。

(2) 高强螺栓的初拧值应根据试验确定，宜取终拧值的 40%～70%，终拧方法可采用扭矩法或转角法。

（3）对大型节点，同时更换的数量不得超过该节点螺栓总数的10%，对螺栓少的节点应逐个更换。在一个连接处（或节点）少量更换的螺栓、螺母及垫圈的材质、规格、强度等级应与原桥上使用的相同，不得混用。

（4）高强螺栓拧紧后，节点板四周的缝隙应封闭。高强螺栓、螺母及垫圈的外露部分均应进行涂装防锈。

6. 栓接梁、全焊梁在焊缝及附近钢材上发现裂缝时的措施

对栓接梁、全焊梁，当在焊缝及附近钢材上发现裂缝时，可根据裂缝的位置、性质、大小及数量，采取下列相应措施。

（1）在裂缝的尖端钻圆孔，孔径宜与钢板厚度相等，且不得超过32 mm。

（2）高强螺栓连接加固，加固前裂缝尖端处应钻孔。

（3）抽换杆件或换梁。

7. 钢系梁的养护

（1）系梁内外表面保持清洁，清除箱内垃圾和积尘。

（2）系梁内如有积水，应该立即排除。

（3）系梁养护结束后，应关闭检修孔盖并上锁，避免雨水与闲杂人员进入箱内。

（4）应加强对拱肋系梁结合部位的保养维修，防止水渗漏造成系梁钢构件锈蚀。

（5）系梁钢结构的裂纹修复后应进行无损检查，确保不存在焊缝缺陷，否则应重新修补。

8. 钢梁涂装养护

钢桥防锈是防止钢材在大气环境中发生锈蚀。防锈系统（措施）的应用可防止锈蚀的形成，或延缓锈蚀的发展。目前，成熟的钢材防锈系统有如下几种：

（1）提供一种耐久的防护层，以阻止氧气和水汽接触钢材（如油漆、包裹、电镀）。

（2）阻止对钢基材的侵蚀（防腐底漆）。

（3）根据原电池原理，提供一个牺牲阳极装置（富锌油漆、电镀）。

（4）由外部装置提供附加电流来抑制阳极反应（阴极防护）。

（5）在封闭箱体内安装除湿机，保持钢结构干燥。

桥梁工程中主要采用防腐涂层，包括金属涂层、有机油漆涂层和复合涂层。当构件由很多的单个小构件组成时（如栏杆），可采用电镀。大面积构件难以涂漆时，可采用阴极防护。在大跨度桥梁的箱形主梁内除涂油漆外，还常常安放除湿机。

有机油漆老化的主要原因是紫外线照射。油漆退化还与所处环境和构造形式相关。例如，在箱梁、板梁的下翼缘，边梁上翼缘的下表面，桁架下弦杆的节点处，上弦杆的顶面，铆钉头部、焊接部位，还有在桥梁端部伸缩缝附近常会发生油漆退化。

当油漆老化时，它会变脆，敲击时变为碎片。一般来说，油漆防护系统的破坏程度按发展过程依次是粉化、龟裂、开裂爆皮、锈斑，油漆涂层最终沿锈蚀部位全部开裂、剥落。

涂层质量与作业中操作有很大关系，一般涂刷中要注意下列事项。

（1）除锈完毕应清除基层上杂物和灰尘，在8 h内尽快涂刷第一道底漆，如遇表面凹凸不平，应将第一道底漆稀释后往复多次涂刷，使其透入凹凸毛孔深部，防止孔隙部分再生锈。

(2) 避免在 5 ℃以下和 40 ℃以上及太阳下直晒，或 85％湿度以上情况下涂刷，否则易产生起泡、针孔和光泽下降等。

(3) 底漆表面充分干燥以后才可涂刷次层油漆，间隔时间一般为 8～48 h，第二道底漆尽可能在第一道底漆完成后 48 h 内施工，以防第一道底漆漏涂引起生锈。对于环氧树脂涂层，如漆膜过度硬化，易产生漆膜间附着不良，必须在规定时间内涂上面一层涂料。

(4) 涂刷各道油漆前，应用工具清除表面砂粒、灰尘，对前层漆膜表面过分光滑或干后停留时间过长时，适当用砂布、水砂纸打磨后再涂刷上层涂料。

(5) 一次涂刷厚度不宜太厚，以免产生起皱、流淌现象。为求膜厚均匀，应交叉覆盖涂刷。

(6) 涂料黏度过大时可使用稀释剂，稀释剂在满足操作需要情况下，应尽量少加或不加。稀释剂掺用过多会使漆膜厚度不足，密实性下降，影响涂层质量。稀释剂使用必须与油漆类型相匹配。

(7) 一般来说，油基漆、酚醛漆、长油度醇酸磁漆、防锈漆用 200 号溶剂汽油、松节油；中油度醇酸漆用 200 号溶剂汽油与二甲苯（1∶1）混合剂；短油度醇酸漆用二甲苯；过氯乙烯漆采用溶剂性强的甲苯、丙酮。稀释剂用错会产生渗色、咬底和沉淀离析缺陷。

(8) 焊接、螺栓连接处，边角处最易发生涂刷缺陷与生锈，所以尤其要注意不产生漏涂和涂刷不均，一般应加涂来弥补。

(9) 涂刷过程中出现的缺陷原因及处理方法见表 5.2。

涂刷过程中出现的缺陷原因及处理方法 表 5.2

缺陷	现象	原因	处理方法
留痕	垂直面有部分面积涂层流下，结成厚膜	(1) 一次涂刷量太多太厚； (2) 油漆黏度太低； (3) 光滑涂面上涂刷； (4) 稀释剂发挥太慢	(1) 调整涂刷量； (2) 调整黏度； (3) 用砂纸磨粗； (4) 换挥发快的稀释剂； (5) 泄流部分磨平后重涂
橘子皮	产生橘皮状凹凸皱皮	(1) 油漆黏度太高，稀释剂溶解力不好，或挥发太快； (2) 温度或气温太高或曝晒； (3) 漆刷太厚，油漆质量不好	(1) 适当调低黏度，使用规定的稀释剂； (2) 避免高温或曝晒，提供良好施工环境； (3) 调整漆厚，使用优良油漆； (4) 砂纸磨平后重新涂刷
刷纹	随漆刷运行方向留下凹凸刷纹	(1) 使用粗短毛刷施工，刷毛过硬； (2) 油漆本身流展性不良（展性油分过少）； (3) 被涂刷物粗糙，吸漆性强	(1) 改用优良漆刷； (2) 选用流展性好的油漆，或配合少量树脂清漆或调漆剂； (3) 用同一油漆调薄，先刷一遍； (4) 用砂纸磨平重涂
气泡	涂料混入空气留在漆膜中变成小泡	(1) 强劲搅拌油漆，未待空气进出即予涂刷； (2) 稀释剂挥发太快或被涂刷物温度太高； (3) 油漆黏度太高	(1) 不激烈搅拌；搅拌后待气泡消除再涂刷； (2) 使用挥发较慢的稀释剂，控制施工温度； (3) 适当调稀； (4) 用砂纸研磨或除去漆膜重涂

续表

缺陷	现象	原因	处理方法
针孔	涂面有针状小孔	(1) 被涂面上有灰尘、水及油分附着； (2) 油漆中有油、水分存在； (3) 稀释剂挥发太快； (4) 底层漆未干透	(1) 表面处理干净； (2) 防止油、水混入油漆中； (3) 换挥发慢的稀释剂； (4) 待底层完全干透后，再做上层涂层； (5) 用砂纸磨后重涂
白化	涂层发白混浊现象	(1) 空气湿度太高，空气中水分凝结于涂面发白混浊； (2) 夜间气温下降，水分凝结于涂面上； (3) 被涂物温度较气温低	(1) 避免下雨天或温度高时施工，用挥发性慢的稀释剂； (2) 油性或环氧类油漆干燥慢，应避免傍晚施工； (3) 被涂物温度升高后再施工； (4) 待湿度下降时，喷涂防白水即可消除
发黏	漆膜呈现发黏现象	(1) 基层面上有油、酸、碱、盐等未清除干净； (2) 头道未干，即刷二道； (3) 煤气作用或水汽冷凝于漆表面	(1) 清除杂质，处理好基层； (2) 控制操作时间，干后再刷下道； (3) 已刷漆面应避免水汽、煤气作用； (4) 若长时间放置仍发黏，则除去漆膜重涂
颜色分离	涂面之颜色浓淡不均	(1) 稀释剂用量大多； (2) 油漆搅拌不匀； (3) 涂层厚度不均匀； (4) 调色不均匀	(1) 调整用量； (2) 充分搅拌均匀； (3) 不做过厚涂层，不用劣质漆刷； (4) 两色以上调和时要充分搅拌，做试涂； (5) 用砂纸研磨后重涂
剥离	底层漆剥离	(1) 上层漆溶剂太强，渗入底漆； (2) 底层漆与上层漆配套不当； (3) 底层漆与上层漆涂刷间隔太短； (4) 在过分光滑的金属面上涂刷	(1) 不过分调稀； (2) 避免异种漆叠涂； (3) 待底层充分干燥后，再涂上层； (4) 用砂纸、砂轮磨粗后再涂； (5) 除去剥离漆膜，打磨后重涂
吐色	底层漆颜色被上层漆溶化，透出漆面	(1) 有机类红色颜料及沥青层上做浅色面漆； (2) 未干底层漆膜上做上层涂层	(1) 快速喷刷一层薄膜，使稀释剂快速挥发，然后再涂刷上层油漆； (2) 待底层干透再做上层； (3) 再加一层油漆
干燥不良	漆层在规定时间内不干	(1) 气温太低、太高或不通风场所施工； (2) 涂面上有水分或油迹； (3) 过分厚涂；	(1) 改善涂刷环境； (2) 完整表面处理； (3) 按标准厚度施工； (4) 经长期暴露仍不干，除去漆膜重刷

续表

缺陷	现象	原因	处理方法
龟裂	涂层表面产生裂纹	(1) 涂膜太厚； (2) 下层油漆未干； (3) 温度急剧下降； (4) 上层与下层涂层配料配套不当	(1) 避免过分厚涂； (2) 待下层干透后再涂上层； (3) 发生气候变化时，停止施工； (4) 慎重选择涂层材料，避免异种油漆叠加涂用； (5) 应除去龟裂漆膜重刷涂层
失光及光泽不均	漆膜失去光泽呈部分无光泽	(1) 粗糙基层上涂刷； (2) 涂膜厚度不匀	(1) 做加层涂刷油膜； (2) 做均匀涂层； (3) 做加层涂层至出现均匀光泽
气泡	漆膜产生气泡、浮肿现象	(1) 因生锈拱起涂漆； (2) 被涂面有水分或涂料器具内有水分存在	(1) 做好表面处理与防锈涂层； (2) 做好表面处理和器具处理； (3) 要除去起泡漆膜，重新涂层

5.4.3 索承式桥梁的养护

索承式桥梁包含拱桥、斜拉桥、悬索桥。系杆拱桥如图 5.10 所示。

图 5.10 系杆拱桥

1. 拱桥的养护

拱桥日常养护涉及以下内容和要求。

（1）保持拱肋、吊杆、系杆等构件表面清洁，避免结构积水积尘。

（2）及时清理拱座处的积水，保持拱座混凝土与钢管拱肋连接处清洁干燥。

（3）保持有推力拱桥的墩台、护坡、护岸完好，避免拱桥基础被冲蚀削弱，禁止在拱脚上下游 200 m 的范围内挖沙取土。

（4）保障桥面排水设施和拱顶防水层正常工作，对存在规范允许裂缝的混凝土拱桥进行除雪除冰作业时，采用非电解质溶剂，避免恶化钢筋锈蚀环境。

（5）清理有铰拱铰缝中垃圾和碎石，保障伸缩装置正常工作，避免结构因约束状态改变而开裂。

（6）按相关规程对结构定期进行检测评估，并对损坏的构件进行及时修复。

（7）针对钢管混凝土拱肋，在冬夏季来临时，裸管端与混凝土接触位置涂覆厚油脂，避免钢与混凝土间温度差异过大，及时修复拱肋的防蚀涂装。

2. 吊杆、拉索养护

（1）吊杆、系杆、斜拉索养护维修的工作内容和要求。

吊杆和系杆护套破损会使水汽通过渗漏点进入保护层内部，从而侵蚀钢丝，产生钢丝锈蚀、断丝等现象。

① 吊杆与系杆的锚杯部位应每年保养一次，及时填充防腐油脂，并应注意防水。

② 锚头丝扣部位应均匀涂抹防腐油脂，保护罩损害或缺失应及时更换。

③ PE 出现老化、开裂时，应及时采用热熔法或密封胶修补法进行维修，并适当采用缠绕带。

④ 吊杆以及吊杆与横梁节点区防腐油脂不得漏油、发酵和出现铁锈臭味，不得积水。

⑤ 刚性系杆出现破损需采用与原材料相同的焊条进行修补，并做表面防腐处理，应采取与原材料相同的焊条进行对焊、抛光修复。

⑥ 发现锚箱、锚具、钢护筒锈蚀，应及时除锈或补漆。

⑦ 定期更换钢护筒与套管连接处的防水垫圈及阻尼垫圈，做好接缝处的防水处理。

⑧ 发现拉索护筒开裂、漏水、渗水等现象时应及时处理。必要时，可剥开已损坏护套，将已潮湿的钢丝吹干。对已生锈的钢丝应做好除锈处理，再涂刷防护漆及防护油，并用玻璃丝布或其他防护材料包扎严密。

⑨ 当桥上发生大风以后，应该检查吊杆、斜拉索有无风雨激振现象，必要时可采取增加外置式减振器或辅助索。

⑩ 冷铸锚头和螺栓暴露在大气中，尤其要注意防水防锈，当发现冷铸锚开裂或破损时，则应更换。锚头盖板必须牢固可靠，固定螺栓应有制振防松动措施。

⑪ 下锚头渗水或积水应查明渗水来源并进行密封（如用硅胶对不锈钢防雨罩与套筒间的缝隙进行填充；重做桥面防水，对套管周围进行密封等）。当拉索下部积水时，应采取以下步骤进行处治：清洁疏通下锚头排水孔，并在护套接近下锚头处开孔，加速积水的排放；积水排放完毕应通过排水孔向其中吹入干燥热空气除湿，使护套内空气湿度 $RH \leqslant 60\%$；修补索体护套破损处。

⑫ 发现锚固区混凝土松动开裂或剥落，可首先将松动的混凝土除去，重新检查混凝土损坏程度。如混凝土开裂是钢筋锈蚀导致的，应先清除锈蚀钢筋附近混凝土，将钢筋除锈，再用环氧砂浆修补；如混凝土开裂不是锈蚀导致的，裂缝宽度在 0.2 mm 以下可不做处理，裂缝宽度超过 0.2 mm 则应将裂缝封闭。

⑬ 吊杆、斜拉索接近使用年限应加强检查，必要时上报更换。

（2）换索。

① 吊杆或系杆检测发现以下问题时，应向主管单位提出实施换索的请示。

a. 锚具出现裂纹。

b. 断丝数量超过钢丝总数的 2%。

c. 索钢丝总截面积减少 10% 以上。

② 使用年限超过索的设计使用寿命时必须换索。

③ 换索必须制定严密的施工和监控方案，在测定营运过程中每束索力的基础上，根据设计的技术要求，通过计算确定索力值和换索方案。

④ 为保证桥梁结构、人员、车辆的安全，在施工期间必须设专人对交通进行管理和

控制,换索时段及测定索力时段应暂时中断交通。

⑤ 换索应根据设计单位确定的索力进行施工,保持桥面平顺。

⑥ 换索完成后,应进行全面检测,包括应力、线形及索力等。

⑦ 拆换下来的吊杆和系杆应进行详细的锈蚀检测,测定有代表性索体的剩余承载能力,为今后养护吊杆和体外预应力索提供借鉴和依据。

⑧ 索力测试发现索力偏差时,应根据偏差的程度采用不同的维修策略:索力偏差10%以内时可暂时不采取维修措施,但应增加检测频率;索力偏差超过10%,应考虑调索。调索应从误差最大或最小的拉索开始,逐次调整直到所有索力达到设计值为止。索力调整方案应会同设计方确定。

3. 悬索桥的养护

悬索桥日常养护内容包括以下几点内容和要求。

(1) 主缆系统的养护。

主缆涂层维护性涂装:在涂层寿命前5年之内,或锈蚀或涂层劣化为一级时,涂层只需养护而不需维修。主缆系统的涂装是为了防止主缆系统构件的锈蚀,因为对涂层的养护即对主缆系统的养护,是养护维修工作的重要部分。日常养护工作虽然简单,但对于保证主缆寿命却非常重要。

① 保持主缆清洁,经常清除上面的积灰和油污,尤其海洋大气环境下的积尘含有大量盐离子,具有极强的腐蚀性。

② 保持主鞍室不漏水、除湿机保持正常运行且相对湿度控制在40%~50%范围。保持散索鞍防水罩密封良好,以及散索鞍前墙不开裂、不漏水,无雨水沿主缆流入散索鞍及索股。

③ 锚室无漏水、积水,保持锚室除湿机正常运转,相对湿度在40%~50%范围。

④ 定期紧固索夹螺杆力,及时更换失效的螺杆、索夹,及时填满索夹与主缆间的缝隙、清除污垢和积水等。

⑤ 及时清除十字撑与吊索连接部位的尘垢水分,保持防锈涂层完好,若十字撑锈蚀严重或断裂,应及时更换。

⑥ 阻尼索的养护。

阻尼索的检查和维修:当桥梁所在地区为地震区时,为确保主塔的绝对安全,可采取缓解地震反应强度的措施。设阻尼索(纵向约束钢索)为其中措施之一,应检查阻尼索的锚头是否有锈蚀,若有,应及时除锈后补涂防锈漆封闭层;若钢索护套老化,应予更换。

(2) 锚碇及锚碇室的养护。

① 锚室除湿系统的养护维修。除湿系统应由经过培训的专门人员进行操作及养护维修。日常维修的内容包括:主要设备如配电盘、鼓风机、电动机、过滤器、阻尼器、除湿组件及温、湿度显示记录系统等各部件的检查、清洁、润滑、易损件更换、故障查找及排除等。

② 修复排水系统或重新设计有序排水系统,将水引离锚碇。以石块、钢丝笼等填实塌陷及冲洞,并灌水泥浆填实,然后在其上修筑排水系统。

③ 锚室顶盖开裂、四壁开裂渗漏。首先将裂缝按宽度大小进行灌浆或封闭处理。同时应分析水的来路,以便断绝水源,顶盖可用碳纤维布加固或在顶盖上面加铺柔性防水层。

④ 锚室内的主缆索股往往因锚碇室内潮湿而易于腐蚀，故必须注意锚碇室的通风防潮，并保持防腐层处于良好状态。

⑤ 检查索股端部的热铸锚头，及时清除尘垢水分，涂刷防锈漆。

5.5 下部结构养护维修

桥梁下部构造是由墩台和基础组成的，是桥梁最重要的组成部分之一，直接承受着桥梁上部结构及所有过桥车辆的重力，同时又将荷载传递给地基。

桥台使桥梁与路堤相连接，除承受上部构造的荷载外，还将承受台后路堤填土的主动土压力和被动土压力。而桥墩所受的外力除上部构造荷载外，还有风力、水压力、浮力、冰压力、撞击力等。再加上车辆的日益重型化，墩台所受的负荷强度远超过设计规定的负荷要求。当墩、台、柱因混凝土温度收缩、施工质量不良及基础不均匀沉降等而产生裂缝时，应视裂缝大小及损坏原因采取不同措施进行维修。下部结构养护维修如图 5.11 所示。

图 5.11 下部结构养护维修

（1）裂缝宽小于规定限值时，可凿槽并采用喷浆封闭裂缝方法。

（2）裂缝宽大于规定限值时，可采用压力灌浆法灌注水泥砂浆、环氧砂浆等灌浆材料修补方法。

（3）支座失灵造成墩台拉裂，应修复或更换支座。

（4）台身发生纵向贯通裂缝，可用钢筋混凝土围带或粘贴钢板进行加固。如因基础不均匀下沉引起自下而上的裂缝，则应先加固基础，再采用灌缝或加筋方法进行维修。

（5）当混凝土表面发生侵蚀剥落、蜂窝麻面等病害时，应及时将周围凿毛洗净后做表面防护。

（6）当混凝土表面部分严重风化和破坏时，应及时清除损坏部分后用与原结构相同材料补砌，应结合牢固，色泽和质地宜与原砌体一致。

（7）当表面风化剥落深度在 30 mm 及以内时，应采用 M10 以上的水泥砂浆修补，当剥落深度超过 30 mm，且损坏面积较大时，应增设钢筋网浇筑混凝土层，浇筑混凝土前应清除松浮部分，用水冲洗，并采用锚钉连接。

（8）墩台出现变形应查明原因，采取针对性措施进行加固。

（9）当墩台裂缝超过《城市桥梁养护技术规范》CJJ 99 限值时，应查明原因，采取下列措施进行加固。

① 裂缝宽度小于规定限位时，应进行封闭处理。

② 裂缝宽度大于规定限值且小于 0.5 mm 时，应灌浆；大于 0.5 mm 时，应修补。

③ 当活动支座失灵造成墩台拉裂时，应修复或更换支座，并维修裂缝。

④ 基础不均匀沉降产生的自下而上的裂缝，应先加固基础，并应根据裂缝发展程度确定加固方法。

（10）桥台发生水平位移和倾斜，超过设计允许变形时，应分析原因，确定加固方案。

（11）桩或墩台的结构强度不足或桩柱有被碰撞折断等损坏时，应查明原因，进行加固处理。

（12）桥台锥坡及八字翼墙在洪水冲击或填土沉落的作用下容易产生变形和勾缝脱落，修复时应夯实填土，常水位以下应采用浆砌片（块）石，并勾缝。

5.6 其他维修

5.6.1 声屏障施工养护

声屏障养护如图 5.12 所示。

(a) 声屏障更换　　　　　　　　　　　(b) 声屏障保洁

图 5.12　声屏障养护

1. 声屏障冲洗

（1）使用水车喷水打湿声屏障，冲下部分污渍。

（2）使用工业洗洁精与自来水混合液。

（3）人工采用鬃刷和拖把浸泡混合液擦洗，擦净声屏障上下罩板和玻璃污渍（对于隔声屏外侧，使用登高车进行擦洗）。

(4) 使用水车第二次冲洗声屏障，冲净工业洗洁精与自来水混合液。

2. 声屏障维修

(1) 声屏障的维修。对损坏的声屏障先进行切除，修复声屏障要注意水平度和垂直度，控制好线性的顺直，焊接要求进行满焊，并进行油漆，如焊接底板松动时先处理底板。

(2) 声屏障玻璃维修。声屏障玻璃框架为金属结构，使用扳手拆除固定螺栓卸下破损玻璃，安装新玻璃时注意橡胶条完整，玻璃平整不得有摇晃、松动。

5.6.2 机电系统、交通监控系统、结构健康监测系统养护

(1) 大桥机电设施包括配电站、上层桥面路灯、下层桥面路灯、点光源、栏杆灯、次拱灯、桥墩灯、主拱灯、风撑灯、航空航标灯、桥涵灯、桥柱灯、景观灯等照明与灯光系统，塔座电梯系统，以及线缆、插座箱、路灯接线箱、广告接线箱等。

(2) 大桥的交通监控设施包括情报信息发布系统、视频监控系统、车辆检测系统。

(3) 大桥结构健康监测内容包括环境温度、风速、风向监测；主跨系梁的挠度；桥墩墩顶位移；拱顶、上层桥面、下层桥面的横向、竖向振动；吊杆索力；主跨系梁预应力索拉力；主拱拱脚内外温度、应力。

(4) 大桥机电系统、交通监控系统、结构健康监测系统的日常巡视与维护不少于1次/日，日常巡查与维护不少于1次/月；定期检查与维护宜按1次/年进行；大修检查与维护（分解性检修）宜按1次/3年进行。

(5) 经常性检查应对大桥机电系统、交通监控系统、结构健康监测系统进行巡视检查，及时发现问题，进行小修保养。

(6) 定期检查应对大桥机电系统、交通监控系统、结构健康监测系统的技术状况进行较详细的检查，包括电压是否稳定、供配电设施工作是否正常、照明系统设施是否完好、交通监控系统是否完好、灯光亮度及照明效果是否正常。

(7) 在台风、暴雨、地震等灾害发生后，及时对机电系统、交通监控系统、结构健康监测系统进行特殊检查。

(8) 各类机电、电子设备的养护应符合使用说明书及其他相关规范条文的规定。

(9) 机电及电子设备损坏或超过使用年限应予以大修或更换。

5.6.3 电梯设施养护

电梯和电扶梯运行管理规定如下。

(1) 建立14 h（8:00—22:00）运行制度，无司机运行梯执行白天巡视制，夜间值班制。

电梯运行人员和维修人员要持证上岗，电梯的故障修理必须由劳动部门审查认可的单位和人员承担。制定并贯彻司机、维修人员的安全、操作和维修保养的规章制度，严格监视和掌握电梯的运行动态，发现安全隐患时，应及时采取措施乃至停止使用电梯。制定服务规范、服务公约、乘梯须知、司机、维修工岗位职责和电梯服务标志。坚持定期检查和维修保养制度，健全电梯设备档案及维修保养记录，做好电梯的保修和安全年检工作。

(2) 每天开梯后进行一次电梯全段运行状况检查。

注意轿厢、井道等设施有无湿水的情况；进行定期检查时，应通知管理员配合，并放置工作牌；升降机的任何改动，均须书面征询运营商的专业意见后方可进行；搬运有可能超载的沉重物件时，确定可行性，避免意外；故障及紧急事故时，采取临时应变措施；日常清洁升降机，用较干洁具及无腐蚀性清洁剂清洁；年审标志张贴在轿厢内呼按钮上方；每天按预定时间表启/停电扶梯；严格遵守电扶梯操作规程；当值人员每班每两小时巡查电扶梯一次。

(3) 当发现或接报电扶梯发生故障时，应马上停止故障梯，并通知设备保养商到场维修。

每天对电梯机房和机电设施进行清扫、吸尘检查，保持机械、电气部件清洁，特别是各继电器接触良好可靠。对电梯的各润滑点进行油位润滑检查。每周对电梯的主要安全设施和电气控制部分进行一次重点检查。每层厅门要严格检查，厅门锁闭合应可靠，电气联锁应灵敏可靠。

每三个月对电梯的所有机械、电器等传动、控制与安全设施进行一次全面检查，进行一些必要的调整、维修和加注润滑油。每年对电梯进行一次技术检验，检查所有机械、电器、安全装置的工作情况和磨损程度，对磨损损坏的部件进行修复或更换，并报上级安全检测部门进行年检。

根据电梯实际使用情况，每三年对电梯进行一次大修，对各部件全面拆洗、调整、更换。大修后和新装电梯均需经市级安全检测部门检验合格方可使用。

根据电梯使用情况，对电梯检修过程中存在的问题，应做详细记录，以备查考。如电梯长期不使用也没有维修人员管理时，必须切断电源，以防意外，启用前详细检查和试运行。

5.6.4 桥梁标志牌

桥梁标志牌包括桥名牌、限载牌、限高牌、养护责任牌、桥下空间使用责任牌、通航标志牌等。

(1) 应确保安装位置的正确性、合理性。
(2) 支柱、连接件、基础等标志部件应完整、无缺损且功能正常。
(3) 检查中发现标志牌反光材料、油漆局部脱落、褪色的应修补或重漆，损坏严重或丢失的应及时更换或补充。
(4) 标志牌应保持清洁，无明显剥落、锈蚀。每年进行一次油漆养护。
(5) 当通行高度、通航高度等信息有变化时，应对标志牌进行相应的变更和增补。

5.7 危桥养护维修措施

5.7.1 危桥认定

危桥是指处于危险状态，不能达到通行安全的桥梁，符合《公路桥涵养护规范》桥梁技术状况评定标准中五类危险状态的桥梁，即符合以下标准的桥梁：桥梁重要部件出现功能性病害，且有继续扩张现象，关键部位的部分材料强度达到极限，出现部分钢筋断裂、混凝土压碎或压杆失稳变形的破损现象,变形值大于容许值,结构的强度、刚度、稳定性和动力影响不能达到平时交通安全通行的要求,一般承载能力比设计使用目的降低25%以上。危桥评定报告包括定期检查数据表、病害发展的过程和程度、采取的应急保障措施、对交通安全造成的影响、附特殊检查结果和专家论证会会议纪要。危桥一经确定,桥梁管理部门应立即采取相应的应急措施保证桥梁安全,建立24 h信息报告制度和危桥检查机制,建立健全检查记录档案。

5.7.2 保障措施

(1)限载警告措施。在危桥所在路线道口处提前合理设置危桥警告绕行标志,避免只在桥头设置限载标志而车辆照常通行的情况,并对桥梁两头设置危桥、限载标志。

(2)修建辅道。修建宽度不小于7 m的绕行辅道,采用合理的道路结构,确保晴雨天气均可通车。

(3)桥面障碍物。宜通过设置土堆、桥板等障碍物,限制车辆通过宽度,并合理设置夜间照明,确保车辆通行安全。

5.7.3 对危桥桥梁裂缝加固的措施

桥梁裂缝较小时很难发现,但是会遭到空气中其他物质的侵蚀并迅速扩大,危桥的出现也多源于此。因此,对桥梁裂缝问题,一定要做好考察工作,一旦发现桥梁中存在裂缝,应及时采取相关措施进行补救。

对于危桥,应采取加固措施,阻止其继续扩张。例如,水玻璃、环氧树脂等材料的涂刷能够起到封闭裂缝的作用,保护其免受空气中不良物质的侵蚀。根据裂缝的大小,还可以采用小石子混凝土的形式加以填充。采用危桥加固技术措施的前提是要根据合理、可行、安全的原则进行,并在施工中注意区分疲劳原因,找出危桥的"病源",对症下药。

第6章 桥梁安全

6.1 常规性规定及一般要求

在养护工作中,操作人员的健康和安全都是第一位的,必须始终遵守人员健康和安全以及交通安全的法规和规定。因此,桥梁养护作业养护单位必须建立安全生产责任体系,制定安全生产制度,健全安全生产工作机制,按规定和要求落实责任和任务,主要内容如下。

(1) 应做好各级安全生产技术交底和安全教育培训,交底必须有书面记录并报监理签认,特殊作业人员应持证上岗。

(2) 参照建设工程安全生产相关规定,严格执行较大安全隐患方案审查和过程管理的规定。养护项目进场时,养护单位须梳理项目安全生产风险隐患源、设施安全风险隐患点,并按安全风险隐患严重程度分为4级:较小(Ⅰ级)、一般(Ⅱ级)、较大(Ⅲ级)及重大(Ⅳ级),报监理单位审定备案。风险控制措施应首先考虑风险消除的原则,然后再考虑风险降低的措施(降低风险概率、降低伤害潜在的严重程度),将使用个体防护措施作为最后的手段。

(3) 现场施工作业须按规定做好安全文明管理,设置安全警告标志、指示牌、围护围挡等,尤其是快速交通情况下作业时,必须严格按照规定设置。快速路交通导改、高空作业、攀登作业、用电作业、箱室内密闭空间作业、水上作业等作业安全应作为监管重点,施工、监理及监管人员要注意对现场安全措施、安全防护、安全维护的管理,必要时应做好影像记录且形成事后台账,由安全监管科室负责做好检查抽查,并纳入合同考核。

(4) 建立并规范安全生产台账,包括安全交底、教育培训、持证上岗、方案审批、过程记录、检查排查、隐患整改等,资料须分类整理、及时归档,由监理做好资料检查核实工作,安全监管科室会同养护责任科室做好安全生产资料整理指导和抽查考核工作。

养护现场作业安全主要有以下几点要求。

(1) 养护作业现场应设置明显交通导向标志并采取有效的安全措施,以保障行车和作业人员的安全。

(2) 养护人员作业时必须佩戴安全帽,身穿具有反光功能的安全标志服,在进行防蚀作业时必须穿戴防护服。

(3) 养护人员应接受安全教育和技术培训,持证上岗。养护作业时不准随意变更安全保护区或扩大作业区。

(4) 养护人员不得随意走出安全保护区,不得将任何施工机具和材料置于安全保护区外。对不设安全保护区的流动作业,应采取严格的安全警示措施,尽可能减少对交通的影响。

（5）养护人员操作过程中不准吸烟，严禁酗酒后进入工作岗位，不得在有毒、尘粉作业场所进餐、饮水。

（6）桥面铺设沥青施工时，施工人员应按规定穿戴保护工作服。沥青加热不要过度，防止引起火灾等事故。施工过程中，尽量站在上风方向，防止吸入过量的热沥青原料中散发出的热气。

（7）大雨、雾、雪天气或桥面有结冰情况时，除影响行车安全抢修等其他工程外，一般不施工。

6.2 安全管理制度

6.2.1 危险源

（1）对评价出的重大危险源，各部门要分析原因，实施纠正及预防措施。

（2）根据《危险化学品重大危险源辨识》，构成重大危险源、Ⅱ级及以上风险的施工专业活动必须严格执行相关安全生产的法律法规的要求。

（3）对于存在技术、资金问题的风险源，职能部门将分期列入当年或来年的整改方案进行整改。

（4）项目部安全生产办公室和各施工项目部分别建立重大危险源、一般危险源管理台账，根据危险源的特点进行分时分级控制。

6.2.2 危险源的控制

（1）重大危险源所在单位重点控制，项目部每半年检查一次，桥梁管理单位每月检查一次，班组每周检查一次，作业人员每天检查一次。

（2）一般危险源所在部门严格控制，项目部安全生产办公室每月检查一次，各项目部每周检查一次，作业人员每天检查一次。

（3）检查人员应认真填写检查记录，对于检查中发现的问题和隐患，应采取防范措施并限期整改。

（4）项目部安全生产办公室负责按要求上报备案重大危险源工作。

（5）项目部安全生产办公室组织有关部门对危险源对应岗位制定监控组织措施，措施中要求明确职责、岗位人员培训、防护器具配置要求及安全控制措施。

（6）消防器材应定期检查、保养，定期添加消防器材药剂。

（7）易燃易爆物品应存放于专用库房中，使用过程中应避免堆积溅溢，用完后应立即处理。

（8）Ⅱ级及以上风险的施工专业活动的风险控制应符合下列规定。

① 重大风险源的监控与防治措施、应急预案经项目部安全副总或总工程师审批后需上报监理及建设单位，由建设单位组织相关论证会议。

② 建立Ⅱ级及以上风险源的监控及验收、日常巡查及记录、定期报告的工作制度。

③ 项目经理或项目技术人员在工程施工前，应对施工人员进行安全技术培训及交底，施工现场需设立相应的危险告知牌。

④ 适时组织对典型的重大风险源开展应急救援演练。

⑤ 当专项风险等级为Ⅳ级且无法降低时，必须提高现场防护标准，落实应急处置措施，视情况开展第三方施工监测。未取得有效措施的，不得施工。

6.3 安全防护

6.3.1 栏杆防护

根据城市桥梁护栏升级改造的相关要求，按照"系统评估、因桥制宜、经济适用、分类施策"的原则，结合桥梁交通事故特点和实际运行情况，采取针对性的工程技术措施，完善在役城市桥梁防护设施，升级改造城市桥梁安全防护能力，实现预防为主、降低风险的目标。城市桥梁护栏升级改造专项工作实施步骤可分为基础资料收集、排查评估、升级改造方案设计、工程施工、工程验收。

1. 基础资料收集

桥梁管理单位应收集或调研在役城市桥梁的主体结构资料、既有防护设施资料、交通事故数据统计资料和交通运行环境资料，必要时应征求公安交通管理部门对影响交通安全因素的意见和建议。

2. 排查评估与分类

排查评估包括交通事故排查评估、运行环境适应性排查评估和标准符合性排查评估。排查评估将在役桥梁护栏分为未设置护栏和已设置护栏两种情况。未设置护栏应结合交通事故数据和桥梁路侧危险程度综合判别评估；已设置护栏应结合护栏防护等级和结构强度评估、交通事故数据和运行环境适应性综合判别评估。根据排查评估结果，将在役城市桥梁护栏按处治优先顺序分为"Ⅰ、Ⅱ、Ⅲ"三类。评估类别是确定处治措施和制定升级改造设计方案的依据，可据此向城市道路养护单位、管理部门及公安交通管理部门提出工程改善方案和交通管理措施。

3. 分类处治措施和升级改造方案设计

（1）分类处治措施。

Ⅲ类桥梁护栏，应按现行标准的规定优先进行安全升级改造；Ⅱ类桥梁护栏，宜结合城市道路改造、危桥改造工程和道路改扩建工程等，按现行标准的规定逐步完善；Ⅰ类桥梁护栏，宜加强日常养护和管理，使其保持建设时期的设计标准要求。

在对桥梁主体结构的技术状况进行充分评估和论证的基础上，对于客观上无法升级改造或者升级改造难度过大的桥梁，可采取合理、合法的限速、限载、限高等措施来降低护栏的防护等级，并联合相关部门科学调整客运班线或综合采取交通管控措施，加强对桥梁上车辆运行情况、驾驶行为的监控，确保车辆通行安全。桥梁主体结构加固时，应同步对桥梁安全防护设施防护能力进行升级改造。

（2）升级改造方案设计。

升级改造方案的研究与设计应与桥梁主体结构的安全性、美观性统筹考虑，应避免因增设防护设施或升级改造防护设施的防护等级造成桥梁主体结构的损坏，或影响桥梁的美观效果。应坚持经济节约的原则，通过优化设计，充分利用原有防护设施，尽量降低工程造价。应加强桥梁防护设施与相邻路基段防护设施,以及与相邻隧道衔接处的过渡设计,改善桥梁端部的安全保障水平。应加强施工组织设计,减少工程施工对区域路网造成的拥堵,保证桥梁行车和施工安全。

6.3.2 其他防护

1. 防撞防护

桥梁养管责任单位排查容易受车辆撞击的桥墩,对风险性高的桥墩安装防护警示装置。该装置采用单元模块化设计,主要由警示反光膜以及三级吸能区组成,通过变形、压缩吸收撞击,有效降低车辆撞击力,延长撞击时间,从而降低车辆损坏和对桥梁的结构影响,达到保护人员、桥梁和车辆的目的。防护设置如图6.1所示。

2. 限高防护

桥梁养管责任单位排查桥下通行净空高度较低、容易发生刮擦甚至撞击事故或通航孔净空高度较低、易发生船撞及卡桥事故的桥梁设施,通过安装桥梁超高智能监测报警查证系统、船舶超限智能监测预警系统等手段,对易受撞击的桥梁设施进行防护,减少撞桥、卡桥事件的发生。

图 6.1 防护设置

6.4 作业安全措施

养护维护作业主要由固定作业、局部作业(含零星作业)、流动作业三部分组成(紧急情况例外)。

6.4.1 半封闭交通安全作业

半封闭交通安全作业指一个车道封闭或半幅路封闭交通的作业模式。半封闭交通安全作业现场图如图6.2所示。

图 6.2 半封闭交通安全作业现场

1. 局部作业封道要求和封道顺序

(1)先在警告区端点前设置好前方作业等警告标志。

(2)车辆先停靠在施工车道作业面的前方60 m处,装卸设施必须在车辆内侧,斜放交通路锥若干只,间距小于1.5 m,并与车道分隔成30°,逐个安放,并配有有效警示灯。

(3)依次安放限速牌和导向牌1、施工牌、导向牌2(间隔5 m)。

(4)车辆停放在作业面后30 m处,并开启导向箭头指示灯。

(5)交通路锥一直安放到施工作业面顶端边线,每只间隔1.5 m,并配有有效警示灯。

(6) 封道设施派专人看管,看管人员没有特殊情况必须在安全区域以内,并密切注意作业区外的车辆行驶情况。

(7) 中央隔离墩移动门修复时,要在对面车道旁安放相应设施。

2. 零星作业封道要求和封道顺序

(1) 必须配备安全指示灯牌车或专用封道车作为保护。

(2) 施工作业车辆必须停在安全指示灯牌车或专用封道车前方。装卸设施、材料必须在车辆内侧。

(3) 安全指示灯牌车或专用封道车的后方还须安放交通路锥 5~10 只、40 公里限速标志、施工标志和导向牌。

(4) 在作业区域边线安放 5~10 只交通路锥,夜间交通路锥上要有有效警示灯,车辆要开启双跳灯,如需要向前方移动,必须做到确保安全,逐步移动安全设施,施工人员不得走出施工作业区域。

(5) 施工、抢险时必须由专人瞭望、指挥。

6.4.2 不封闭交通流动安全作业

(1) 养护作业的清扫车、牵引车、洒水车、冲水车、工程车等施工车辆必须设置箭头指灯牌或醒目的警示灯,作业时必须开启示宽灯、警示灯或导向箭头指灯牌。

(2) 作业时,车辆限速行驶,清扫车限速 5~10 km/h,牵引车限速 20 km/h,洒水车限速 5~10 km/h,冲水车限速 5~10 km/h,养护工程车限速 20 km/h。

(3) 车辆不得任意变道、掉头、倒车和逆向行驶。

(4) 一般不允许作业人员下车,特殊情况作业人员下车时车辆必须停靠于防撞墙或隔离墩内侧。作业人员必须在车辆前方内侧作业,加强自我保护意识,严禁任意走动。

(5) 车辆不准违章超载。作业过程中需调换用具及检修车辆等,必须尽可能驶回养护基地,若必须在快速路桥面上进行时,应停在斑马线上进行操作并做好周边防护措施。

6.4.3 全封闭交通安全作业

1. 地面上匝道警告区封道要求和封道顺序

(1) 车辆停靠在右侧防撞墙边,装卸封道设施必须在车辆内侧,斜放交通路锥若干只,与车道线成 30°~45°,每只间隔小于 1.5 m,并配有有效警示灯,由行车方向右侧隔离护栏到安全岛斑马线顶端,逐个安放。全封闭交通安全作业现场图如图 6.3 所示。

(2) 依次安放禁令牌、导向牌、施工标牌。

(3) 封道设施必须派专人看管,看管人员没有特殊情况必须在控制区以内的安全区域,并密切注意作业区外的车辆行驶情况。

(4) 封道完毕后,方可施工作业。

(5) 作业人员撤退后,方可收回封道设施,顺序为后

图 6.3 全封闭交通安全作业现场

放的先收,先放的后收。

2. 进入快速路的下匝道旁主道警告区封道要求和封道顺序

(1) 先在警告区端点前设置好前方作业等警告标志。

(2) 封道车辆必须先停靠在离控制区域60~100 m处的中心隔离墩边的快车道上,装卸封道设施必须在车辆内侧,封道人员必须在车辆前方,开始斜放交通路锥8~10只,并与中央隔离墩成30°,每只小于1.5 m,逐个安放,并配有有效警示灯。

(3) 依次安放禁令牌、导向牌、施工牌。

(4) 车辆停放在控制区域内,并打开导向箭指灯牌。

(5) 封道设施必须派专人看管,看管人员没有特殊情况必须在控制区以内的安全区域作业,并密切注意作业区外的车辆行驶情况。

(6) 封道完毕后,方可施工作业。

(7) 作业人员撤退后,方可收回封道设施,后放的先收,先放的后收。

6.4.4 交通导改安全措施

(1) 交通安全措施应以严格的安全防范与合理的交通疏导相结合为原则。在制定安全措施时,既要考虑作业人员,又要考虑安全保护区外的车辆通过时的安全性和便利性。

(2) 小型养护作业现场由养护管理单位与施工单位严格按规定和安全施工预案要求设置临时标志和施工范围。

(3) 规模较大的养护作业现场,可请求公安交警给予配合,进行现场维护交通管理。

(4) 半封闭交通时,安全保护区的布置分为六个区域,按顺序分别为警告区、上游过渡区、缓冲区、作业区、下游过渡区、终止区。安全保护区布置图如图6.4所示。

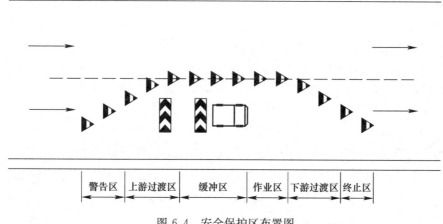

图6.4 安全保护区布置图

① 警告区。警告区段应有显示前方正在进行作业的规范化的标志牌,警告区的长度应不小于100 m,并限速20 km/h,各标志牌之间的距离为25 m,标志牌应符合国家有关规定。警告区内应设置限制速度标志、前方施工标志、前方车道变窄标志等。

② 上游过渡区。上游过渡区长度按表6.1的规定取用。

③ 缓冲区。位于上游过渡区及作业之间的区段,为防止驾驶员失误直接闯入作业区

而设置的缓冲路段。缓冲区长度见表 6.2。缓冲区与上游过渡区之间应设路障。

上游过渡区长度   表 6.1

限制车速（km/h）	关闭车道宽度（m）				
	2.5	3.5	3.75	7.5	11.25
15		10	13	20	30
20	10	10	15	25	35
40	30	30	40	70	100
60	60	60	90	150	240
80	120	180	210	300	480

缓冲区长度   表 6.2

限制车速（km/h）	15	20	40	60	80
缓冲区长度（m）	30	40	80	120	160

④ 作业区。其长度一般根据养护作业或施工的需要而定，作业区与车道之间必须设置隔离装置。作业区应留有人员和机具材料等的出入口，出入口应设置在作业区下游的末端，作业区两侧应有防护栏等防护与隔离措施。

⑤ 下游过渡区和终止区。车辆驶离作业区旁侧的狭窄路段后，在标志牌的诱导下变换车道，恢复至原车道行驶，其长度视具体情况而定。在终止区的末端，应解除所设限制标志。

各种交通标志的设置位置应符合下列规定：

(1) 禁令标志。

① 禁止通行标志。设在上游过渡区的前方。

② 禁止超车标志。设在禁止超车路段的起点处。

③ 解除禁止超车标志。设在禁止超车路段的终点处。

④ 限制速度标志。设在限制车速路段的起点处，标志牌上标明所限制的速度。

⑤ 解除限制速度标志。设在限制车速路段的终点处。

(2) 警告标志。

① 前方施工标志。设在警告区的起点处。

② 前方车道变窄标志。设在车道变窄点前至少 200 m 处。

养护作业必须在夜间施工时，应在上游过渡区内设置黄色频闪灯，作业区内应设置照明。

6.4.5 桥梁养护作业维护设施的摆放与撤除

(1) 桥梁上部结构养护作业中的桥面铺装、伸缩缝更换、栏杆维修项目，摆放标志应按照先上游后下游、先应急车道后中央分隔带、先交通标志后安全隔离设施（如锥形交通路标、隔离墩等）的次序顺车流方向摆放。中央分隔带交通标志与第 1 车道隔离设施（双向 4 车道）或第 1、2 车道隔离设施（双向 6 车道）的摆放按如下流程操作。

① 移动标志车尾部应悬挂醒目的减速慢行和改道行驶标志，尾随作业车辆行驶至距

警告区上游 50～100 m 处。

② 安全员携带红旗迅速下车进入中央分隔带，引导通行车辆减速改道。

③ 移动标志车尾随作业车辆继续前进至警告区停车，标志摆放人员进入中央分隔带放置第一块标志。

④ 第一块标志放好后，安全员迅速移动至移动标志车处，随标志车行驶至第二块标志上游 50～100 m 处下车，继续引导通行车辆减速改道，同时标志摆放人员放置第二块标志，依此类推，直至摆放好警告区内所有标志。

⑤ 警告区标志摆放完毕后，摆放人员应立即摆放隔离设施，并尾随作业车辆封闭过渡区、缓冲区和工作区，直至整个施工区域完全封闭。

⑥ 作业控制区封闭完成后，安全员迅速上移动标志车向右改道，驶出道路。

（2）桥梁上部结构维修保养项目中的桥梁支座、排水设施、桥跨结构施工项目需要用桥梁检测车或其他设备时，设备停稳固定位置后，由安全员逆向先摆放撤除相应安全标志，后摆放隔离设施。

（3）桥梁下部结构维修保养施工前，在航道上施工，应在上、下游航道内设置安全警示标志，夜间须设置灯光警示信号，必要时与航道管理部门联系，取得配合。

（4）在高架桥下非行驶道路施工时，应划定施工区域，并设置简易的隔离设施或装置，夜间须设置灯光警示信号。施工驻地内的沟、坑、水塘等边缘应设安全护栏或警告标志，较高设施或建筑物需加设避雷装置，现场临时道路应加强养护维修。

（5）桥梁养护施工全部结束后，应及时撤除安全标志和撤除隔离设施。

6.5 其他作业安全要求

6.5.1 桥梁检查作业安全

巡查人员必须身穿反光背心，下车必须戴安全帽，车辆发动后检查箭头导向灯、双跳灯、警灯、机油、水箱水位等日常检查项目，确保全部正常后进行巡查作业。

巡查地段车速不超过 5 km/h（市区内较拥堵地段可适当提高），快速路段为确保安全车速不低于 30 km/h，车辆靠右侧行驶并开启双跳灯，在需要下车检查的部位，车辆必须熄火、拉上手刹、打开双跳灯及警灯并将挡位挂入 1 挡。须两人一组，一人进行检查时，另一人负责记录及指挥交通安全，做完简要维护后，用照片形式将当天维护情况记录、保存。严格执行《车辆驾驶员安全管理制度》，不发生有责安全事故。

6.5.2 高空作业安全要求

（1）高空作业应注意查询天气预报，雷雨、暴风、大雪天气应禁止高空作业，夏季、冬季应妥善安排作业时间，防止中暑、冻伤。

（2）患有恐高症的工作人员禁止进行高空作业。

（3）禁止酒后高空作业，禁止吸烟。

（4）高空养护作业必须采取各种防护措施，严防坠落物和飞溅物伤害下面的过路行人和车辆。

(5) 使用登高车、桥检车作业时，除按规定设置标志牌、标志筒外，车辆停靠要拉好手闸，前后轮胎要垫好三角木。

(6) 进行汽车起重吊装作业时，要按规定设置作业区。汽车起重机应安全停靠，并设专人指挥。操作人员要戴好安全帽，严格按吊装操作规程操作，禁止违章操作。

(7) 使用桥梁专用检测车时，要严格按操作规程进行操作。

(8) 高空养护作业时，作业人员要系好安全带，戴好安全帽，工具配件要抓牢放好，禁止随手乱扔。

(9) 高空行走时，脚要踩稳，手要抓牢，禁止嬉闹。

(10) 作业完毕后，及时对设备进行清洁、保养，检查所带工具、附件的数量是否齐全。

6.5.3 水上作业安全要求

1. 船只

(1) 施工所使用船只须经船检部门检验合格并依法登记后方可使用。施工期间应按规定设置临时码头、航行标志及消防等设施。

(2) 船只在航行前应检查各部位的机械与设施是否良好，不得"带病"作业。

(3) 遇到大雨、大风天气或视线不清时，船只应只显示规定信号，必要时应停止航行或作业。

(4) 船只靠岸后应搭设跳板、扶手或安全网，经检查确定稳定牢固后，方可上下人。

(5) 装船时严禁超载、偏载，必要时应加配重，调整平衡。卸船时应分层均匀卸运。

(6) 接送人员的船舶应按规定的载人数量渡运，严禁超员强渡，船上应配有救生设备。

2. 淹溺

(1) 当值班人员或其他人员发现本船有人落水时，应在不危及自身安全的情况下积极抢救他人。

(2) 在落水人员离值班人员很近的情况下，值班人员可利用附近的救生杆钩落水者的救生衣或者让落水者抓住救生杆，或抛救生圈（系有救生绳），让落水者抓住救生圈并套在腋下，自己抓住救生绳的另一头，把落水者救起。

(3) 如落水者离值班人员较远，则要一边呼喊，一边开船靠近落水者，通知其他人员准备必要的医疗器材和药品。

(4) 其他人得到有人员落水的信息后，确定落水者的位置后，迅速抛放救生圈，同时请求其他船舶赶赴出事现场，协助施救。

(5) 组织交通船接送，对落水人员施救，进行人工呼吸，通知路上人员备车送往医院（必要时拨打120急救电话，通知救护车进行救护）。

6.5.4 钢箱梁内施工作业安全要求

(1) 作业人员必须经过安全教育及培训，考核不合格者不得从事作业。严禁酒后作业。

(2) 进入钢箱梁内的作业人员一定要穿好个人的安全防护用品，如正确佩戴安全帽、工作服、防毒口罩等，严禁赤膊、赤脚、穿拖鞋、穿带钉的鞋等。

（3）钢箱梁内作业时，所使用的照明工具一定要采取安全电压的防爆灯。

（4）进行钢箱梁内涂装作业应先测爆，以确保安全。

（5）进入钢箱梁内的作业人员，严禁携带打火机、火柴等火种，不得从事有可能引起机械火花或电火花的各种作业，并严禁吸烟。

（6）凡进入箱梁内施工的作业人员，无论空间大小，至少保持有两人同行或工作。若空间大小只能容许一人作业，则另外一人不得离开施工现场，负责监督，并随时与项目管理人员进行沟通联系。

（7）多人在同一区域作业时，一定要保持一定的安全距离。

（8）钢箱梁内作业，必须使用 220 V 电动机械除锈时，电源必须具有漏电保护措施。插座、接头、配电柜必须设置在钢箱梁外部，不得设置在钢箱梁内，并对电动角磨机的使用进行安全技术交底。

（9）钢立柱内施工登高时，使用钢爬梯，严禁随意徒手攀爬钢立柱。

（10）将施工所在的钢箱梁与之相连的所有的人孔盖打开，保证钢箱梁内的有效通风。

（11）涂装作业时，施工区域的空气混浊，为保证空气的流通，减少有毒气体对人体的危害，项目部应对每个施工区域各配备一个轴流风机。施工区域的空气由于轴流风机排出，然后用轴流风机通过 15 cm 的风管将外界新鲜的空气送入施工区域内，使施工区域内的空气得到有效的循环。工人在钢箱梁内施工 2 h 需到钢箱梁外休息 30 min。

（12）离开箱内应确认箱内无其他作业人员后方可关闭进人孔。

6.5.5 用电作业安全要求

（1）项目部首先要确定电工专业工长、安全员、维护电工及分包作业队伍。安全员、维护电工不准缺岗。

（2）加强安全用电知识教育。结合作业人员入场前三级安全教育，电工工长要特别对作业人员进行用电安全知识教育，使其自觉遵守用电安全管理规定和安全技术操作规程，不违章指挥，不违章作业。

（3）临时用电检查，要严格按照《建筑施工安全检查标准》（JGJ 59—2011）进行检查。安全员、维护电工要做到日巡查，项目部做到周查（有检查记录），发现安全事故隐患立即整改解决。当时整改不了的要定人、定时间、定措施进行整改并监督整改落实，消除事故隐患，杜绝事故的发生。

（4）要做好安全技术交底工作。项目电工工长要向维护电工、专业电工、各类用电人员介绍临时用电施工组织设计和安全用电技术措施的总体意图、技术内容和注意事故等，并履行交底签字手续。交底要有针对性，要全面、具体。

（5）要做好"临时用电施工组织设计"的编制工作。工程开工前项目电工技术负责人根据《施工现场临时用电安全技术规范》JGJ 46—88 规定，"临时用电设备在 5 台及 5 台以上或设备总容量在 50 kW 及 50 kW 以上者，应编制临时用电施工组织设计。"编制临时用电施工组织设计，并经审批后严格实施。对于不足 5 台及 5 台设备或设备总容量在 50 kW 及 50 kW 以下者，依据规范规定应制定安全用电技术措施和电气防火措施。

（6）施工现场临时用电要严格执行《施工现场临时用电安全技术规范》（JGJ 46—

2005)的相关规定。施工现场临时用电实行"三级配电""两级保护""三相五线制""一机一闸,一漏,一箱"。电源线敷设,现场照明,外电防护,电动建筑机械手持电动工具的安装、管理、使用等要符合规范要求。不得违章指挥、违章作业、冒险蛮干。

(7) 未经过培训考核,未取得劳动部门颁发的"安全操作证者"不得进行电气作业,不得随便接线、拆接设备。

(8) 室内照明低于 2.4 m 及民工宿舍伙房照明必须采用 36 V 安全电压照明。宿舍内不得违规乱接乱拉电线,不得使用电炉子、电褥子及碘钨灯、热得快等。用电器具严禁电线乱搭、乱挂、在电源线上晾晒衣物。

(9) 要做好定期或季节性对电气设备的检测,如接地电阻值、电气设备绝缘电阻值、漏电保护器动作参数等。雨季前,要对电气设备进行一次全面检查和遥测。雨期中要经常检测,确保使用万无一失。施工现场临电设施附近要配备充足有效的灭火器材,防止火灾事故的发生。作业人员要做到"三懂三会"。

(10) 养护周期结束后,要及时拆除现场的临时用电设施。拆除时,项目要指定专人指挥,由专职电工进行拆除作业。

6.5.6 焊接作业安全要求

1. 电焊

(1) 电焊机安设在干燥、通风良好的地点,周围严禁存放易燃、易爆物品。

(2) 电焊机设置单独的开关箱,作业时应穿戴防护用品,施焊完毕,拉闸上锁。遇雨雪天,停止露天作业。

(3) 在潮湿地点工作时,电焊机应放在木板上,操作人员站在绝缘胶板或木板上操作。

(4) 严禁在带压力的容器和管道上施焊,焊接带电设备时必须先切断电源。

(5) 储存过易燃、易爆、有毒物品的容器或管道,焊接前必须清理干净,将所有孔口打开,保持空气流通。

(6) 电焊机电缆、地线不得与钢丝绳、各种管道、金属构件等接触,不得用这些物件代替接地线。

(7) 高空焊接时,必须系好安全带。焊接周围应备有消防设备。更换场地、移动电焊机时,必须切断电源,检查现场。

(8) 焊接模板中的钢筋、钢板时,施焊部位下面垫石棉板或铁板。

2. 气焊

施焊时,场地应通风良好,点火时焊枪不得对人,正在燃烧的焊枪不得随意乱放。施焊完毕后,将氧气、乙炔阀门关好,拧紧安全罩。

(1) 乙炔瓶使用。

① 乙炔瓶不得靠近热源和电气设备,夏季防止曝晒,与明火的距离不少于 10 cm(高空作业时,应是与垂直地面处的平行距离),禁止敲击、碰触。

② 瓶阀冻结,严禁用烘烤,必要时可用 40 ℃以下温水解冻。

③ 吊装、搬运时使用转用夹具和防振的运输车,严禁用电磁起重机和链绳搬运。

④ 作业地点不固定且移动频繁时,乙炔瓶应装在专用小车上,同时乙炔瓶和氧气瓶

不得放在一起。

⑤乙炔瓶必须设专用的减压器、回火防止器。开启时，操作者站在阀门的侧后方，动作要轻缓，严禁卧放使用，严禁放置在通风不良场所，且不得放在橡胶支座上。

⑥瓶内气体严禁使用完，使用压力不得超过 0.15 MPa，输出气流不超过 1.5～2.3 m³时瓶。

(2) 氧气瓶使用。

① 使用氧气瓶前要检查瓶阀、接管螺纹、减压器及胶管是否完好，禁止带压拧动瓶阀阀体。

② 气瓶内始终保持正压，不得将气体用尽，瓶内至少要留有 0.3 MPa 以上的压力。

③ 氧气瓶距易燃易爆物品不得少于 10 m，严禁使用明火检验是否漏气，下班后送回专用库房。

④ 氧气瓶、乙炔瓶受热不得超过 35 ℃，防止火花和锋利物件碰撞胶管。气焊点火时应按"先开乙炔、后开氧气"的顺序作业。

⑤ 氧气瓶、氧气表及焊接工具的表面，严禁沾污油脂。氧气瓶设防振胶圈，并旋紧安全帽，避免碰撞、剧烈振动和强烈阳光暴晒。

6.5.7 操作平台安全要求

(1) 进入施工现场必须正确佩戴安全帽，高处临边作业必须系好安全带。

(2) 严禁酒后作业，必须遵守本工种操作技术规程，严禁违章作业。

(3) 移动式操作平台，必须符合下列要求。

① 装设轮子的移动式操作平台，轮子与平台的接合处应牢固可靠，立柱底离地面不得超过 80 mm。

② 操作平台的面积不应超过 10 m²，高度不应超过 5 m，还应进行稳定验算，并采取措施减少立柱的长细比。

③ 操作平台可采用 ϕ（48～51）mm×3.5 mm 钢管以扣件连接，亦可采用门架式或承插式钢管脚手架部件，按产品使用要求进行组装。平台的次梁间距不应大于 40 cm，台面应满铺 3 cm 厚的木板或竹笆。

④ 移动式平台应由专业技术人员按相应规范进行设计，计算书及图纸应编入施工组织设计。

⑤ 操作平台四周必须按临边作业要求设置防护栏杆，并应布置登高扶梯。

(4) 操作平台应显著地标明容许荷载值、操作平台上人员和物料的总重量，严禁超出设计的容许荷载，应配备专人加以监督。

第 7 章 桥梁养护资料

桥梁养管责任单位应建立健全桥梁档案管理制度，大力应用桥梁管理系统，及时更新桥梁技术数据，保证桥梁技术档案真实完整，实现电子化管理，设专人对桥梁的技术档案资料按国家科技档案管理办法相关规定进行管理，建立计算机数据库，将分类资料存入硬盘，以便于检索。每次检查的文档应及时归档，数据库中资料（如病害处理等）应及时更新，基本资料缺失的桥梁，应根据历年检查、养护资料，逐步建立和完善其技术档案。必要时，可专门安排有针对性的检测、试验或特殊检查，补充、完善桥梁技术资料。

桥梁技术档案资料包括前期资料、养护资料、其他参养方资料。

7.1 基本要求

桥梁养管责任单位应做好养护项目资料整理及电子档案归档工作，各类相关资料按要求录入监测系统存档。

7.1.1 前期资料

前期资料分为决策立项文件、桥梁图纸、开工文件、相关会议纪要等，由管理单位负责收集、整理，于施工前移交养护单位，并由养护单位签收。

7.1.2 养护资料

养护资料分为养护管理资料（包括年度计划、月度计划等）、技术资料（包括养护手册、养护技术规程、专项施工方案、一桥一方案等）、养护进度及造价资料、专项养护施工资料、巡查检查记录、验收资料、相关会议纪要文件等，由养护单位负责收集、整理。

7.1.3 参养方资料

参养方资料包括监理资料、跟踪审计资料。监理资料应包括监理工作大纲、监理实施细则等，以及相关安全交底、方案会审、平行复检、验收签证等监理资料，由监理单位负责收集整理；跟踪审计资料应包括跟踪审计工作大纲、跟踪审计实施细则等，以及审计报告、定价商议、造价咨询等审计资料，由跟踪审计单位负责收集整理。合同结束后，所有养护项目资料及电子档案由各参养方移交养护责任科室。

资料归档保存期限应满足质量保修及审计复查需要。养管工作须做好文字和影像记录，各项养护作业记录、巡检记录、计量记录等应及时整理归档，重要养护信息应及时录入桥梁信息管理系统，建立养管工作的"追溯机制"，以备检查调阅。

7.2 桥梁养护档案资料管理

7.2.1 养护资料归档的基本要求

(1) 归档的养护资料必须准确、完整、系统。

(2) 归档的养护资料必须分类清楚、题名确切、保管期限划分准确、案卷装订整齐美观。

(3) 归档的养护资料应做到书写材料优良、字迹工整、图样清晰、有利于长久保存。

(4) 归档的养护资料必须准确反映检查、维修(包括大、中、小修)等各项工作的真实历史过程。

(5) 资料员应认真负责,及时记录、收集有关资料,定期整理分类归档。对于日常管理类资料,可按需汇编成册;对于专项工程,应单项装订成册;对于计算机管理的重要资料,应定期用硬盘备份或上传网盘。

7.2.2 档案验收

(1) 桥梁养护工程档案验收是桥梁养护工程竣工验收的重要内容,应提前或与工程竣工验收同步进行。凡档案内容与质量达不到要求的桥梁,不得通过档案验收;未通过档案验收或档案验收不合格的,不得进行竣工验收。

(2) 大中型桥梁养护工程在竣工验收前要进行档案专项验收。其他工程的档案验收应与工程竣工验收同步进行。档案专项验收可分为初步验收和正式验收。初步验收可由工程竣工验收主持单位委托相关单位组织进行;正式验收应由工程竣工验收主持单位的档案业务主管部门负责。

(3) 桥梁养护工程在进行档案专项验收前,项目经理应组织工程参养单位对工程档案的收集、整理、保管与归档情况进行自检,确认工程档案的内容与质量已达要求后,可向桥梁管理单位报送档案自检报告,并提出档案专项验收申请。

档案自检报告应包括工程概况,工程档案管理情况,文件材料的收集、整理、归档与保管情况,工程档案完整、准确、系统、安全性的自我评价等内容。

(4) 桥梁管理单位在收到申请后,可委托有关单位对其工程档案进行验收前检查评定,对具备验收条件的项目,应成立档案专项验收组进行验收。必要时,可聘请相关单位的档案专家作为验收组成员参加验收。

(5) 档案专项验收工作的步骤、方法与内容如下:

① 听取项目经理有关工程建设情况和档案收集、整理、归档、移交、管理与保管情况的自检报告。

② 听取监理单位对项目档案整理情况的审核报告。

③ 对验收前已进行档案检查评定的桥梁工程,还应听取被委托单位的检查评定意见。

④ 查看现场(了解工程建设实际情况)。

⑤ 抽查各单位档案整理情况。

⑥ 验收组成员进行综合评议。

⑦ 形成档案专项验收意见,并向项目经理和所有会议代表反馈。
⑧ 桥梁管理单位以文件形式正式印发档案专项验收意见。
(6) 档案专项验收意见应包括以下内容。
① 工程概况。
② 工程档案管理情况。
③ 存在问题及整改要求。
④ 验收结论。
⑤ 验收组成员签字表。

7.3 桥梁基本资料

桥梁养管单位要按照"一桥一档"的要求建立纸质桥梁技术档案(一桥一卡),做到内容完整、更新及时、方便实用。养管单位要利用现代信息技术,建立符合自身特点的养护管理系统和健康检测系统。

桥梁基本状况卡片见表 7.1。

桥梁基本状况卡片
(正面) 表 7.1

1. 基本情况

路线名称		桩号		桥名或地名		所在地		管养单位	
桥型		孔数-跨径(孔-m)		桥长(m)		桥高(m)		桥面标高	
桥面净宽		桥面铺装		桥面纵坡		人行道宽(m)		载重(t)	
上部结构	孔别项目			下部构造	墩台项目				
	式样				式样				
	跨中(m)				材料				
	材料				墩台长度、宽度及高度				
	梁断面尺寸或拱顶厚度				基础形式				
					基础深度(m)				
	支座形式				根数基桩桩径				
翼墙构造		水流是否正常		所属水系及河流名称		枯水位			
护坡构造		河床地质及坡度		通航情况		寻常洪水位			
调治构造		河床冲刷情况		常水位		寻常洪水位浸水深度			
破冰体、护墩体		桥位中心垂直线与水流间夹角		流冰水位		历史最高洪水位			

续表

路线名称		桩号		桥名或地名		所在地		管养单位	

2. 桥梁草图：（立面图）

桥梁基本状况卡片（反面）

3. 修建简史及现状

4. 修建记录

施工日期		工程号	工程说明	总工作量（万元）	经济来源	质量鉴定	建设单位	设计者	施工者
开工	竣工								

5. 损毁及修复情况

损毁日期	损毁情况			修复情况		
	情况	原因	经济损失	修复办法	修复用款	修复日期

单位负责人		卡片编制人		编制日期	年　月　日

7.4　桥梁检查台账资料要求

桥梁检查资料包括桥梁技术状况评定分类统计表，经常检查、定期检查、特殊检查结果及其养护对策建议，以及检查的时间、检查人员等基本资料。

特殊检查还应包括检测（试验）方案、检测（试验）报告、照片及多媒体材料，检测（试验）方的资质证书（复印件）、业绩证明（复印件），以及主要检测人员的资格证书（复印件）等。

7.5　桥梁养护台账要求

（1）小修保养工程的实施技术资料和养护质量评定结果，以及工程实施的时间、组织实施人员等。

（2）桥梁的中修、大修、改建或专项工程的设计图纸、竣工图纸、施工资料、监理资料、监控（监测）资料、质量事故处理报告、交（竣）工验收等技术资料，以及设计、施工、监理和监控（监测）等各方的资质证书（复印件）、业绩证明（复印件）及其主要检测人员的资格证书（复印件）等。

第8章 桥梁设施管理

桥梁设施管理是对桥梁设施的综合性管理工作,与养护工作是相辅相成、相互制约、互为表里的,管理是手段,养护是目的,二者统一的基础在于确保桥梁设施的完好,发挥其正常功能。桥梁管理部门在城市管理中起着不可代替的作用,其主要职责是依法管理桥梁设施,对桥梁设施进行及时维修和养护,确保桥梁设施的完好,满足交通需要。

桥梁设施管理要做好桥梁设施管理(设施普查、设施移交、索赔管理等)、桥下空间及安全保护区域管理、桥梁安全防护管理(风险排查、超载管理等)等工作。

8.1 桥梁设施管理工作

8.1.1 桥梁基础资料信息收集

桥梁管理单位除要做好决策立项文件、桥梁图纸、开工文件、相关会议纪要等文件的收集归纳工作外,还要做好桥梁基础资料信息收集,主要包括设施情况摸底排查、设施量核对统计、设施资料收集整理等内容。通过基础资料信息收集,准确地了解桥梁设施的底数、位置、材质、建设年代及现状等信息,建立起桥梁设施量档案,为后续的设施管理工作打下基础。

1. 跨江桥梁基础资料信息收集工作

信息收集成果实行一桥一表一图,即一座跨江桥梁对应一张设施信息收集成果表、一张信息收集成果图。

2. 高架桥梁基础资料信息收集工作

高架桥梁与跨江桥梁信息汇总内容有较多相同之处,信息收集成果实行一路一表一图,即一条城市高架快速路对应一张信息收集成果表、一张信息收集成果图。

8.1.2 新建、扩建、改建桥梁工程验收移交管理

桥梁养管单位参与桥梁工程项目规划方案会审、初步设计审查、施工图会审、关键环节验收、初步(交工)验收和竣工验收,跟踪检查建设单位问题整改落实情况,并及时做好项目接管、养护等工作。接管程序如下:

(1)初步(交工)验收。市政公用设施工程项目完成建设内容后,建设单位组织相关单位进行初步(交工)验收,并对初步(交工)验收发现的问题限期做好整改落实工作。

(2)竣工验收。市住建局依据市政公共设施工程项目初步设计及工程变更文件批复,在项目通过初步(交工)验收、满足试用功能和安全要求前提下,组织相关部门和单位进行竣工验收。对于整改工期较长、无法及时整改的问题,建设单位应出具建设整改承诺书,并按要求按时完成整改,遗留问题的质量保修期自整改完成确认之日起计。

（3）移交接管。对经竣工验收满足使用功能和安全要求的市政公用设施工程项目，在建设单位将符合相关要求的资料送达接管单位后，由接管单位与建设单位在15个工作日内办妥移交接管手续。未移交接管的工程项目原则上不得交付使用。

（4）保修期养护。市政公用设施工程项目应严格落实质量保修制度。在保修期内，接管单位应将发现的施工质量问题及时通报建设单位，建设单位按保修协议限期落实整改工作。

（5）质量回访。保修期内，接管单位应配合建设单位开展质量回访工作，向建设单位客观反馈接管后发现的质量问题；建设单位应按保修协议限期落实整改工作。保修期满后，经建设单位与接管单位共同确认，建设单位方可拨付质量保修金。

（6）争议协调。若建设单位和接管单位在市政公用设施工程项目移交接管和保修期养护过程中产生争议，双方应当协商解决。协商不成的由建设行政主管部门和市政设施主管部门共同进行协调确认，仍无法达成一致意见的，提交市政府协调确定。

8.1.3 索赔工作

桥梁养管单位要做好桥梁设施的事故索赔工作，对车撞、船撞等交通事故及其他破坏桥梁设施的行为进行索赔（具体事故处理见第10章）。

（1）养管单位与海事、交警、街道等部门建立联络机制，当发生桥梁设施损坏事故时，迅速建立联系，共同解决索赔工作。

（2）养管单位在巡查时发现有桥梁设施因交通等事故而引起的损坏现象时，应立即对接相关部门，确定事故责任方，并进行相关索赔工作。

（3）当桥梁设施损坏影响到交通正常运行时，养管单位应及时进行抢修。在抢修工作中如需要封闭交通，应第一时间联系相关部门。

（4）养管单位确定索赔具体金额，通知事主进行索赔工作，并填写责任书进行存档。如事故责任方不愿进行索赔，则通过法律等手段进行追偿。

8.1.4 设施监管

（1）在城市桥涵上敷设或者架设各种管线以及助航声屏障、防撞、防眩、防抛等设施时，应当提交桥涵原设计单位出具的技术安全意见以及相关材料，报市政设施主管部门批准后方可实施。

（2）在城市桥涵上设置户外广告设施及其他悬挂物等设施时，应当出具相应的风载、荷载试验报告及原设计单位的技术安全意见，报市政设施主管部门批准后方可实施。

（3）桥涵原设计单位无法出具意见的，经市政设施主管部门确认，可以委托不低于原设计单位资质的设计单位提出技术安全意见。

桥梁养管单位巡查发现有违规在桥上敷设或者架设各种管线以及助航声屏障、防撞、防眩、防抛等设施时，要及时制止，并了解敷设、架设的单位，在建设单位提交桥涵原设计单位出具的技术安全意见给桥梁养管单位并签订安全使用协议书后，方可继续施工。

经批准在城市桥涵上敷设或者架设各种附属设施的，其产权人应当与桥梁养管单位签订安全保护协议，明确管理责任。

8.2 城市桥梁安全保护区域及桥下空间管理

8.2.1 城市桥梁安全保护区域管理

1. 城市桥梁安全保护区域的概念

根据《城市桥梁养护技术标准》(CJJ 99—2017) 第 2 章 2.1 节术语中可知, 安全保护区域的定义为"城市桥梁垂直投影面周边一定距离范围内的水域或陆域"。

2. 某市城市桥梁安全保护区域

由于城市桥梁结构类型复杂, 可能损害城市桥梁限制性作业的行为多样, 桥梁周边的水文地质条件也不同, 因此桥梁养管部门考虑到施工作业形式的多样化, 城市桥梁安全保护区域也应根据施工作业行为的类别与桥梁分类进行划分, 包括基坑工程、降水工程、桩基工程、堆载或卸载、疏浚工程、盾构顶进、埋设管线、爆破工程安全保护区域等。

(1) 基坑工程。

基坑开挖具有一定的影响范围, 会对桥梁周边土体造成一定的扰动, 从而引起桥梁沉降、倾斜、转动等, 改变桥梁结构受力甚至其内力变化将超出桥梁承载能力, 造成桥梁破坏。

根据本地工程经验, 可将基坑开挖施工作业的安全保护范围定为 $3.0H$ (H 为基坑深度), 对 25 m 以内的深基坑, 可推算出最大安全保护区域为 75 m, 根据《城市桥梁养护技术规程》(DB 3302/T 1082—2017) 第 11.2.2 条, 并依据浙江省工程建设标准《建筑基坑工程技术规程》(DB 33/T 1096—2014) 对基坑工程作业桥梁安全保护区的界定表中基坑开挖深度的分类进行了适当调整, 按基坑工程类别划定各类桥梁的安全保护区域范围, 见表 8.1。

按基坑工程类别划定各类桥梁的安全保护区域范围　　表 8.1

桥梁类型	桥梁安全保护区域 (m)		
	一级基坑	二级基坑	三级基坑
特大桥	75	65	55
大桥	65	55	50
中桥	55	50	45
小桥	50	45	40

(2) 降水工程。

降水对基坑周边环境的影响不容忽视, 地下水按埋藏条件的不同可分为上层滞水、潜水、层间水三种类型, 井点降水属于强制式降水, 这种方法通过对地下水施加作用力来促使地下水的排出, 从而达到降水的目的, 当井点埋设完成后进行抽水, 井内水位下降。在无承压水的条件下, 形成降水漏斗, 降水漏斗范围内地下水位下降后, 就必然造成地面固结沉降; 在有承压水的工作条件下, 降水会造成承压水头下降, 层中有效自重应力增加, 同样会引起地基沉降, 从而引起周边道路、桥梁等基础等产生不均匀沉降。某市通过推算得出按基坑降水类别划分各类桥梁的安全保护区域范围, 见表 8.2。

按基坑降水类别划定各类桥梁的安全保护区域范围 表 8.2

桥梁类型	桥梁安全保护区域（m）		
	一级基坑降水	二级基坑降水	三级基坑降水
特大桥	25	20	15
大桥	25	20	15
中桥	25	20	15
小桥	25	20	15

（3）桩基工程。

在沉桩过程中，沉桩产生的挤土效应破坏了桩周土体的原状态，产生很高的附加应力，使土体向周围位移，并向上隆起，给邻近既有结构带来很大影响，甚至使之破坏。在既有桥梁的邻近打桩时，沉桩的挤土效应对桥梁也将产生明显的不利影响。桩的挤土机理非常复杂，它除与建筑场地内土的性质有关外，还与桩的数量、分布的密度、打桩的顺序、打桩的速度等因素有关；在同一测点上，水平位移一般比竖向位移大，群桩挤土的影响范围比单桩更大。通过推算得出按桩基工程划定各类桥梁的安全保护区域范围，见表 8.3。

按桩基工程划定各类桥梁的安全保护区域范围 表 8.3

桥梁类型	桥梁安全保护区域（m）	
	挤土桩	非挤土桩
特大桥	80	40
大桥	60	30
中桥	50	25
小桥	40	20

（4）堆载（卸载）。

堆载（卸载）对桥梁的影响程度，不仅与作业面积、堆载（卸载）强度及堆载（卸载）时间等工况有很大关系，还与桥梁结构形式等因素有关。对位于保护区域内的堆载（卸载）影响，需要针对实际工程对象进行综合评价确定。

2009 年上海一栋在建的 13 层住宅楼全部倒塌，调查结果显示倾覆主要原因是楼房北侧在短期内堆土高达 10 m，南侧正在开挖 4.6 m 深的地下车库基坑，两侧压力差使土体产生水平位移，过大的水平力超过了桩基的抗侧能力，导致房屋倾倒（图 8.1）。

上海市市政行业标准《上海市城市桥梁、隧道安全保护区域技术标准》第 3.3.6 条："对于堆载（卸载）作业，安全保护区域应为桥梁垂直投影面周边 50 m 范围……"如同处长江三角洲区域，工程地质较为相近，地层上部均分布为较厚的淤泥质土，城市桥梁安全保护区域亦可划为桥梁垂直投影面周边 50 m 范围。按堆（卸）载工程划定各类桥梁的安全保护区域范围见表 8.4。

图 8.1 堆（卸）载引起建筑物倒塌

按(卸)载工程划定各类桥梁的安全保护区域范围　　　表8.4

桥梁类型	桥梁安全保护区域（m）
特大桥	50
大桥	50
中桥	50
小桥	50

(5) 河道疏浚。

河道疏浚作业时，若控制不当，易造成桥梁基础覆土流失、底部脱空或桥台护坡滑移，影响桥梁结构安全。

《公路安全保护条例》第二十一条规定："在公路桥梁跨越的河道上下游各500 m范围内依法进行疏浚作业的，应当符合公路桥梁安全要求，经公路管理机构确认安全方可作业。"但保护范围过大，不适合城市桥梁的实际情况。

2000年《南京市航道航政管理条例》第八条规定："在航道、航道两岸陆域各10 m以及航标周围20 m范围内进行河道疏浚、清障、打捞作业时，应当经过航道管理机构审查批准。"其中对航标保护区域的规定比较符合对城市桥梁的保护要求。

2010年发布的《上海市城市桥梁、隧道安全保护区域技术标准》第3.3.4条规定："对于疏浚作业，安全保护区域应为跨越的河道上下游（桥梁外边线两侧）各30 m范围"。按河道疏浚工程划定各类桥梁的安全保护区域范围见表8.5。

综上，从安全角度考虑，城市桥梁疏浚安全保护区域可划为桥梁跨越的河道上下游（桥梁外边线两侧）各30 m范围。在安全保护区域内实施疏浚作业应进行安全评估，并保证桥梁基础覆土线不受影响，在确认安全或者采取安全措施后方可进行疏浚作业。

按河道疏浚工程划定各类桥梁的安全保护区域范围　　　表8.5

桥梁类型	桥梁安全保护区域（m）
特大桥	30
大桥	30
中桥	30
小桥	30

(6) 地下工程。

浙江省工程建设标准《城市轨道交通结构安全保护技术规程》(DB 33/T 1139—2017)第3.0.2条规定："地下车站主体结构与区间结构外边线外侧50 m内为轨道交通控制保护区的设置范围。"比较符合地下工程作业对城市桥梁的保护要求，因此修建地下结构物、盾构顶进、埋设管线等作业的城市桥梁安全保护区域，可划为桥梁垂直投影周边各50 m范围。按地下工程划定各类桥梁的安全保护区域范围见表8.6。

按地下工程划定各类桥梁的安全保护区域范围　　　表8.6

桥梁类型	桥梁安全保护区域（m）
特大桥	50
大桥	50

续表

桥梁类型	桥梁安全保护区域（m）
中桥	50
小桥	50

注：表中地下工程特指修建地下结构物、盾构顶进、埋设管线等作业。

(7) 爆破工程。

《中华人民共和国公路法》第47条规定："在大、中型公路桥梁和渡口周围200 m、公路隧道上方和洞口外100 m范围内，以及在公路两侧一定距离内，不得挖砂、采石、取土倾倒废弃物，不得进行爆破作业及其他危及公路、公路桥梁、公路隧道、公路渡口安全的活动。"

2010年发布的《上海市城市桥梁、隧道安全保护区域技术标准》第3.3.5条规定："对于爆破作业，安全保护区域应为桥梁周围200 m范围或隧道上方、上方中心线两侧和隧道洞口外100 m范围。"按爆破工程划定各类桥梁的安全保护区域范围见表8.7。

综上，从安全角度考虑，爆破作业时城市桥梁安全保护区域可划为桥梁周边200 m范围。

按爆破工程划定各类桥梁的安全保护区域范围　　　表8.7

桥梁类型	桥梁安全保护区域/m
特大桥	200
大桥	200
中桥	200
小桥	200

(8) 文保桥梁。

对于列为文物保护的城市桥梁，除需满足上述各限制性施工作业的保护区域范围外，还应满足文保部门划定的文物保护单位保护范围。

3. 安全保护区域养护管理

《宁波市市政设施管理条例》第四十条规定："禁止在城市桥涵安全保护区从事泊船、种植、养殖、捕捞、采砂作业；禁止堆放、储存腐蚀性物品、易燃易爆物品或者其他危险物品。"第四十一条规定："在城市桥涵安全保护区内从事河道疏浚、挖掘、打桩、地下管道顶进、爆破等作业的单位和个人，应当依法向建设主管部门领取施工许可证。建设主管部门在实施施工许可前，应当征求市政设施主管部门的意见。准许施工的，相关单位和个人应当与城市桥涵产权人签订保护协议，采取安全保护措施后，方可施工。因工程建设需要在桥涵及其安全保护区进行挖掘的，依照本条例第二十六条、第二十七条的有关规定执行。"

《宁波市市政设施管理条例》第二十六条规定："因工程建设需要挖掘城市道路的，应当向市政设施主管部门申报，纳入城市道路挖掘施工年度计划后，依照本条例第二十四条第一款的规定办理审批手续。城市道路挖掘施工年度计划应当按照城市道路设施养护和维修需要，制定并公布。"第二十七条规定："新建、改建、扩建的城市道路交付使用后五年内、大修的城市道路竣工后三年内不得挖掘；因特殊情况确需挖掘的，须经市、县（市）

区人民政府批准。"第二十四条规定："因工程建设需要占用、挖掘城市道路，或者跨越、穿越城市道路架设、增设管线设施，应当事先征得市政设施主管部门同意；影响交通安全的，还应当征得公安机关交通管理部门同意。"

随着工程建设规模、建设需求的日益扩大，对安全保护区域内从事限制性施工作业行为的限制性规定需要根据具体情况进行调整，并根据保护对象的性质与施工影响程度，在审查部门认为必要时进行有针对性的专项设计，提出相应的保护措施，并经评审通过后方可实施。

在城市桥梁安全保护区域内的施工作业应当受到严格限制，桥梁养管单位应定期加强城市桥梁安全保护区域内施工作业行为的日常巡查及监管，若发现有基坑开挖等影响桥梁结构安全运行的施工作业行为时，应及时联系施工作业单位及其建设单位，询问有无办理相关审批或备案手续。若未办理任何审批或备案手续的施工作业行为，须立即制止，要求立即停工，补办相关审批或备案手续，需提供相应的城市桥梁安全保护设计方案和城市桥梁安全保护协议组织施工，签订施工安全保护协议，并按要求委托具有相应资质（资质认定证书中须包含桥梁相关参数）的监测单位编制监测方案，定期向桥梁养管单位报送相关动态监测记录。对拒不配合的建设单位，养管单位张贴告示后，可申请联合执法（联合执法程序见 8.4 节）。

8.2.2 桥下空间管理

1. 桥下空间的概念

根据《城市桥梁养护技术标准》（CJJ 99—2017）第 2 章 2.1 节术语可知，城市桥梁桥下空间是指桥梁垂直投影面下除水面、铁路、道路以外的空间及场地。桥下空间不得用于商贸、餐饮、娱乐、机动车辆维修场地等。

2. 桥下空间管理

根据《城市桥梁养护技术标准》（CJJ 99—2017）第 11 章 11.3 节："桥下空间使用应满足城市桥梁安全需求，宜用于停放车辆、设置道路养护管理设施或进行绿化。"通过相关设施普查、调查、统计工作等，发现桥下空间目前存在其他单位使用、停车场、公共设施、盲流居住、违规搭建房屋、杂物堆放、施工等六种情况，根据《宁波市市政设施管理条例》第三十五条规定："城市桥涵及其附属设施范围内禁止倾倒、焚烧、洒漏、堆积、晾晒物品，排放污水，挖掘取土，设置路障，堆放、储存腐蚀性物品、易燃易爆物或者其他危险物品。"桥梁养管单位发现上述情况时，应进行对应处理。对拒不配合的单位和个人，桥梁养管单位张贴告示后，可申请联合执法。

桥梁养管单位巡查发现桥下空间存在违规施工现象时要立刻阻止，在建设单位提供相应的城市桥梁安全保护设计方案和城市桥梁安全保护协议组织施工等资料，签订施工安全保护协议后，方可继续施工，并按照相关要求进行动态监测。桥梁养管单位巡查发现桥下空间存在其他单位使用、停车场、公共设施等情况时，应主动对接使用单位，了解使用单位信息，签署安全使用协议书，明确临时使用方的职责与义务，确保临时场地和相关桥梁设施的安全，未经同意不得擅自改变临时占用桥下空间的用途。

桥下空间使用单位应建立健全消防安全管理制度、环境卫生管理制度，达到如下要求。

(1) 按消防部门规定配备足够的消防设备，定期检查维修，保持完好和有效，灭火器周围不得存放其他物品。桥下消防通道内不得停放车辆或杂物。

(2) 桥下空间不得存放汽油、柴油等易燃、易爆、化学危险品。

(3) 桥下空间场地不得加油、使用煤气罐及明火。

(4) 桥下空间应保持清洁卫生，保证空间内干净整洁，地面无垃圾、杂草、堆放物、污水、污迹，墙面无乱贴、乱画、乱挂及小广告等。

(5) 护栏或护网应保持完整、清洁，不得悬挂物品。

(6) 桥下空间地面应采用沥青、水泥混凝土或石材等硬质材料铺装。地表面要平整、完好，不得有坑洞、碎裂，保证排水通畅无积水。

(7) 桥下空间使用单位应制定消防预案、防汛预案，并定期组织演练。

当桥下搭建构筑物时，与桥梁梁底、桥墩、桥台的距离不应少于 1.5 m，且不得将桥墩、桥台封闭在内，同时应采取措施保护桥梁措施。城市桥梁桥下空间应统一规划、管理，合理、科学、安全使用。城市桥梁日常养护、维修需占用桥下空间，使用单位必须积极配合，桥下搭建构筑物不得影响桥梁检测作业。对于发现违规使用的桥下空间的现象，应立即阻止。

3. 违规占用管理

桥梁养管单位巡查发现桥下空间存在违规搭建房屋、杂物堆放等违规情况时，应立即上前劝阻，尽快要求违规单位或个人清理占用的桥下空间，明确责任归属，与环卫、民政、街道等责任部门建立起联络机制，及时将问题反馈到各责任归属部门，共同解决桥下空间违规占用问题。

8.3 桥梁安全防护

8.3.1 风险防范

根据城市桥梁隧道运行安全风险防控的相关要求，完成桥梁设施的风险辨识和评估工作，建立桥梁设施安全风险数据库和重大风险清单，实行分级管控，落实管控责任，综合运用消除风险因素、降低风险等级的针对性措施，有效管控风险，并建立重大风险"一险一档"。

1. 风险源辨识

(1) 桥梁养管单位成立风险辨识小组。

(2) 风险辨识小组进行桥梁风险源辨识，风险源辨识分为常规辨识和专项辨识，为每座桥建立"桥梁安全风险源普查清单"。

(3) 常规辨识应收集桥梁建设规模、桥位特征、技术状况等级、地质条件、气象条件和交通流特征等信息。对于桥梁的不同构件，应分别列举出桥梁结构构件的风险源。

(4) 在城市桥梁的安全保护区内开展作业等影响行为的，均应进行专项辨识工作，确定为风险程度高的重大风险源。

城市桥梁隧道安全保护区域范围见表 8.8。

城市桥梁隧道安全保护区域范围　　　　　　　　表8.8

分类	多孔跨径总长 L（m）	单孔跨径 L_k（m）	单侧外延距离（m）
小桥	8≤L≤30	5≤L_0<20	30
中桥	30<L<100	20≤L_0<40	60
大桥	100≤L≤1000	40≤L_0≤150	80
特大桥	L>1000	L_0>150	120
隧道	—	—	60

2. 风险评估

（1）桥梁养管单位成立风险评估小组。

（2）评估小组对城市桥梁运行阶段进行安全风险评估，风险评估分为常规评估和专项评估，采用定性和定量相结合的评估方法，估测风险源发生概率和风险损失，确定风险等级，并出具风险评估报告。

（3）常规评估应考虑其技术状况、运行环境和桥梁属性等方面，确定每座设施的安全风险等级。进行桥梁整体风险等级评定，基于常规评估的结果列出需要进行专项评估的重大风险源清单。

（4）经常规评估，确定风险等级为较大风险（Ⅲ级）或重大风险（Ⅳ级）的桥梁设施，应梳理出重大风险源，逐一进行专项评估，具体见《导则》。

3. 风险管控

（1）桥梁养管单位成立风险管控小组。

（2）经风险评估确定的一般风险源，应纳入重点养护管理范围进行管控，及时消除安全风险，防止风险源扩大。

（3）经风险评估确定的较大风险源，应针对性制定管控方案，明确管控指标，通过日常养护、中小修等措施进行管控，并单独建档备案，制定动态监测计划，单独编制专项应急预案，并按年度组织专业技术人员对风险管控措施进行评估改进，报送行政主管部门。对于经过专项评估确定为重大风险源的专项行为，应进行重点管控。

8.3.2　超载管理

根据《宁波市市政设施管理条例》第三十五条："禁止履带车、铁轮车或者超重、超高、超长车辆擅自行驶。"第三十六条："履带车、铁轮车或者超重、超高、超长车辆确需在城市桥涵上通行的，事先须经市政设施主管部门批准，并按照公安机关交通管理部门指定的路线、时间行驶。损坏城市道路以及其他设施的，应当予以赔偿。"《城市桥梁养护技术标准》（CJJ 99—2017）第11章11.2节有以下相关规定。

（1）超重车辆通过桥梁前，应经设计单位专项验算，必要时应进行加固设计和采取相应技术措施，并应详细记录存档。

（2）超重车辆通过桥梁，应选用多轴多轮的运载车辆、选取桥梁技术状况好、加固工程费用较低的路线通过。

（3）当超重车辆通过桥梁时，应符合下列规定。

① 应临时禁止其他车辆过桥。

② 应沿桥梁的中心行驶，车速不得超过 5 km/h。

③ 不得在桥上制动、变速、停留。

（4）当超重车辆通过桥梁时，应观测记录桥梁移位、变形、裂缝扩张，必要时还应观测应力、应变等。

桥梁养管单位巡查发现有超重车辆准备通过桥梁时，要及时制止，并对其劝离。如确需要在桥梁通行时，须按照上述加固设计和采取相应技术措施后才准通行。桥梁养管单位在有条件的情况下，应在桥梁上安装满足执法要求的称重线圈，与交警部门共同解决桥梁超载问题。

8.4 联合执法机制

桥梁养管单位与执法部门建立联络制度，明确对口联系的内设机构，明确具体承担联系工作的联络员，建立信息共享和工作会商机制。

桥梁养管单位在巡查过程中发现违法行为的，应当制作现场记录，通过拍照或摄像等方式收集现场信息，并采取责令当事人改正等行政监管措施。当事人及时改正违法行为，依法可以不予行政处罚的，桥梁养管单位径直结案；当事人未改正或虽改正依法仍需予以行政处罚的，桥梁养管单位将及时移送对应的执法部门。

桥梁养管单位向执法部门移送案件，应当提供下列材料于执法部门。

（1）现场情况记录、现场照片等材料。

（2）责令当事人改正文书及送达凭证。

（3）改正情况记录、现场照片等材料。

（4）需要提供的其他材料。

第 9 章 桥梁养护机械

根据桥梁设施养护维修的实际情况,大修工程项目一般采用委外施工完成,桥梁管养责任单位只负责桥梁检查及中、小修的维护工作,应具备一定的检查、检测、日常维修施工的机械设备和仪表。

9.1 常用养护机械设备

9.1.1 车辆设备

1. 防撞缓冲车

防撞缓冲车的主要功能是在临时性车道封闭的路段给养护工人及设备提供全面的被动安装防护,在移动施工或者临时性道路施工工程中给工作组提供被动安全防护的一种特种专用机械。通过防撞缓冲垫的变形吸收撞击的能量,对施工人员及设备进行有效的保护,同时最大限度地保护撞击车辆内人员的安全。防撞缓冲车如图 9.1 所示。

图 9.1 防撞缓冲车

2. 高低空作业车

高低空作业车是一种集机、电、液于一体的专用工程机械设备,该设备既可以完成相应的高空作业任务,也可以用来低空在桥面上下探检测桥梁梁底,一车多用。高低空作业车是一款装配有专用装置,通过举升机构将作业人员和物具举升(下降)到一定高度,用于小、中及大型桥梁和市政等路灯维修、安装和预防性检查作业的专用作业车辆。高低空作业车如图 9.2 所示。

3. 路面养护车

路面养护车的车型小巧灵活,配置齐全,功能多样,操作简便,工作可靠,非常适合城市人行道、步行街等区域的路面清洗、卫生死角清除、垃圾箱清洗、小广告清除等清洁作业。路面养护车如图 9.3 所示。

图9.2 高低空作业车

图9.3 路面养护车

4. 侧壁清洗车

侧壁清洗车通过控制清洗臂的旋转与升降、滚刷的清洗、高压水枪的喷水和剪式液压升降平台的升降动作完成清洗作业，剪式液压升降平台可以实现小型高空作业车的功能。侧壁清洗车如图9.4所示。

图9.4 侧壁清洗车

5. 铣刨机

铣刨机是沥青路面养护施工机械的主要机种之一，也是沥青混凝土路面养护施工的主要设备之一，主要用于沥青混凝土面层的开挖翻新，也可以用于清除路面拥包、网纹、车辙等缺陷，还可用来开挖路面坑槽及沟槽，以及水泥路面的拉毛及面层错台的铣平。铣刨机如图9.5所示。

图9.5 铣刨机

用路面铣刨机铣削损坏的旧铺层,再铺设新面层是一种最经济的现代化养护方法,由于其具有工作效率高、施工工艺简单、铣削深度易于控制、操作方便灵活、机动性能好、铣削的旧料能直接回收利用等优点,因此广泛用于城镇市政道路和高速公路养护工程中。

6. 融雪剂撒布车

融雪剂撒布车是在冬季强降雪和严寒造成的路面积雪和结冰时,为保障道路交通顺畅,将除雪剂如沙子、盐等除雪材料进行撒布的设备。融雪剂撒布车如图9.6所示。

图9.6 融雪剂撒布车

7. 摊铺机

摊铺机是一种主要用于路面基层和面层各种材料摊铺作业的施工设备,由各种不同的系统相互配合完成摊铺工作。摊铺机如图9.7所示。

图9.7 摊铺机

8. 储料式(保温料箱)路面养护车

保温料箱采用导热油和烟气复合保温,热效率高,满足沥青混合料长距离保温运输的需求,沥青罐及管道全部采用导热油保温,保温效果好,管路不易堵塞。储料式(保温料箱)路面养护车如图9.8所示。

图9.8 储料式（保温料箱）路面养护车

9. 下水道疏通清洗车

下水道疏通清洗车为市政部门疏通下水管线配备的专项作业车辆，主要用于清洗城市下水道的沉积物、疏通下水道，也可用于清洗工业排液管道、壁面等。下水道疏通清洗车如图9.9所示。

图9.9 下水道疏通清洗车

10. 沥青路面热再生修补车

沥青路面热再生修补车对废旧沥青路面进行就地加热再生、就地摊铺压实，其效率高，施工成本低，道路修补不受拌合站生产的约束，随时随地进行再生修补作业，打破了修补作业受拌合站生产的制约，极大地解除了不能及时恢复油面的安全隐患。沥青路面热再生修补车如图9.10所示。

11. 移动式强排泵站

移动式强排泵站可用于排干积水或工程排洪的一体式排水泵站，其使用无固定场所限制，作业面广，适用于城市积水排涝、地下水管爆裂、工业工厂排水排污、小区的雨水池水排涝、港口渔业用水等。移动式强排泵站如图9.11所示。

图9.10 沥青路面热再生修补车

图 9.11　移动式强排泵站

12. 洗扫车

洗扫车可单独作为扫路车进行路面清扫抽吸作业，又可作为高压冲洗车进行路面冲洗抽吸作业，还可将路面清扫抽吸与高压冲水组合作为洗扫车使用，实现清扫、冲洗、抽吸清洗的多种组合选择使用，以满足多种需求。该车广泛适用于城区主干路及高架桥的冲洗、清扫作业。洗扫车如图 9.12 所示。

图 9.12　洗扫车

13. 边沟吸尘车

边沟吸尘车解决边沟垃圾清除效率欠佳的问题，对于边沟内零散垃圾有较好的吸附性，成效较好。边沟吸尘装置（车载式）由车辆、吸尘机（汽油机、吸管、吸口）、垃圾箱（防尘袋）、移动台面、电机、升降油缸、油泵、钢结构支架等部分构成。边沟吸尘车如图 9.13 所示。

14. 综合养护车

综合养护车是一种多用途、高效率的公路养护设备，广泛用于修补沥青路面凹坑、龟裂等各种缺陷，具有路面加热再生、废沥青混合料再生、沥青加热喷洒、乳化沥青加热喷洒、路面压实等功能，同时配备压路机、液压输出口等辅助设备，具有修补和再生沥青路面的全部功能。综合养护车如图 9.14 所示。

图 9.13 边沟吸尘车

图 9.14 综合养护车

15. 曲臂登高车

曲臂登高车专用装置采用了一级回转、二级伸缩、三级变幅机构，形成了三维空间、六个自由度的空间体系，实施作业方便、不中断交通，既有很强的跨越障碍能力，又有较高的工作效率，操作方便，安全可靠性高。相同作业高度，臂、车收藏尺寸最小，臂架形式灵活，可以使作业车实现一些特定功能，如低空（支脚支撑面以下）作业、高处水平伸缩、跨越低处和高处障碍。曲臂登高车如图 9.15 所示。

图 9.15 曲臂登高车

9.1.2 机械设备

1. PLC同步顶升液压控制系统

PLC控制液压同步顶升是一种力和位移综合控制的顶升方法,这种力和位移综合控制方法建立在力和位移双闭环的控制基础上,通过称重方法由液压千斤顶精确地按照桥梁的实际荷重,平稳顶举桥梁,使顶升过程中桥梁受到的附加应力下降至最低,同时液压千斤顶根据分布位置分组,与相应的位移传感器组成位置闭环,以便控制桥梁顶升的位移和姿态,可以很好地保证顶升过程的同步性,确保顶升时盖梁、板梁结构安全。PLC同步顶升液压控制系统如图9.16所示。

图9.16 PLC同步顶升液压控制系统

2. 高压清洗机

高压清洗机是通过动力装置使高压柱塞泵产生高压水来冲洗物体表面的机器。它能将污垢剥离、冲走,达到清洗物体表面的目的,是世界公认最科学、经济、环保的清洁方式之一。高压清洗机如图9.17所示。

图9.17 高压清洗机

3. 工业吸尘器

工业吸尘器主要适用于户外电源不方便场合,汽油发动机变速后带动高压涡扇风机,配套进口自平行皮带轮和旋涡机,运行平稳安静,振动小,无油气,吸力大小可调,依靠燃烧汽油产生动力,加一次油可以连续工作2~3h,吸力强劲。垃圾桶压杆设计坚固耐用,承重力大,物料的倾倒回收更加方便,标配泄压阀,可以在机器发生堵塞时及时泄压,保护真空电动机。工业吸尘器用于伸缩缝、泄水孔清理。工业吸尘器如图9.18所示。

4. 桥梁移动检查设备

桥梁移动检查设备采用非接触式遥控监测手段通过集成高清图像采集模块,可实现现场病害图片视频采集、病害空间坐标三维定位、病害尺寸远程测量、检查报表生成等功能。携带方便,可自桥梁防撞墙顶部架设仪器并下探至梁底进行支座、结构外观检查,可以在很大限度上解决登高车、桥检车等大型检查设备运行投入成本高、检查效率低、耗费人力等问题。桥梁移动检查设备如图 9.19 所示。

图 9.18　工业吸尘器　　　　　　图 9.19　桥梁移动检查设备

5. 焊缝探伤仪

全数字式超声波探伤仪能够快速便捷、无损伤、精确地进行工件内部多种缺陷（裂纹、夹杂、气孔等）的检测、定位、评估和诊断，既可用于实验室，也可用于工程现场检测。焊缝探伤仪如图 9.20 所示。

6. 裂缝宽度观测仪

裂缝宽度观测仪主要应用于设施表面裂缝宽度的定量检测，有自动判读、手动判读、电子标尺人工判读三种模式，可用标准刻度板进行校准，分析处理软件对裂缝进行分析，并生成检测报告。裂缝宽度观测仪如图 9.21 所示。

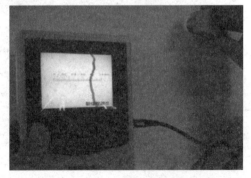

图 9.20　焊缝探伤仪　　　　　　图 9.21　裂缝宽度观测仪

7. 管道 CCTV 智能爬行机器人

管道 CCTV 智能爬行机器人以智能轮式运动机构作为搭载平台，配备工业级高分辨率彩色摄像单元、运动姿态检测单元和智能控制影像录制处理终端，辅助强力照明光源和线缆卷收装置的高科技检测专用产品，已广泛应用于管道检测、矿井检测勘探、隧道验收、地震搜救、消防救援、灾害援助、电力巡检等领域。管道 CCTV 智能爬行机器人如图 9.22 所示。

8. 无人机

无人机用于桥梁下部结构及钢拱肋检查，能以人工难以达到的视角拍摄所需照片，可以实现GPS定位，摄像角度可在二维空间内调节，并通过无线电传输及时将所拍图片传回地面，方便设施的日常巡查。无人机如图9.23所示。

图9.22 管道CCTV智能爬行机器人

图9.23 无人机

9. 手推式压路机

手推式压路机用于路面修复施工对沥青进行压实，结构合理，体积小，激振力大，转换场地方便。适用于压实沥青路面、人行道、桥梁、停车场、体育场地及其他狭窄场地压实作业，是维护、修补沟槽、街道、广场狭小地带的理想设备。手推式压路机如图9.24所示。

10. 平板夯

振动平板夯主要适用于夯实颗粒之间的粘结力及摩擦力较小的材料，如河沙、碎石及沥青等。平板夯如图9.25所示。

图9.24 手推式压路机

图9.25 平板夯

9.2 养护机械设备管理

9.2.1 组织机构与管理

城市桥梁养护机械设备的管理，属于特定事物的管理。由于桥梁养护作业点多、线广、作业条件特殊的特点，要求其必须有健全的管理组织机构。组织结构的设置是基础，坚持以高效为主的组织机构的设置原则，根据桥梁养护机械的特殊性，坚持集中使用管理、管用统一。通过"四个体现""五个结合"实现组织机构管理的有效性。

(1)"四个体现"即体现分工合理有序、相互协作进步的原则,体现统一领导、分级管理的原则,体现精简高效、执行力原则,体现责、权、利统一原则。

(2)"五个结合"即合理使用与机务统计相结合,视情维修与计划维护相结合,专业管理与综合管理相结合,技术改造与实践经验相结合,技术管理与经济管理相结合。

(3)结合桥梁养护机械实际制定专项规章制度。负责机械设备管理工作的组织领导、监督检查和协调服务,做好机械设备的购置、调拨、调度、改造、更新和报废等工作。

(4)推广新技术、新工艺、新材料,会同有关部门对桥梁养护机械操作人员进行多种形式的技术业务培训,组织开展节能降耗活动。

(5)对桥梁养护机械管理工作定期组织检查评比总结,推广先进经验,开展评先树优活动。积极探索新的管理方法,大力推进桥梁养护机械管理科学化、标准化、制度化。

(6)督导桥梁养护单位认真落实关于机械设备安全管理的要求,杜绝违章指挥和违章操作现象,避免责任伤亡和机械事故的发生。

(7)按期汇总各类桥梁养护机械设备管理报表。

9.2.2 桥梁养护机械设备的使用管理

桥梁养护机械设备实行统一管理、统一调度,规范使用。按照养护维修作业进度要求合理配备,保障各项目的正常进行。桥梁养护设备应建立严格的使用岗位责任制,实行定人、定机、定职责,大型机械设备实行机长负责制,多班作业时要建立严格的交接班制度。

(1)正确使用桥梁养护机械设备,各工种都要建立岗位责任制,做到合理安排,科学调度,充分发挥机械设备的效能,提高利用率。一般机械操作人员必须经过岗前培训后才能上岗作业,特种机械设备操作人员还须取得有关部门颁发的证件,方可上岗。

(2)设备操作人员必须掌握机械设备的构造、原理和性能,熟悉操作技术,遵守操作规程,按《保修规程》做好例行保养工作,做到会使用、会保养、会检查、会排除故障,使机械设备保持整洁完好。

(3)对机械设备定期进行保养,不拖保、不漏项,及时修理,不带病运行。严格执行保修规程和技术标准,确保保修质量,经常保持机械设备技术状况良好,提高完好率。

(4)为保证机械设备可靠运行,凡投入使用的机械设备,均应符合下列技术要求:

① 各连接机构连接良好,运转平稳无异响,动力性、经济性良好,显示屏清晰无错误码;

② 桥梁养护机械设备外观整洁,装备齐全,各部件连接紧固可靠,并达到"四不漏"(油、电、水、气);

③ 转向机构符合技术标准,各润滑部位良好;

④ 操作系统灵活可靠;

⑤ 制动效能符合技术标准;

⑥ 电气设备和安全防护装置齐全。凡不符合上述技术要求的机械设备,机务和安全部门有权制止运行,并限期整修。

(5)桥梁养护机械设备应按核定负荷作业,不准超负荷运行。出现故障要及时排除,不准带病运行。如超负荷、带病运行,要追究管理人员和操作人员的责任。

(6) 机械设备的停放，不论是在作业现场还是在专用场区，都要做到集中、分类、整齐、有序，且有专人看管。同时，仪器设备注意整洁、防护，各种车辆设备有车库、仓库的，机械设备一律进库存放。

9.2.3 维修保养与安全生产

坚持"预防为主，安全第一"的方针，建立健全机械安全生产制度，经常进行安全生产教育，定期或不定期地进行安全检查，采取有效措施，确保各类机械安全生产。桥梁养护机械设备必须贯彻"预防为主，定期检测，强制保养，视情修理"要求，认真做好机械设备的保养与修理，及时排除故障和隐患，保持机械设备技术状况良好，提高机械设备完好率。

(1) 机械操作人员必须严格遵守安全操作规程，确保安全生产。

(2) 机械设备的安全防护装置必须可靠，在危险的环境施工一定要有可靠的安全措施，使用和停放中务必注意防盗、防火、防冻、防风、防雷击等。

(3) 正确指挥，安全操作。对违反操作规程、危险作业的强行指挥，操作人员有权要求纠正和拒绝作业。

(4) 由于操作、维修、保管、指挥、施工措施不当等原因引起的机械非正常损坏、造成停机或性能下降均为机械责任事故。机械事故分为轻微事故、一般事故、重大事故和特大事故四类：

轻微事故：直接经济损失 2000～5000 元（不含）；

一般事故：直接经济损失 5000～50000 元（不含）；

重大事故：直接经济损失 50000～100000 元（不含）；

特大事故：直接经济损失在 100000 元以上。

(5) 对机械责任事故要按"四不放过"的原则严肃处理。"四不放过"是指事故原因未查清不放过；事故责任者及周围群众未受到教育不放过；整改措施未落实不放过；事故责任者未受到处理不放过。

(6) 机械设备的例行保养和一级保养作业，由操作人员进行；二级及以上保养，以专业人员为主、操作人员为辅进行，应配备相应的保修力量，并详细填写《机械保养/维修记录表》。

(7) 各类仪器仪表随时校对数据，并观察准确度、灵敏度。必要时需厂家专业维修调整，需计量监督部门检验的必须送检。

(8) 加强机械设备备件和工具管理。合理储备维修备件，专用工具单独存放。完善管理制度，做好计划、采购、验收、出入库及保管工作，以保证修理任务的完成和减少修理准备时间。

9.2.4 养护机械设备的基础管理

桥梁养护机械设备的基础性管理工作，就是建立健全机械设备技术档案，做好使用、修理、保养、检验等基础工作，切实做到机械设备管理科学化、标准化、制度化。确保机械设备资产完好，及时收集整理各类数据报表，为管理提供及时准确的决策依据。积极开展业务技术培训，开发和应用机械设备管理信息系统，逐步实现基础管理科学化、信息化。

(1) 建立完整的台账管理，根据设备情况准确、清楚地填写《机械设备登记表》各栏目的内容，按照"三定管理"制定详细的人机台账。

选择责任心强的专业人员担任机务统计，从事机务基础管理工作。做好机械设备产权界定、产权登记、产权变更等管理工作，依据《设备台账》和《设备状况调查表》组织核查账物相符情况，防止资产破损或流失。

(2) 建立健全机械设备技术档案，实行"一机一档"。机械设备自购进之日起即要及时、准确、完整地建立技术档案，并妥善保管。机械设备技术档案一般包括：

① 机械设备购置相关文件与购置合同；
② 机械设备的使用及维修保养说明书、出厂合格证、零配件目录、安装图纸；
③ 机械设备的附属装置、随机工具和备件登记表；
④ 机械保养、维修记录表，检测仪器设备校验、年检记录。

(3) 做好原始资料的整理及汇总，要全面、准确、及时和完整地填写好机械使用与维修原始记录。加强机械设备的经济核算工作，考核机械设备的完好率、利用率、燃料消耗、保修费等经济技术指标，并汇总成报表。

(4) 积极开展激励性节能降耗劳动竞赛和评选"优秀操作手"、"节油能手"等活动，总结和推广先进经验，落实节能降耗措施。推广和应用新技术、新工艺、新材料，不断提高机械设备技术水平。

(5) 积极开展技术业务培训，努力提高管理、操作、修理人员的业务技术素质。对机械管理、维修及操作人员进行形式多样的业务技术培训，组织开展技能竞赛活动，并做到经常化、制度化，不断提高桥梁养护机械设备管理、维修和操作人员的业务素质。

第10章 桥梁防灾应急管理

10.1 桥梁防灾应急

城市桥梁作为城市生命线工程中的重要组成部分,是城市交通线的枢纽工程,其在灾害(如地震、涝沥)中破坏和倒塌将造成巨大的财产及生命损失,且其次生灾害(因交通中断及其他设施的毁坏而造成间接的经济损失)也十分巨大。城市桥梁工程防灾减灾目前普遍的做法是采用先进的技术,在满足桥梁使用功能的同时提高其综合防灾能力。

城市桥梁防灾减灾的内涵是在关注其灾害源、灾害载体和承(受)灾体的前提下,提出如下三个对策:其一,消除城市桥梁灾害源或降低灾害源的强度,即减轻人为自然灾害的损失;其二,改变城市桥梁灾害载体的能量和流通渠道,以体现预防为主;其三,对城市桥梁受灾体采取避防与保护性措施,这是当前为减轻城市桥灾害损失所采取的最主要的措施。

城市桥梁防灾减灾的技术措施主要如下。

① 灾害监测。包括灾害前兆监测、灾害发展趋势监测等。

② 灾害预报。包括对潜在灾害及发生时间、范围规模等进行预测,为有效防灾做准备。

③ 防灾。对自然灾害采取避防性措施,这是代价最小且成效显著的减灾措施。

④ 抗灾。对灾害所采取的工程性措施。

⑤ 救灾。这是灾情已经开始或遭受灾害最紧迫的减灾措施。

⑥ 灾后重建。准确的灾情评估是灾后重建最主要的依据之一。

10.2 应急处置管理

10.2.1 桥梁病害、灾害及事故分析

由于桥梁反复承受着车轮的磨损、冲击,遭受暴雨、洪水、风沙、冰雪、日晒、冻融等自然因素的侵蚀破坏,特别是交通量和重型汽车的不断增加,有些建筑材料的性质衰变,以及设计和施工留下的一些缺陷,必然造成桥梁使用功能和行车服务质量的日趋退化、不适应,甚至中断交通。

(1) 桥梁病害。

人为的(勘察、设计、施工、使用等)或自然的(地质、风雨、冰冻等)原因,使桥梁结构出现不符合规范和标准要求的一些问题和现象统称桥梁结构的病害。

(2) 桥梁灾害。

桥梁灾害是指人为、自然因素引起结构的损坏甚至桥梁的坍塌。

人为因素包括结构因素、设计因素、施工因素、管理因素等，而自然因素包括超出设计的洪水、泥石流、浮冰、地震、强风、暴雨、冰雹、暴风雪、冰冻、火灾等。

(3) 桥梁事故。

桥梁在施工、使用、拆除阶段都可能有严重的事故发生，桥梁事故的问题贯穿桥梁整个生命周期。引起桥梁事故的原因可能来自桥梁结构自身、外部环境、不当使用、偶然事件等各个方面，各种因素都可能造成严重的损失和后果。桥梁事故造成的损失类型包括结构损伤、人员伤亡、通行延误、施工延误等多种形式，影响各个方面的利益，且往往是多种损失同时发生，损失估计存在一定难度。通常经验中认为的小概率事件、不可能事件往往是造成事故的最终原因。

在风险对策和风险管理体系不完备的情况下，桥梁事故造成的损失往往使桥梁拥有者或管理者陷入被动，建立系统、完备的桥梁风险评估和管理体系，制定应急响应机制，应对桥梁事故非常必要。

10.2.2 应急响应组织体系及职责

桥梁突发事件的应急处置工作在各级政府的统一领导下，由管理单位根据突发事件的性质做好现场维护，配合相关责任部门进行事故处理工作。

养护单位单独制定应急预案，预案中应包括相应的管理措施和应急交通组织方案，以确保一旦发生事故，交通组织工作井然有序。同时，要按照职责分工和相关预案做好应对桥梁突发事件的人员、物资、资金保障工作，确保应急工作正常有序进行。养护单位要在危险事件或突发事件处理完毕后，进行书面汇报管理单位，并备案。

10.2.3 应急响应工作程序

桥梁养护单位根据应急预案成立应急小组，一旦出现突发事件，立即启动相关应急预案。养护单位相关人员应立即赶赴事故现场，做好现场保护和必要的管控措施，如临时交通紧急管制、桥梁相关车道封闭等，并立即报告管理单位，通报交通、公安等相关职能部门，协同行动。应急保障要求养护单位建立应急工作体系，编制应急预案，包括人为事故、自然灾害、突发事件等情况下的应对方案，做好应急抢险演练，按要求建立应急队伍并备好应急储备物资机械设备，做好节假日、重要会议及活动、防汛防台、防雪抗冻等应急处置和设施保障工作。对于应急养护，桥梁 24 h 内完成，如遇特殊情况需延长时限的，应上报管理单位，经同意后可适当延长。

10.3 各类应急预案

10.3.1 自然灾害应急预案

自然灾害引起桥梁倒塌往往是灾难性的，主要原因有洪水、地震、强风、冰冻及漂浮物的撞击等。其中，洪水造成的桥梁破坏是最普遍的，洪水对桥梁的影响主要是对下部结构的冲刷，而地震引起对桥的破坏是最严重的，对桥梁的各个部件都有可能造成影响。

1. 准备工作

针对自然灾害，提前做好防灾物资储备。在自然灾害多发季节，必须密切注意气象动态，并做好记录。养护单位提前做好全面的检查，发现隐患，应立即整改。

2. 巡查与信息收集

在自然灾害来临时，安排专业人员在养护单位协助下做好对桥梁的巡查，主要是对关键部位进行检查，并要求养护单位及时汇报自然灾害对设施的损害情况及桥梁运行情况。技术人员要加强桥梁关键部位自动检测系统的数据分析，发现险情，立即向应急领导小组责任人汇报。

3. 实施安排

（1）台风。

台风天气应急工作流程如图10.1所示。

① 大雨情况（每小时降雨达到10～16 mm，24 h降雨达到50 mm以内）。管理单位要与养护单位的监控应急中心保持联系，收集雨情信息并随时下达应急指令；养护单位值班人员上大桥巡视，发现问题及时安排防汛队伍处理；监控应急中心统计雨量，做好预警工作，并及时上报信息。

② 暴雨情况（每小时降雨达到16 mm以上，24 h降雨达到50 mm以上）。要求全体防汛抗台有关人员到岗；防汛抗台领导小组负责总体指挥；管理单位实时掌控汛情；领导小组负责防汛抗台应急队伍的具体指挥；内勤人员做好后勤保障工作；监控应急中心负责信息收集、雨量统计和录像工作，并及时向养护单位领导和管理单位汇报。

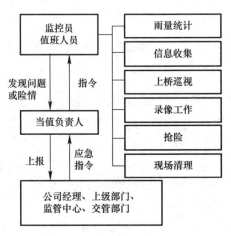

图10.1 台风天气应急工作流程

同时，派巡视指挥车上桥巡视指挥，要求防汛人员必须做到水不退人不撤。

③ 热带风暴情况。养护单位与管理单位要保持密切联系，及时向上级每隔20 min汇报一次情况；防汛抗台应急人员、车辆设备在各基地待命；同时，巡视指挥车加强巡视。

④ 台风警报、台风紧急警报情况。要求全体防汛抗台有关人员到岗；防汛抗台领导小组负责总体指挥，管理单位实时掌握桥梁设施情况；领导小组负责防汛抗台应急队伍的具体指挥、抢险封道等安全工作；内勤人员做好后勤保障工作；监控应急中心负责信息收集和录像，并及时向养护单位领导和管理单位汇报；同时，派巡视指挥车上桥巡视指挥，所有防汛抗台应急人员到岗待命，24 h守岗，有抢险任务时，采取轮班休息，做到风不静人不撤。

（2）雾、雪恶劣天气。

① 大雾情况。出现大雾，立即由养护单位监控应急中心对能见度进行测定，能见度低于行车设计时速要求的安全距离时，迅速与交通管理部门取得联系，听取交通管理部门的意见，通过安放限速牌、中控广播系统限制车速的手段，值班室人员上桥巡视，反馈信息，直至雾散，并及时向管理单位汇报信息。大雾天气应急工作流程如图10.2所示。

② 冰雪情况。当气温低于零度，但降雪量不大，仅少量积雪时，动用清扫车，对大桥主线、上下匝道的积雪进行循环清扫，并通过监控系统向行驶车辆发出限速指令，清运

工作要在 2～3 h 内完成；当气温低于 −30 ℃，降雪量较大，路面开始结冰，道路通行条件趋于恶化时，应封锁桥梁所有的进口，采用融化冰雪的方法，出动洒水车喷洒融雪剂，就地解决。同时，应急人员需待命，以满足对部分积雪严重路段人工撒固体融雪剂或配合交通管理部门采取封闭交通等措施的需要。在冰雪处理的过程中，要求养护单位随时向管理单位汇报进展情况。冰雪天气应急工作流程如图 10.3 所示。

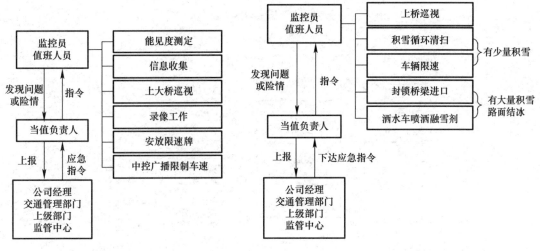

图 10.2 大雾天气应急工作流程　　图 10.3 冰雪天气应急工作流程

（3）雷电、冰雹和龙卷风。

雷电、冰雹和龙卷风应急工作流程如图 10.4 所示。

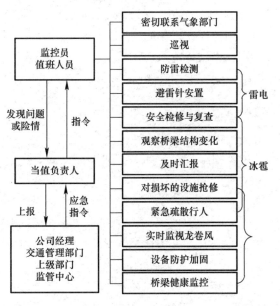

① 雷电。请防雷中心专家对桥梁设施进行防雷检测，并对存在隐患结构部位进行避雷针的安置；养护单位要每季度开展雷击预防措施宣传教育，每个月对避雷针进行安全检修，并与气象部门保持密切联系，在雷电到来前，做好避雷针的安全复查。

② 冰雹。实时监控小组值班人员每天收听天气预报并做好记录，对异常天气及时上报；若有冰雹天气出现，在冰雹来临前，中控值班人员通过广播系统对桥梁过往行人进行紧急疏散。实时监控小组通过探头密切观察桥梁结构变化，特别是健康系统，并每隔 10 min 向管理单位汇报一次；电气设备专业抢险小组做好紧急待命，准备好抢修物资（桥墩灯、栏杆玻璃

图 10.4 雷电、冰雹和龙卷风应急工作流程

片），在冰雹过后马上对损坏电气设施进行抢修，确保桥梁正常运行。

③ 龙卷风。养护单位实时监控小组与气象部门保持密切联系，并及时向管理单位上

报龙卷风出现时间范围及走向；基础设备专业抢险小组在龙卷风来临前，对健康系统设备进行防护加固，防止在龙卷风中，健康系统装置遭到损坏；实时监控小组密切监视大桥各部位传感器传回的数据，并每隔 10 min 进行记录，并同时向管理单位上报情况，如有异常情况出现，立刻通知技术管理人员。在龙卷风到来前，由中控值班人员通过广播系统对桥梁过往行人进行紧急疏散工作，在龙卷风过后马上对损坏的电气设施进行抢修，在最短的时间内确保桥梁正常运行。

10.3.2 火灾事故应急预案

火灾事故处理流程如图 10.5 所示。

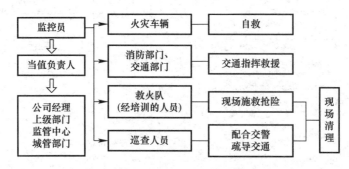

图 10.5 火灾事故处理流程

若发生火灾事故，养护单位相关人员（如中控人员、巡查人员等）应视火灾严重程度采取相应措施。对于可控的火灾，桥梁养护人员应利用桥上现有消防设备进行扑灭，并做好相关记录和后续报告工作；对于火情严重的，现有消防设施设备不足以控制火情时，桥梁养护单位相关人员应立刻拨打 119 报警电话，并说明着火地点、部位、燃烧物品、火灾状况等。

通知工作或值班人员，对火灾进行前期控制，维持火灾现场的秩序。

上报管理单位，并通知交警部门封闭交通，管理单位负责通知城管部门，由城管部门负责立即召集协调小组相关人员赶赴现场，协调配合相关部门的工作，以最短时间恢复桥梁的正常运行。

火灾处理结束后，通知养护班组负责人，对火灾现场进行清理，并协助公安、消防部门搞好事故勘察，并做好记录。同时还应做好桥梁火灾情况新闻发布说明工作。

事后，做好火灾事故分析，并将分析报告上报管理单位。另外，必须进行火灾事故法律责任鉴定和损失责任认定。

10.3.3 交通事故应急预案

这里的交通事故是指车辆在桥梁上或因过错意外造成人身伤亡、桥梁损坏或财产损失的事件或船只撞击桥梁的事件。

1. 车辆撞击桥梁事件

车辆撞击桥梁事件处理工作流程如图 10.6 所示。

养护单位实时监控小组值班人员或巡查人员一旦发现有车辆撞击桥梁事件，立刻向上级领导和管理单位上报事发地点、事故大小，并记录事故车辆牌号，实时监控小组对事故全过程录像存储。

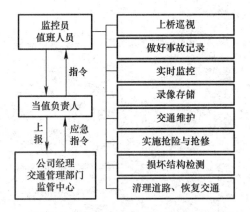

图 10.6　车辆撞击桥梁事件处理工作流程

接到情况后，管理单位立即通知交警部门、技术巡查部负责人，并通知基础设备专业抢险小组负责人、车辆调度抢险小组负责人，要求在 5 min 内对事发地点进行交通维护（若发现有人员伤亡，立即拨打 120）。

养护单位技术巡查部对事发地点进行拍摄，并对损坏结构进行检测，并及时上报管理单位。

基础设备专业抢险小组配合交警进行事故处理工作，待事故处理完后，迅速清理道路，以最短的时间恢复交通。

实时监控小组值班人员对健康系统采集的数据（事故发生前后 1 天内），上报技术巡查，由技术人员对数据进行分析，若出现异常情况，立即上报管理单位。

2. 车辆抛锚事件

车辆抛锚事件处理工作流程如图 10.7 所示。

监控值班人员上报事发地点、事故大小，并记录事故车辆牌号，实时监控小组对事故全过程录像存储。

在接到情况后，管理单位立即通知交警部门，并通知基础设备专业抢险小组负责人，要求在 5 min 内对事发地点进行交通维护，确保桥梁交通畅通。若抛锚车辆在公交车道上，经交警部门同意，由基础设备专业抢险小组对公交车道进行临时封闭，公交车改道从快车道通行。

故障车全权由交警部门处理，在处理完故障车的同时立刻打开封道器，恢复桥梁交通。

3. 船只撞击桥梁事件

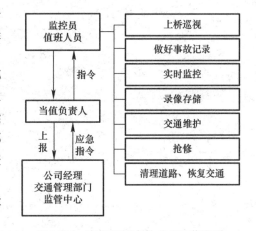

图 10.7　车辆抛锚事件处理工作流程

船只撞击桥梁事件处理工作流程如图 10.8 所示。

实时监控小组值班人员或桥梁巡查人员发现有船只撞击桥梁事件时，立刻向上级领导和管理单位上报事发时间、地点、事故大小，是否有人员伤亡，并对肇事船只进行拍摄，实时监控小组对事故全过程录像存储。应急小组领导应根据事件的大小立即做出是否全桥封闭决策，并及时通知交警部门和交通主管部门。养护单位应做好桥梁交通疏通和临时管制工作。

基础设备专业抢险小组对所撞桥墩进行前后区域 1 跨以上封闭，待检测结果公布以后，再做出是否解除封闭决定。

技术巡查部管理人员对全桥进行结构检查，收集健康系统所采集数据，根据采集的数据（撞击前后）进行分析，分析结果上报管理单位。

10.3.4　节日期间应急预案

节日期间往往交通、人流量都比较大，是事故多发的时段，所以需要针对每个法定假日制定应急预案。

节日期间的应急预案主要是针对突发事件，成立专门的应急工作小组，制定节日值班制度，确保管理单位 24 h 有专门的值班人员与养护项目部保持联系，保证及时了解桥梁的运行情况、基本设施及结构状况，遇到突发事件能够第一时间上报给有关领导，并做到及时处理。

养护单位必须保证桥上巡查人员和中控人员 24 h 在岗（采用轮流制），确保对桥梁的 24 h 监控，并要求其他个工作部门人员通信设备 24 h 开通。另外，节日期间必须保证桥梁控制系统及广播系统正常运行，以保证道路交通畅通；保洁班组在节日期间每天照常进行日常保洁工作，人员数量根据实际情况安排。

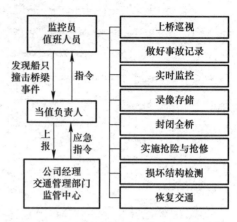

图 10.8　船只撞击桥梁事件处理工作流程

10.3.5　其他应急预案

1. 跳江、跳桥事件

养护管理单位发现有跳江、跳桥事件，立即通知公安部门；公安部门通知海上巡逻队或交警部门，对跳江、跳桥人员进行抢救；养护单位对其进行劝阻，为挽救生命赢取时间，并及时向上级领导和管理单位汇报。

2. 特种事件

养护管理单位发现恐怖袭击或爆炸事件，立即通知公安部门、交警部门，由公安部门全权负责；养护单位在争取交警部门的同意后，对桥梁进行全桥封闭，并全权配合公安部门、交警部门，及时向管理单位汇报。

第 11 章 桥梁养护信息化

本章以某市桥梁养护信息、管理为例,对桥梁养护信息化进行介绍。

11.1 桥梁管理系统

11.1.1 桥梁管理系统简介

桥梁管理系统(Bridge Management System,简称 BMS)定义为:协助桥梁管理部门制定适合于本部门政策、长期规划和可用资金的最优维护策略的工具。BMS 是一门综合管理技术,它基于桥梁结构工程、病害机理、检测技术、数据采集技术、地理信息系统(GIS)技术等,运用计算机系统所提供的数据处理功能、评估决策方法和管理学理论,对现有桥梁进行档案管理、状况登记、评估分析、状态预测等。

桥梁管理系统运行的基础是桥梁数据库。桥梁数据库中存储的数据主要来自桥梁检测的桥梁信息,管理系统通过系统分析的方法,对检测结果进行评估,得出桥梁的当前状况,并对结构的将来状况、维修对策及相关费用进行预测分析,同时考虑个别桥梁和整体路网的需求,提出相应的维护计划方案供决策者参考。通过数据处置和系统中的专家知识库,对桥梁的技术状况做出准确评价,提出切实有效的处置措施及其优先选用次序。除了可以安排实施必要的日常养护,还可以在恰当的时候安排维修加固,使桥梁处于最佳的工作状态。当桥梁使用一定年限后,可以检验桥梁养护投资是否正确,同时预测桥梁的使用年限,优化桥梁养护费用计划,使资金能得到最合理有效的利用,从而达到桥梁管理决策的快速化、自动化和系统化。桥梁管理系统的建立能为桥梁管理部门的决策人提供科学的管理工具和方法,使资源得到最大程度的利用和发挥。

11.1.2 桥梁管理系统发展及现状

BMS 的概念最早由美国联邦公路局在 20 世纪 70 年代建立,1967 年美国锡尔弗(Silver)桥的突然倒塌使人们开始意识到对桥梁进行监测的必要性。1968 年美国出现了世界上的第一个桥梁管理系统,是美国联邦公路局研究开发的软件"国家桥梁档案数据库(NBI)"。其软件基本上是一些数据文件形式,起初的功能也很简单,只能完成一些数据保存、基本统计查询和简单报表输出等档案管理工作,属于管理系统中的 EDP 阶段,是第一代桥梁管理系统。该系统经过了几十年的运行并不断得到充实、改进和提高,目前已经成为记录、储存、更新和统计美国国家公路上各项桥梁数据的桥梁数据系统;同时,还能为这些桥梁的使用性能做出评定,对候选项目进行优先排序并为桥梁重建和维修计划提供辅助决策,目前的这套系统已经具备了一个现代管理系统的基本功能。

综合性桥梁管理系统的开发起源于 20 世纪 80 年代。它的出现立即引起了许多桥梁管理者的强烈兴趣。1985年，美国各州公路与运输工作者协会通过其国家公路研究合作项目发展了一个全局性网级桥梁管理系统项目。对于这个项目，联邦公路局给予了大力支持，因而促进了综合性桥梁管理系统的快速发展。在联邦公路局的桥梁管理系统的基础上，美国的几十个州，如宾夕法尼亚、明尼苏达、佛罗里达、堪萨斯等，都结合各自的实际情况，先后开发了各自的桥梁管理系统。这些管理系统拥有数据库管理、技术状况评价、需求预测、优先排序等功能，有些系统已初步具有采用全寿命周期费用分析法进行项目方案优选的功能。同时，世界上其他一些国家也相继开发了自己的管理系统。如丹麦，已开发至第二代桥梁管理系统。在美国，得到广泛使用的桥梁管理系统主要包括联邦公路管理局开发的PONTIS系统和联邦公路研究合作组开发的BRIDGIT系统。在欧洲，典型的桥梁管理系统有丹麦目前使用的DAN-BRO、法国的Edouard、英国的NATS、挪威的Brutus、芬兰的国家公路署管理系统等。在亚洲，较为典型的管理系统有日本的MICHI、韩国的SHBMS等。

我国BMS的研究始于20世纪80年代初，并在90年代中后期作为重点推广应用项目开始在全国范围内推广。近年来，随着我国桥梁病害的增长，功能下降、交通量增大以及荷载等级的提高，桥梁的养护维修和加固改造的工作量也日趋繁重，另外，桥梁养护需求和资金缺乏之间的矛盾也为如何实行科学管理提出了新的要求。将计算机运用技术用于桥梁管理工作，这就诞生了桥梁管理系统这门新兴学科。我国于20世纪80年代初期开始研究桥梁管理系统。最初是四川省公路研究所、广东省公路研究所、交通部公路研究所和北京市公路管理局等单位在吸收国外经验的基础上，根据我国的实际情况，开展了公路桥梁管理系统的研制工作。先后开发了四川省桥梁数据库管理系统、广东省桥梁管理系统、北京市公路桥梁管理管理系统、河南省桥梁管理系统等系统。随着桥梁管理系统在公路桥梁养护部门的大量应用，城市桥梁管理系统也得到了迅速的发展。另外，广东、上海、杭州等城市都建立了自己的桥梁管理信息系统。

桥梁信息管理系统的开发研究必须与本国（地区）的桥梁部门实际状况相适应。由于各地管理体制、管理方法各不相同，各系统的目标、功能采集模型也不相同。随着城市交通网络的建设，城市中的桥梁越来越多。桥梁和道路共同构成了城市交通网络，桥梁和道路的养护、维修、管理均由市政管理部门负责。尤其是GIS的发展和应用，道路和桥梁的完整网络系统可以很好地用GIS系统来表现它们的空间和地理属性，因此尽管桥梁和道路在其结构组成、养护特点等多方面各不相同，但基于GIS和Internet技术的道路和桥梁集成管理系统，是市政管理信息化和科学化的一个发展方向。随着网络技术和系统集成技术的发展，桥梁信息管理系统从单机运行程序向C/S结构发展，而后又发展为B/S结构，服务范围扩展到一个省甚至全国。

从国内外桥梁管理系统的发展概况和功能构成来看：

（1）国内桥梁管理系统分为两种：第一种是针对桥梁结构专门建立数据库，通过数据库管理进行桥梁管理；第二种是基于桥梁结构数据库进行深层次分析和评价，但总体来说，国内桥梁管理信息化建设仍处于探索和完善阶段。

（2）信息化管理手段需逐步推进。其一，桥梁信息化管理平台需要根据国家、省、市桥梁管理体制和方法来进行推进，同时桥梁管理也需要具备一定的技术和人员储备。其二，桥梁管理的规范化有赖于历史数据的逐步积累和沉淀。

（3）桥梁信息化管理平台与各国各地区的管理部门的要求有关系，各国对桥梁管理的标准和执行各不相同。因此，桥梁信息化管理平台的建设目标不一样。

11.1.3 桥梁管理系统未来的发展趋势

以当下的社会发展形势与该系统在我国发展现状进行预测，希望其可以在未来的发展中得到更好的功能性表现与应用。以下分别从数据交换与共享、与信息技术相结合、开发灾害管理功能、提高状态评估预测四方面进行展望。

1. 数据交换与共享

桥梁数据是桥梁管理系统的基础，数据信息的采集和整理的效率与整个桥梁管理系统运作效率密切相关。随着桥梁建设事业的蓬勃发展，越来越多的桥梁状态数据被收集到。基于这些数据，可以对桥梁的状况进行评估和预测，桥梁管理系统还可以为桥梁健康监测系统提供最新的结构信息，为桥梁健康监测系统的工作提供指导。因此，它在桥梁管理系统之间交换和共享数据是非常重要的，现有的桥梁管理系统很少能真正与桥梁健康监测系统交换和共享数据。桥梁管理系统与桥梁健康监测系统之间的数据交换和共享将是未来桥梁管理系统的一个发展方向。

2. 结合信息技术

信息技术的发展极大地推动了桥梁管理系统的进步，随着信息行业新技术的不断出现，桥梁管理系统结合这些新的信息技术得到了更大的发展。桥梁管理系统可以结合网络发展出更大的适用范围，创建出功能更齐全的系统。而现有桥梁管理系统只局限于某个地区或某项功能的应用，今后的桥梁管理系统将综合更多的功能，尽量扩充其适用范围。

3. 提高状态评估预测方法

正确的桥梁状态评估预测结果可以为桥梁的养护部门提供恰当的养护维修帮助。虽然现有桥梁管理系统已经有很多状态评估和预测方法，却鲜有可发挥实际作用的。评估预测结果的可信性常无法保障，限制了桥梁管理系统的应用范围。因此，开发出更加准确、实用的评估预测方法也将是桥梁管理系统的重要任务。

4. 开发灾害管理功能

据研究，自然灾害和人为灾害，如风、地震、洪水、海浪、船撞、爆炸、车撞等对桥梁状态的破坏最大。现有桥梁管理系统对桥梁灾害状态的管理主要是通过间接管理桥梁的缺损状况、承载力状态和功能适应性等进行，而非采用专门的灾害管理系统。另外，虽然无须专门系统管理，但还是需要进行管理控制，建立起灾害预警系统、做好对灾害的提前预防。比如，在桥梁抗震等级方面，应该根据往年经验，做出数据评估与预测分析，在建设时，做好防震与抗震措施等。

11.2 桥梁基本信息管理

11.2.1 桥梁监测管理中心简介

城市桥梁监测管理中心监测系统平台是一个以桥梁安全监管为核心、以桥梁信息化管理为基础、以桥梁科学管养决策为目标的高度集约化的大型现代化城市桥梁群结构安全监管养护平台，包含健康监测子系统、巡检养护子系统、地理信息子系统、视频监控与安全预警四个系统。某市桥梁监测管理中心综合数据平台如图11.1所示。

图11.1　某市桥梁监测管理中心综合数据平台

11.2.2　桥梁信息管理

桥梁监测管理系统有桥梁信息管理模块，可对桥梁的基本信息进行管理，包含静态信息管理、动态信息管理、文档管理、病害检索、病害管理。

1. 静态信息管理

静态信息管理主要包括桥梁基本信息和结构简图、结构分层及构件基本信息、附属工程、附挂管线等内容的管理。静态信息管理界面如图11.2所示。

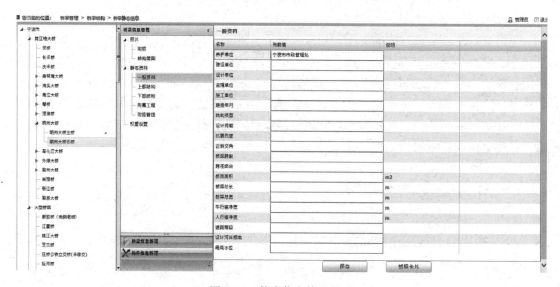

图11.2　静态信息管理界面

2. 动态信息管理

动态信息管理包含定期检测任务、维修任务、定期检查任务、特殊事件管理等方面的内容，通过这一功能，可以对单桥的巡查、养护、维修等信息进行动态追踪，实现单桥单管，做到养护的精细化。动态信息管理界面如图 11.3 所示。

图 11.3　动态信息管理界面

3. 文档管理

文档管理主要是对桥梁相关文件、会议资料等的收纳整理，可以上传桥梁检测、评估报告、各类图纸资料等。文档管理界面如图 11.4 所示。

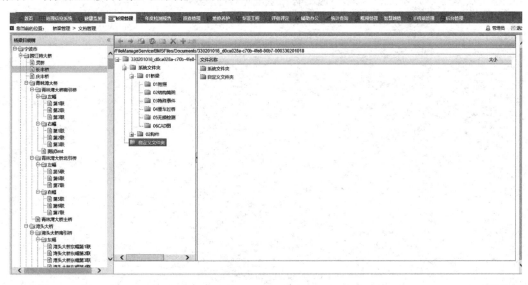

图 11.4　文档管理界面

4. 病害检索

病害检索功能可以通过巡检任务、病害上报时间、所属区域、病害位置等信息对已经上传的病害进行检索，方便管理。病害检索分为常用属性检索与特殊属性检索。常用属性检索界面如图 11.5 所示,特殊属性检索界面如图 11.6 所示。

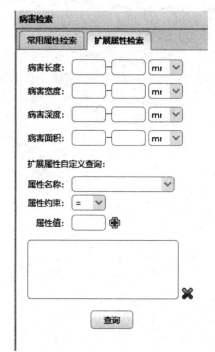

图 11.5 常用属性检索界面　　　图 11.6 特殊属性检索界面

5. 病害管理

病害管理在系统界面辅助办公—自定义库—病害库,可以对各种构件的病害进行创建、定义及管理,方便巡检实现巡检的标准化。构件病害管理界面如图 11.7 所示。

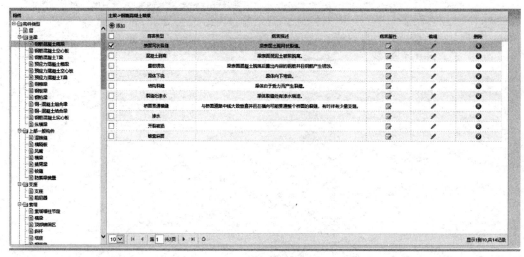

图 11.7 构件病害管理界面

具体可以点击左侧选择某一类构件,再点右侧界面上方 添加。构件病害类型添加界面如图 11.8 所示。

在病害类型中填入这类构件可能发生的病害并保存,再从保存的病害中点击病害属性,可进一步编辑病害的长度、深度、面积等属性。病害属性设置界面如图 11.9 所示。

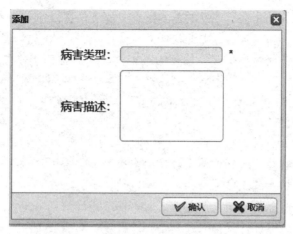

图 11.8 构件病害类型添加界面

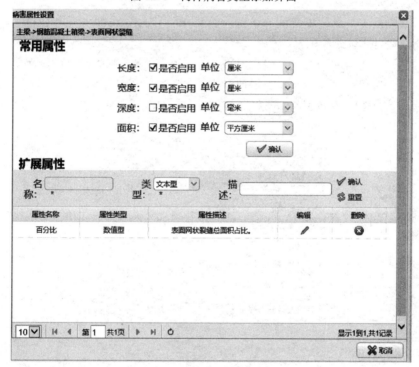

图 11.9 病害属性设置界面

11.2.3 养护数据的采集与管理

通过系统平台与手持终端进行日常养管工作，实现便捷化的巡查、养护、查询统计等功能，实现桥梁养护全寿命周期的信息化管理。

1. 巡检管理

Web平台端任务制定及下发，按照工作组管理，将任务派发给相应的人员，收到任务的人员及权限较高者才能看到任务。巡检任务列表包含当前桥梁的所有巡检任务列表，列表信息包含任务名称、计划名称、构件数量、病害数量等基本信息。

通过扫描二维码可直接跳转到病害录入页面，也可以通过点击桥梁构件树进入，还可从巡检任务中进入。该页面展示构件的基本信息、历史病害及维修记录及构件当前的巡检任务、历次巡检记录。病害录入分为巡检任务信息、病害基本信息和病害照片三个大的模块，巡检任务信息主要记录当前巡检任务的基本情况；病害基本信息主要包含病害类型、维修紧迫度、建议维修措施、病害描述、属性等字段，方便用户输入；病害照片显示当前病害的附件照片。手持终端 App 将该表单内置到系统中，实现在线录入及上传，Web 端自动生成并导出病害记录表。

2. **维修养护**

按照某市市政桥梁管理所养护单位日常工作流程，将桥梁日常维修养护分为桥梁维修养护和高架桥维修养护，其工作流程如下。

（1）桥梁所相关职能科室给养护单位下发养护项目维修任务单。

（2）养护单位接到养护任务单后，执行养护任务，对照任务单，在系统中逐项输入实际维修内容及实际维修量。

（3）系统根据养护单位提交的养护维修结果单，按月生成养护月度计量验收汇总单，以上表单均可实现 Excel 导出及打印操作。

（4）日常巡查任务的录入及下发均在 Web 平台端进行，表单的数据的录入及生成也在平台端完成，按照巡检任务制定时工作组执行权限管理相关功能。

维修养护主要逻辑流程图如图 11.10 所示。

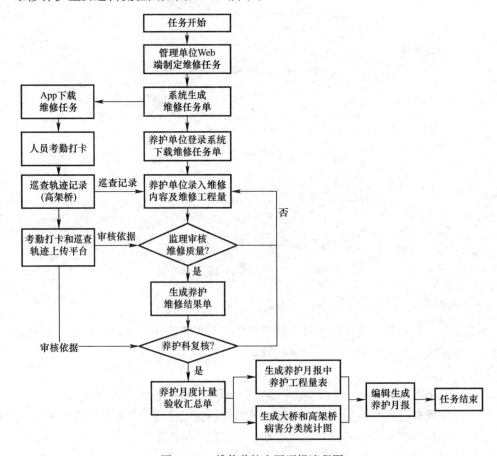

图 11.10 维修养护主要逻辑流程图

3. **数据统计**

(1) 实现各类病害数量及病害类型的统计,以图表方式直观显示。

(2) 进行各桥巡检频率统计,按年度或按月统计各桥巡检频次信息。桥梁病害分类统计图如图 11.11 所示,高架桥病害分类统计图如图 11.12 所示。

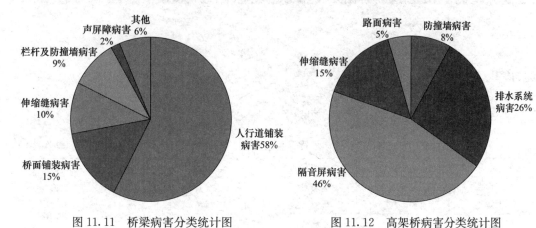

图 11.11　桥梁病害分类统计图　　　　图 11.12　高架桥病害分类统计图

附 录

附录A 日常巡检报表

表A.1～表A.4给出了日常巡检用相关报表。

桥梁基本资料　　　　　　　　　　　　　　　　　　　表A.1

桥梁名称		编号		桥梁分类	□特大桥 □大桥 □中桥 □小桥
所在道路		跨越			
养护类别		养护等级			
建造年月	年　月	正斜交角			
桥梁结构类型	□梁桥□拱桥□斜拉桥□悬索桥□钢-混凝土组合梁桥□					
主梁形式	□预应力混凝土□普通钢筋混凝土□钢箱梁□钢混叠合梁□				
跨径组合					
桥梁长度	m		桥梁跨数		孔
桥梁宽度	m		桥面面积		m²
桥面结构形式	□混凝土桥面　□沥青混凝土桥面				
伸缩缝形式	□型钢式　□梳齿板式　□异型钢模数式				
栏杆形式	□青石　□铸造石　□混凝土　□钢筋混凝土　□普通钢管　□不锈钢管　□塑钢				
桥墩	○单肢　○双肢　○肢　□圆柱　□方柱　□Y型				
基础	(□混凝土　□片石混凝土) 扩大基础 (□块石　□毛石) 圬工基础　□桩基　□群桩　□沉井				
桥台	○圬工　○混凝土　□重力式　□薄壁式　□肋台式　□桩柱式				
附挂管线	□给水管　□燃气管　□电力线　□通信电缆				
说明					

"□、○、◎"内打"√"，或补充。

城市桥梁日常巡检病害记录表　　　　　　　　　　　　表A.2

桥梁名称：编号：

日期	检查项目	病害说明及损坏程度描述	养护情况	巡查人

续表

日期	检查项目	病害说明及损坏程度描述	养护情况	巡查人

注：1. 同部位相同病害可只填第一次发现的情况，如发现病害继续发展，填写时同格补充（注明日期）。
2. 养护情况填写修复完成情况，或上报养护计划情况，或养护建议。

城市桥梁（常规）日常巡检报表　　　　　表 A.3

桥梁名称：　　巡查日期：　　年　月　日　星期　　天气

检查项目	状况	病害说明及损坏程度	备注
桥名牌	□完整	□未设	涂污、破损
限高标志	□完整	□未设	人行天桥、跨线桥、立交桥、车行通道、通航桥梁
限载牌	□完整	□未设	立交桥、跨河桥等
交通标志、标线	□完整	□未设	损坏、缺失、不清、锈蚀
栏杆	□完整	□未设	污秽、破损、缺失、松动、错位、掉漆、露筋、锈蚀
端柱	□完整	□未设	
人行道	□完整 □未设		平整性、裂缝、坑槽、塌陷、拥包、车辙、桥头跳车
机动车道	□完整 □未设		
机非隔离带	□完整 □未设		破损、缺失、露筋、锈蚀
中央分隔带	□完整 □未设		破损、缺失、露筋、锈蚀
伸缩缝	□完整	□未设	阻塞、破损、松动、翘曲、碎边
泄水孔	□畅通	□未设	阻塞、破损、松动、锈蚀、渗水、脱落
扶梯	□完整		破损、缺失、锈蚀、掉漆
桥上路灯	□完整 □未设		破损、缺失、倾斜、悬挂物
附挂管线	□安全 □未设	□隐患	松动、脱落、支架锈蚀

续表

检查项目	状况	病害说明及损坏程度	备注
桥上广告牌	□安全 □未设	□隐患	破损、缺失、倾斜、悬挂物
桥上绿化	□完整		成活、枯死、病害
上部结构变异	□有 □无	变异部位： 变异说明：	变色、混凝土剥落、露筋、锈蚀、裂缝、松动、下挠、渗水、异常振动
下部结构变异	□有 □无	变异部位： 变异说明：	混凝土剥落、露筋、锈蚀、裂缝、松动、塌陷、倾斜、渗水、位移、变形、冲刷
桥区施工	□有 □无	○有违章 ○无违章	桥位、跨河桥上下游200 m范围内
其他危及行车、行船、行人安全的病害		□有□无	占用、超限车通行、悬挂物、集贸市场、涂污等

"常规桥梁"指除拱桥、悬索桥、斜拉桥等的桥梁总称，"□、○"内打"√"或打"×"并描述病害。

巡查人：

城市桥梁（异型）日常巡检报表　　　　表A.4

桥梁名称：　　巡查日期：　年　月　日　星期　天气

检查项目	状况	病害说明及损坏程度	备注
桥名牌	□完整	□未设	涂污、破损
限高标志	□完整	□未设	人行天桥、跨线桥、立交桥、车行通道、通航桥梁
限载牌	□完整	□未设	立交桥、跨河桥等
交通标志、标线	□完整	□未设	损坏、缺失、不清、锈蚀
栏杆	□完整	□未设	污秽、破损、缺失、松动、错位、掉漆、露筋、锈蚀
端柱	□完整	□未设	
人行道	□完整　□未设		平整性、裂缝、坑槽、塌陷、拥包、车辙、桥头跳车
机动车道	□完整　□未设		
机非隔离带	□完整　□未设		破损、缺失、露筋、锈蚀
中央分隔带	□完整　□未设		破损、缺失、露筋、锈蚀
伸缩缝	□完整	□未设	阻塞、破损、松动、翘曲、碎边
泄水孔	□畅通	□未设	阻塞、破损、松动、锈蚀、渗水、脱落
扶梯	□完整		破损、缺失、锈蚀、掉漆
桥上路灯	□完整　□未设		破损、缺失、倾斜、悬挂物
附挂管线	□安全　□未设	□隐患	松动、脱落、支架锈蚀
桥上广告牌	□安全　□未设	□隐患	破损、缺失、倾斜、悬挂物
桥上绿化	□完整		成活、枯死、病害
桥塔	□有变异 □无变异	变异部位： 变异说明：	涂装脱落、混凝土剥落、露筋、锈蚀、塔身裂缝
主梁	□有变异 □无变异	变异部位： 变异说明：	混凝土剥落、露筋、锈蚀、裂缝、松动、下挠、渗水、异常振动
斜拉索	□有变异 □无变异	变异部位： 变异说明：	护套损伤、锈蚀、断丝、裂缝、锚固区渗水、索力偏差、异常振动
主缆	□有变异 □无变异	变异部位： 变异说明：	防护层损坏，部渗水、锈蚀、断丝、裂缝、主缆与索鞍相对滑动、螺杆松动

续表

检查项目	状况	病害说明及损坏程度	备注
吊索	□有变异 □无变异	变异部位： 变异说明：	索夹松动、滑移、锈蚀、断丝、裂缝、索力超标、异常振动
吊杆			
系杆			
拱肋			
锚碇	□有变异 □无变异	变异部位： 变异说明：	锚固区、索鞍区、墩底裂缝，锚碇网状、结构裂缝；混凝土剥落、钢筋锈蚀、倾斜、移位、连接件损伤
支座	□有变异 □无变异	变异部位： 变异说明：	脱空、老化、开裂、变形过大、移位、偏压
阻尼器	□有变异 □无变异	变异部位： 变异说明：	油漆脱落、结构裂缝、螺栓松动、漏油
桥墩与基础	□有变异 □无变异	变异部位： 变异说明：	混凝土剥落、露筋、锈蚀、裂缝、松动、塌陷、倾斜、渗水、位移、变形、冲刷
桥区施工	□有 □无	○有违章 ○无违章	桥位、跨河桥上下游 200 m 范围内
其他危及行车、行船、行人安全的病害	□有 □无		占用、超限车通行、悬挂物、集贸市场、涂污等

"异型桥梁"指拱桥、悬索桥、斜拉桥等的桥梁总称。"□、○"内打"√"，或打"×"并描述病害。

巡查人：

附录 B 经常性检查表单

表 B.1～表 B.3 给出了经常性检查相关的表单。

城市桥梁经常性检查内容和方式　　　　　　　　　　　　表 B.1

检查部位	检查内容	检查方式
桥面铺装	①桥面铺装是否平整，桥头有无跳车； ②沥青混凝土桥面有无龟裂、块状裂缝、坑槽、松散、沉陷、拥包、车辙、泛油等病害； ③水泥混凝土桥面有无裂缝、断裂、碎裂、坑洞、露骨、嵌缝料损坏、起皮脱落、啃边、空鼓、磨光等病害	目测
桥头搭板	桥头搭板处有无明显下沉、裂缝、坑洞、松散等	目测
伸缩装置	①伸缩缝是否有杂物嵌入、阻塞卡死，钢构件有无锈蚀、断裂，保护带是否破损，橡胶件有无开裂、脱落、老化，连接部件有无松动、脱落、缺失或局部损伤等病害； ②每季度宜对伸缩装置的水平错位、竖向升降进行观测； ③在每年气温最高、最低时，应及时测量伸缩装置的间隙是否符合设计要求	目测 手摇
排水设施	①桥面排水设施是否良好； ②桥面泄水孔是否堵塞、破损，雨水箅子是否缺损、格栅有无缺失； ③泄水管有无缺失、限水板、集水槽等设施是否缺损、渗漏，截水构造是否完好等	目测

续表

检查部位	检查内容	检查方式
栏杆和护栏	①栏杆、护栏、扶手等有无断裂、撞坏、松动、错位、破损、缺失、剥落、露筋、锈蚀等病害； ②防撞墙、挂板有无破损、缺失、露筋、锈蚀等病害	目测 手摇
人行道	人行道铺装、路缘石、平石是否缺失，有无破损、露筋、锈蚀等病害	目测
支座	观察目视可及的支座有无脱空、异常变形、锈蚀、开裂、支座垫石破损、支座下垫油毛毡、钢垫板错位、支座偏位、垫石模板未脱、支座处杂物堆积、支座螺母松动、支座约束未解除、防尘罩缺失等病害（支座的经常性检查可3~6月1次）	目测
上部结构	①外观是否整洁，有无杂物； ②拱桥、梁桥等上部混凝土结构表面有无明显裂缝，有无蜂窝、麻面、剥落、露筋、空洞、渗水、漏水，涂装层是否完好，有无损坏、老化变色、开裂、起皮、剥落、锈迹等病害； ③钢构件表面的涂装层是否完好，有无脱落、粉化、起泡、锈蚀、裂纹，钢构件有无锈蚀、变形，焊缝有无开裂、脱焊等病害	目测 钢尺量 小锤敲击
下部结构	①外观有无雨水侵蚀、杂物堆积、杂草蔓生现象； ②锥坡、护坡、翼墙、耳墙有无开裂、破损、塌陷、滑移、异常变形等病害； ③墩台是否受车辆、漂浮物撞击而受损，墩台目视可及部位有无露筋、裂缝、剥落、空洞、锈蚀、渗水、腐蚀等病害； ④基础是否受到冲刷损坏、外露、悬空、下沉，有无腐蚀等	目测 钢尺量 小锤敲击
附属设施	①隔声屏、防眩屏、防撞墩，有无破损、缺失等病害； ②桥梁名牌，限载、限高标志及限高门架，通航设施等安全防护设施是否完好	目测
桥梁抗振设施	①混凝土抗振设施有无裂缝、混凝土剥落及混凝土破碎等； ②抗振缓冲材料是否变形、损坏、腐蚀、老化等； ③抗振紧固件、连接件是否松动或残缺，桥梁横、纵向连接和限位的拉锁是否完好； ④抗振锚栓、锚杆、螺栓是否松动、崩落等	目测
其他检查内容	①观察桥梁结构有无异常变形，异常竖向振动、横向摆动等情况，检查各部件的技术状况，查找异常原因； ②检查在桥区内的施工作业情况和城市桥梁管理条例中规定的各类违章是否存在； ③检查有无私设指路、指向标志或广告牌、私搭缆线等违规占用情况； ④检查暗挖、顶管、盾构等非开挖施工对桥梁的影响情况； ⑤检查桥下有无盖房、搭棚、拾荒、取暖、留宿等情况； ⑥检查其他较明显损坏及不正常现象	目测

每次检查时，以重要构件有无缺失、有无结构异常变化、结构或构件病害有无明显变化等影响结构安全和使用性能的状况为重点

桥梁上部结构重点检查部位 表 B.2

结构形式	重点部位（加○处）		备注
简支梁	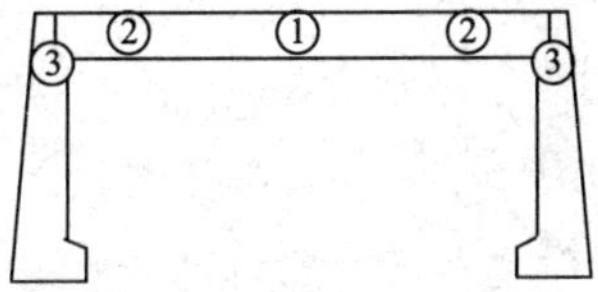 （图示）	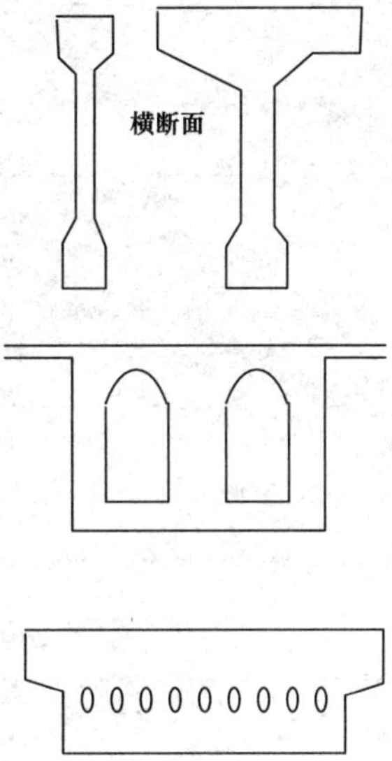 横断面	①跨中处； ②1/4跨径处； ③支座处
连续梁 悬臂梁	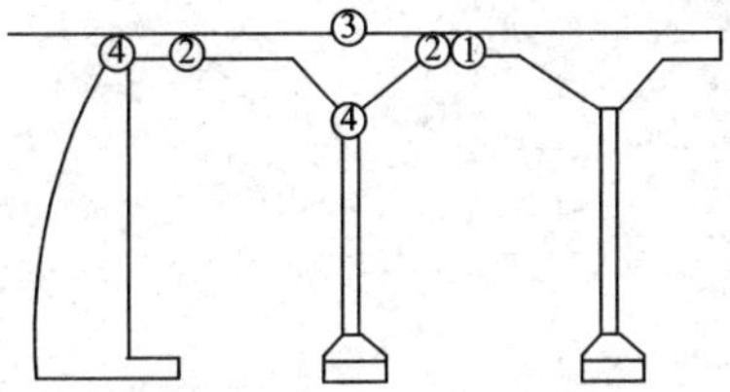 （图示）	（图示）	①跨中处； ②反弯点（约1/3跨径处）； ③最大负弯矩处； ④支座处
刚构	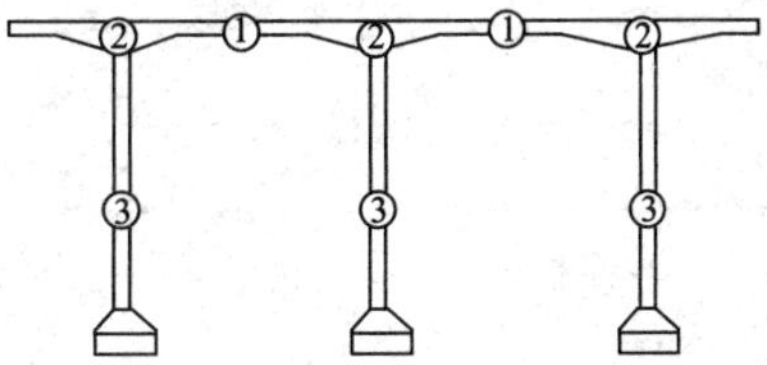 （图示）	（图示）	①跨中处； ②角隅处； ③腿部
悬索桥	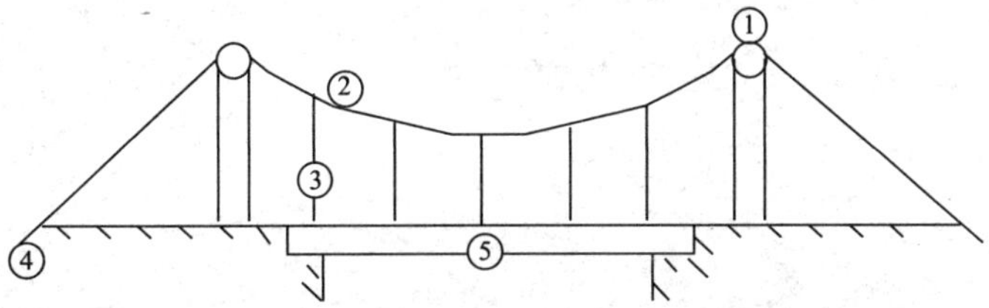 （图示）		①索塔； ②主钢缆； ③吊杆； ④锚碇； ⑤主梁
斜拉桥	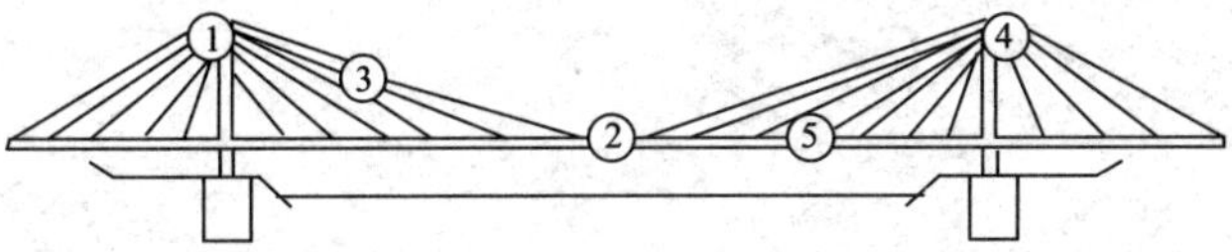 （图示）		①塔柱； ②主梁； ③斜拉索； ④上锚头； ⑤下锚头
上承式拱桥	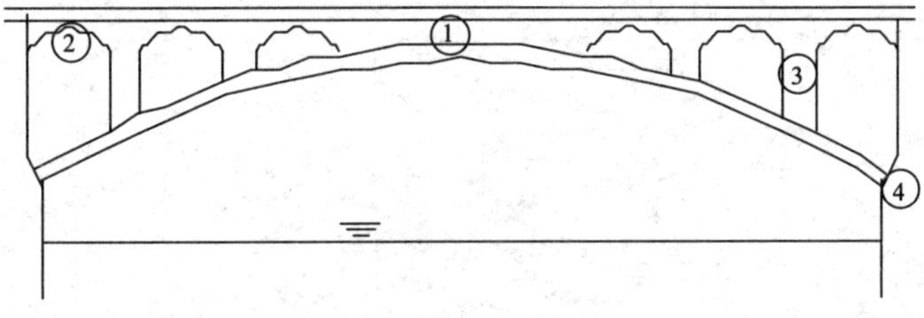 （图示）		①主拱圈； ②小拱； ③立柱； ④拱脚

续表

结构形式	重点部位（加○处）	备注
中承式拱桥		①主拱圈； ②吊杆上锚头； ③吊杆下锚头； ④拱脚
下承式拱桥		①主拱圈； ②吊杆上锚头； ③吊杆下锚头； ④拱脚

桥墩重点检查部位　　　　　　表 B.3

结构形式	重点部位（加○处）	备注
单独桥墩		①支座底部
T形桥墩		①支座底部； ②悬臂根部
Ⅱ形桥墩		①支座底部； ②悬臂根部
Y形桥墩		①支座底部； ②混凝土接缝处； ③Y形交接处
双柱式桥墩		①支座底部； ②盖梁底跨中心； ③悬臂根部； ④墩柱表面

附录 C 城市桥梁基本信息

表 C.1～表 C.4 给出了记录城市桥梁基本信息的相关表单。

城市桥梁基本信息　　　　　　　表 C.1

桥梁名称：　　所在路名：　　跨越：　　等级：　　桥梁卡号

一般资料		上部结构		下部结构		附属工程		附挂管线	
养护单位		主梁形式		桥墩	形式				
建设单位		主梁尺寸（宽×高×长）			标高				
设计单位		主梁数量			盖梁尺寸				
监理单位		横梁形式			基底标高				
施工单位		支座形式/数量			底板尺寸				
建造年月		桥面结构			基桩尺寸/根数				
结构类型		伸缩缝形式		桥台	形式				
设计荷载		伸缩缝数量			标高				
抗震烈度		桥面设计标高			基底标高				
正斜交角		梁底设计标高			台帽尺寸				
桥梁跨数		主桥纵坡			底板尺寸				
跨径组合		主桥横坡			基桩尺寸/根数				
桥面面积		引桥纵坡			挡土板厚度				
桥梁总长		拱桥矢跨比			翼墙形式				
桥梁总宽		总造价			翼墙长度				
车行道净宽		栏杆总长					给水管			
人行道净宽		栏杆结构					燃气管			
道路等级		端柱尺寸					电力缆			
设计河床标高		护岸类型					通信电缆			
最高水位		引坡挡墙					类型			

审定：　　复核：　　制表：　　建卡日期：

填表说明：

1. **桥梁编号**：宜以所在道路名称拼音第一个声母加顺序号组成，顺序号宜自东往西、自南往北从 1 开始连续编号，此后因道路续建新增的桥梁编号参照执行。

2. **跨越**：桥梁跨越的道路、江、河、湖、海、沟、渠、山谷、建筑物等。

3. **桥梁分类**：按其多孔跨径总长或单孔跨径的长度，分为特大桥、大桥、中桥、小桥等四类。

4. **城市道路分类**：快速路、主干路（Ⅰ～Ⅲ）、次干路（Ⅰ～Ⅲ）、支路（Ⅰ～Ⅲ）等四类。

5. **桥宽横断面组合**：按起始方位及路幅划分（简称）后带宽度数值表示。例：东人3+慢5+边分2+车11+中分3+11+2+5+3，表示对称的路幅横断面组合从东面计起人行道 3 m+慢车道（非机动车道）5 m+边分隔带（绿化带）2 m+机动车道 11 m+中分隔带（绿化带）3 m+机动车道 11 m+边分隔带（绿化带）2 m+慢车道（非机动车道）5 m+人行道 3 m。非对称的路幅横断面组合应注明各路幅划分单元简称。

6. **桥梁结构类型**：上承式、中承式、下承式，梁式桥（空心板、实体板、T形、箱型）、拱式桥（圬工、混凝土、双曲）、刚架桥、悬索桥（吊桥）、斜拉桥、其他组合体系桥（钢管拱、钢-混凝土组合梁桥）等。

7. **主梁形式**：简支、连续、刚构，（先张、后张）预应力、普通钢筋、圬工、混凝土、钢结构，实体板、空心板、T梁、箱梁、钢箱梁、钢管混凝土等。

8. 桥面结构：混凝土桥面、沥青混凝土桥面等。
9. 伸缩缝形式：锌铁皮、橡胶（板式、组合式）、填充无缝式、钢板式、异型钢单缝式、异型钢模数式、钢梳齿板式。
10. 支座形式：无支座、油毛毡支座、板式橡胶支座、盆式橡胶支座、抗振盆式橡胶支座、钢筋混凝土摆式支座、弧形支座、铰轴支座、滚轴支座、辊轴支座、摆轴支座等。
11. 栏杆形式：砖、石、素混凝土、钢筋混凝土、钢管（无缝、焊接、不锈）、塑钢等。
12. 墩柱形式：单肢、双肢、多肢、圆柱、方柱、Y形等；
13. 基础形式：混凝土（片石混凝土）扩大基础、圬工基础、灌注桩基础、群桩基础、沉井等。
14. 桥台形式：圬工、混凝土，重力式、薄壁式、肋台式、桩柱式等。
15. 附挂管线：给水管、燃气管、电力缆、通信电缆等。
16. 养护类别：Ⅰ类养护、Ⅱ类养护、Ⅲ类养护、Ⅳ类养护、Ⅴ类养护。
17. 养护等级：Ⅰ等、Ⅱ等、Ⅲ等。

结构简图   **表 C.2**

审定：　　　复核：　　　制表：　　　建卡日期：

附照   **表 C.3**

审定：　　　复核：　　　制表：　　　建卡日期：

检查维修记录卡			表 C.4
维修日期	维修内容	维修单位	质量状况

审定：　　　　复核：　　　　制表：　　　　建卡日期：

附录 D　常规定期检测内容及方式

表 D.1～表 D.3 给出了常规定期检测相关的表单。

桥面系常规定期检测内容及方式		表 D.1
检查部位	检查内容	检查方式
桥面铺装	①桥面铺装的保养、小修状况； ②桥面横坡、纵坡顺适度，积水状况，铺装是否平整，桥头有无跳车； ③沥青混凝土桥面有无龟裂、块状裂缝、坑槽、松散、沉陷、拥包、车辙、泛油等病害； ④水泥混凝土桥面有无裂缝、断裂、碎裂、坑洞、露骨、嵌缝料损坏、起皮脱落、啃边、空鼓、磨光等病害； ⑤桥面铺装防水层漏水及其他病害	①目测观察表面的病害情况； ②量测表面病害面积、裂缝长度
桥头搭板	桥头搭板有无明显下沉、坑洞、裂缝、松散等	①目测观察表面的病害情况； ②量测表面病害面积、搭板下沉深度
伸缩装置	①伸缩装置的保养、小修状况，变形、漏水程度，跳车原因等； ②伸缩缝是否有杂物嵌入、阻塞卡死；钢构件有无锈蚀、断裂，保护带是否破损，橡胶件有无开裂、脱落、老化，连接部件有无松动、脱落、缺失或局部损伤等病害	①目测观察表面的病害情况； ②量测伸缩缝的宽度与高差； ③检查止水带漏水情况； ④定期测量应参考厂家提供的养护手册执行

续表

检查部位	检查内容	检查方式
排水设施	①排水设施的保养小修状况； ②桥面排水设施是否良好，桥面泄水孔是否堵塞、破损，雨水箅子是否缺损，格栅有无缺失，泄水管有无缺失、堵塞、限水板、集水槽等设施是否缺损、渗漏、堵塞，截水构造是否完好等	①目测观察排水设施的缺损及桥面泄水孔堵塞情况； ②泄水管堵塞检查可采用灌水方法
栏杆和护栏	①栏杆、护栏、扶手等保养小修状况，有无断裂、撞坏、松动、错位、破损、缺失、剥落、露筋、锈蚀等病害； ②防撞墙、挂板有无破损、缺失、露筋、锈蚀等病害	①目测观察表面的病害情况； ②用手摇动检查其松动情况； ③量测表面病害面积
人行道	人行道铺装、路缘石、平石是否缺失，有无破损、露筋、锈蚀等病害	①目测观察表面的病害情况； ②量测表面病害面积
其他附属设施	①桥上交通信号、标志、标线、照明设施是否损坏、老化、失效，是否需要更换； ②桥上避雷装置是否完善、良好，桥上航空灯、航道灯是否完好，能否保证正常照明，结构物内供养护检修的照明系统是否完好； ③桥上的路用通信、供电线路及设备是否完好	①目测观察表面的病害情况； ②定期测量应参考厂家提供的养护手册执行

上部结构常规定期检测内容及方式　　表 D.2

桥梁类型	检查内容	检查方式
钢筋混凝土及预应力混凝土梁（板）桥	①梁体的保养、小修情况，梁体表面是否清洁，有无积土、杂物，有无雨水渗漏的痕迹； ②混凝土有无大于 0.2 mm 的裂缝、渗水、表面风化、剥落、露筋和钢筋锈蚀、龟裂现象，重点检查跨中、支座附近、1/4 截面、变截面处的混凝土开裂和钢筋锈蚀等缺损状况以及跨中挠度是否过大； ③梁端头、底面是否损坏，箱梁内是否有积水； ④预应力钢束锚固区段混凝土有无开裂、破损，沿预应力筋的混凝土表面有无纵向裂缝或水侵害； ⑤横向连接部位的缺损状况，如梁与梁之间的接头处以及纵向接缝处混凝土表面有无裂缝，梁（板）接缝混凝土有无开裂和钢筋锈蚀，横向连接构件有无开裂，连接钢板的焊缝有无锈蚀、断裂，边梁有无横移或向外倾斜； ⑥预应力拼装结构拼装缝有无较大开裂和碱蚀； ⑦梁（板）式结构跨中、支点、变截面处、悬臂端牛腿或中间铰部位，刚构和桁架结构固结处和桁架节点部位，主要检查混凝土是否开裂、缺损和出现钢筋锈蚀； ⑧刚构桥梁主要检查各部位产生的裂缝，如跨中处、角隅处、支座处； ⑨连续梁和连续刚构桥主要检查跨中变形，桥墩处梁顶部开裂； ⑩箱梁裂缝主要检查各中间支座及其附近区段的顶板和中性轴以上的腹板，各跨跨中及其附近区段的底板和中性轴以下的腹板； ⑪处于平曲线的梁式桥应每年对横向偏移进行检测	①目测观察表面的清洁状况及风化、剥落、露筋、锈蚀等病害情况； ②量测表面病害面积； ③用裂缝深度仪、裂缝宽度仪量测裂缝的深度及宽度，并记录裂缝的起终点位置、长度、宽度、走向等信息； ④在病害部位用酚酞试液，观察是否变红，检查碱蚀情况，变红说明有碱蚀； ⑤用水准仪量测挠度是否过大； ⑥用经纬仪检查桥梁的横向偏移情况
钢桥	①钢梁上部结构的小修、保养状况，清洁状况，有无杂物堆积、雨水侵蚀现象； ②构件（特别是受压构件）是否扭曲变形、局部损伤； ③铆钉和螺栓有无松动、脱落、锈蚀或断裂，节点是否滑动错裂； ④焊缝及边缘（热影响区）有无脱焊或裂纹； ⑤防腐涂装层有无裂纹、起皮、脱落，构件是否腐蚀； ⑥钢结构表面是否有污垢、灰尘堆积和污水滴漏； ⑦钢结构桥梁的除湿设备运转是否正常	①目测观察表面的清洁状况及涂装层裂纹、起皮脱落，钢构件脱焊、裂纹、锈蚀、变形等病害情况； ②量测表面病害面积； ③用手摇动铆钉和螺栓检查是否松动

续表

桥梁类型	检查内容	检查方式
钢-混凝土组合梁桥	①钢-混凝组合梁桥检查的相关内容及检查方式与钢筋混凝土及预应力钢筋混凝土梁（板）桥、钢桥的要求相同； ②桥面板纵、横向裂缝的位置、宽度、长度及发展程度，必要时应拆除部分铺装层观测； ③桥面板及支座附近的渗漏水情况； ④钢梁跨中区桥面板的破损； ⑤钢梁与混凝土组合桥面板之间的剪力连接件是否有破损、纵向滑移及翘起，桥面混凝土铺装层是否有鼓起、破损等现象	同上
拱桥	①拱桥的小修保养状况，上部结构有无杂物堆积、雨水侵蚀等； ②拱桥主要检查主拱圈的拱脚、1/4跨径、拱顶和拱上结构的变形，混凝土开裂与钢筋锈蚀情况，以及有无缺损； ③主拱圈的拱板、拱箱或拱肋是否开裂，钢筋混凝土拱有无露筋、钢筋锈蚀，圬工拱桥砌块有无压碎、局部掉块，砌缝有无脱离或脱落、渗水，表面有无苔藓、草木滋生，拱铰工作是否正常，腹拱的小拱有无较大的变形、开裂、错位，立墙或立柱有无倾斜、开裂； ④拱上立柱（或立墙）上下端、盖梁和横系梁以及腹拱的混凝土有无开裂、剥落、露筋和锈蚀； ⑤拱的侧墙与主拱圈间有无脱落，侧墙有无鼓凸、变形、开裂，实腹拱拱上填料有无沉陷，肋拱桥的肋间横向连接是否开裂、表面剥落、露筋、锈蚀等； ⑥系杆拱的系杆是否开裂，无混凝土包裹的系杆是否有锈蚀； ⑦钢结构与混凝土节点连接部位，检查是否开裂、变形、渗水、锈蚀，并通过监控预埋件检查受力状况是否正常； ⑧钢管混凝土拱与拱座处裂缝、开裂情况； ⑨钢管混凝土拱桥裸露部分的钢管及构件检查应符合钢桥相关要求，同时还应检查管内混凝土是否填充密实	①钢筋混凝土表面病害及裂缝的检查同钢筋混凝土及预应力混凝土梁（板）桥； ②立墙、立柱的倾斜，侧墙鼓凸、变形应通过目测辅以铅垂仪检查
悬索桥和斜拉桥	①检查索塔及桥塔高程、塔柱倾斜度、桥面高程及梁体纵向位移，注意是否有异常变位； ②检测索体振动频率，索力有无异常变化，索体振动频率观测应在多种典型气候下进行，每个观测周期不超过3年； ③主梁或加劲梁的检查，按预应力混凝土及钢结构的相应要求进行； ④悬索桥的锚碇及锚杆有无异常的移动，锚头、散索鞍有无锈蚀破损，锚碇内锚箱是否渗油，锚室（锚洞）有无开裂、变形、积水，温度、湿度是否符合要求，除湿机运行是否安全、正常； ⑤主缆、吊杆及斜拉索的表面封闭、防护是否完好，有无破损、老化； ⑥悬索桥的索鞍是否有异常的错位、卡死、辊轴歪斜，构件是否有锈蚀、破损，主缆索跨过索鞍部分是否有挤扁现象； ⑦悬索桥吊杆上端与主缆索的索夹是否有松动、移位和破损，下端与梁连接的螺栓有无松动； ⑧逐束检测索体是否开裂、鼓胀及变形，必要时可剥开护套检查索内干湿情况和钢索的锈蚀情况，检查后应做好保护套剥开处的防护处理； ⑨逐个检查锚具及周围混凝土的情况，锚具是否渗水、锈蚀，是否有锈水流出的痕迹，周围混凝土是否开裂，必要时可打开锚具后盖抽查锚杯内是否积水、潮湿，防锈油是否结块、乳化失效，锚杯是否锈蚀； ⑩逐个检查索端出索处钢护筒、钢管与索套管连接处的外观情况。检查钢护筒是否松动脱落、锈蚀、渗水，抽查连接处钢护筒内防水垫圈是否老化失效，筒内是否潮湿积水； ⑪应检查斜拉索及阻尼垫圈减振器的防水情况和橡胶老化变质情况，必要时可更换； ⑫索塔及桥塔的爬梯、检查门、工作电梯是否可靠安全，塔内的照明系统是否完好	①目测观察表面情况； ②用手摇动铆钉和螺栓检查是否松动； ③定期测量应参考厂家提供的养护手册执行

桥梁下部结构（墩台与基础）常规定期检测内容及方式　　　表 D.3

序号	检查内容	检查方式
1	墩台顶面是否清洁，有无积水、泥土、杂物堆积、滋生草木及雨水侵蚀等	①钢筋混凝土表面病害及裂缝的检查同钢筋混凝土及预应力混凝土梁（板）桥； ②用铅垂仪测量是否倾斜； ③用经纬仪和水准仪测量墩台顶部和底部四角的高差和相对高程，判断是否滑动、下沉； ④目测观察台背以上路面，判断台背填土有无沉降裂缝或挤压隆起
2	墩台与基础有无滑动、倾斜、下沉	
3	独柱墩有无倾斜，墩台及帽梁有无脱开	
4	台背填土有无沉降、裂缝或挤压隆起	
5	混凝土墩台及帽梁有无冻胀、风化、腐蚀、开裂、剥落、露筋等，空心墩的水下通风孔是否堵塞	
6	石砌墩台有无砌块断裂、脱开、变形，砌体泄水孔是否堵塞，防水层是否破坏	
7	横系梁连接处是否开裂、破损	
8	墩台防振设施是否有效，锥坡有无冲蚀、塌陷	
9	基础下是否发生不允许的冲刷或掏空现象，扩大基础的地基有无侵蚀，桩柱在水位涨落、干湿交替变化处有无磨损、露筋、环裂和腐蚀	

附录 E　常见病害原因及维修对策

表 E.1、表 E.2 给出了伸缩缝装置、栏杆和护栏的常见病害原因及维修对策。

伸缩缝装置常见病害原因及维修对策　　　表 E.1

装置类型	病害类型	病害原因	维修对策	对策说明
模数式伸缩装置	排水不良	止水带堵塞或损坏	疏通、更换	①因止水带堵塞造成排水不良，应及时清除垃圾和杂物； ②密封橡胶带（止水带）老化、漏水，应及时更换；密封橡胶带的选择，应满足原设计的规格和性能要求； ③当伸缩装置出现型钢变形、断裂或异常伸缩时，应及时更换
	型钢变形或断裂	重载车辆碾压；温度变形；施工不良等	更换	
异型钢伸缩装置	排水不良	止水带堵塞或损坏	疏通、更换	同模数式伸缩装置
	型钢变形	车辆碾压、振动	更换	
梳齿钢板伸缩装置	钢板开焊、翘曲、脱落	车辆碾压、冲击；焊缝老化、开裂等	补焊更换钢板	①及时发现钢板开焊、翘曲和脱落并补焊、更换； ②及时发现并修复角钢与钢筋混凝土锚固不牢的部位； ③钢板伸缩装置或梳齿钢板伸缩装置的钢板变形，螺栓脱落，伸缩不能正常进行时，应及时更换
	锚固不牢	锚固构件损坏；角钢与钢筋混凝土梁锚固不牢等	锚固加固更换	
	锚固螺栓松动、缺失	车辆碾压振动；环境侵蚀等	拧紧更换、补装	
橡胶板式伸缩装置	锚固螺栓松动、缺失	车辆碾压振动；环境腐蚀	拧紧、更换补齐	①锚固螺栓松动应及时拧紧； ②螺栓孔充料拉离或破损严重，应补齐； ③锚固螺栓、橡胶板丢失应及时补齐，弹簧（止退）垫不得省略，严重破损的橡胶板，应及时按同型号进行更换； ④伸缩装置局部的下陷或凸出而产生的噪声，应查明原因及时维修
	橡胶板剥落、破损、丢失、开裂	橡胶老化；车辆碾压；环境腐蚀等	更换补齐橡胶板更换伸缩装置	
	螺栓孔填充料拉离、破损	填充料老化；车辆碾压等	清孔，更换或补齐填充料	

续表

装置类型	病害类型	病害原因	维修对策	对策说明
共同病害	异常伸缩	设计不当；施工不良；伸缩装置老化、失效	更换	伸缩装置出现明显异常伸缩，均应整体更换伸缩装置
	混凝土保护带开裂、坑洞、剥落等	车辆碾压、施工不良、温度缩胀、自然侵蚀等	局部修补重新浇筑	伸缩装置保护带应完好，不得有开裂、松散，坑洞的面积不得大于 0.1 m²，深度不得大于 20 mm，已松散和有坑洞的保护带，应及时修复
	错台（跳车）	结构变形；施工不良等	更换专项维修	①伸缩装置破损严重出现的跳车应整体更换伸缩装置；②由地基不均匀沉降等桥梁结构原因产生的跳车应进行专项维修

栏杆和护栏常见病害原因及维修对策　　表 E.2

设施名称	病害类型	病害原因	维修对策
钢-混凝土栏杆	蜂窝、麻面、松散、开裂、剥落、露筋	施工不良、混凝土碳化；钢筋锈胀；老化、风化、盐类腐蚀、碰擦、撞击等	表面修补
	立柱、扶手松动	撞击；施工不良等	维修或更换
	破损	撞击、钢筋锈胀、盐类腐蚀、风化；成品质量不符合要求等	修补、更换、表面防护
不锈钢栏杆、塑钢栏杆	倒伏	车辆撞击、因基座不稳被外力推倒等	扶正加固拆下校正修理
	移位、变形	碰擦、撞击等	维修复位
	残缺	撞击、偷盗等	维修更换
	变色、起皮	老化；日晒、雨淋、盐类侵蚀等	重新油饰
	锈蚀、剥落	涂装质量不良；自然环境侵蚀；碰擦、撞击等	除锈油饰、更换
	焊缝开裂	撞击；温度影响而产生胀缩、构件疲劳等	重新焊接、更换
	螺栓松动或缺损	撞击；丢失；施工不良等	紧固、更换、补装螺栓
	立柱、扶手松动	撞击；施工不良等	重新焊接、更换
	立柱根部锈蚀	严重腐蚀	加固、更换
精铸石材栏杆	石材断裂、松动、脱落、缺失	砂浆强度不足、填缝不饱满、渗（雨）水侵蚀、黏结砂浆失效、外物撞击等	表面修补、更换石材、重新勾缝
	填缝砂浆脱落	砂浆强度不足；雨水侵蚀；温差变化；施工质量欠佳等	重新填缝
木扶手	破损	撞击	修补、更换、表面防护
	碎裂、断裂	严重撞击	更换
	涂装层起皮、剥落	雨水侵蚀；碰擦、撞击；老化等	重新涂装
防撞墙、挂板	蜂窝、麻面、松散、开裂、剥落、露筋	施工不良、混凝土碳化；钢筋锈胀；老化风化、盐类腐蚀、碰擦、撞击等	表面修补
	缺损	撞击、丢失等	更换、补齐

表 E.3～表 E.7 给出了简支梁预应力混凝土桥梁、钢结构桥梁、圬工桥梁病害维修对策。

简支梁裂缝类型及维修对策　　　　　　　　　　　表 E.3

病害类型	主要特征和原因	维修对策	对策说明
网状裂缝	①发生在各种跨度的梁上，裂缝细小，宽度约为 0.03～0.05 mm，用手触及有凸起的感觉，无固定规律； ②多为混凝土收缩引起的表面龟裂	表面封闭、表面修补	①对表面温度裂缝，可封闭处理； ②对结构裂缝，当裂缝宽度大于规定的允许最大裂缝宽度时，应查明开裂原因，进行裂缝危害评估，确定处理措施； ③表面封闭法适用于宽度小于 0.2 mm 的裂缝处理； ④压力灌浆法适用于较深、宽度不小于 0.2 mm 的裂缝处理
下缘受拉区裂缝	①多发生于梁跨中部，梁跨度越大，裂缝越多，为受力裂缝； ②自下翼缘向上发展，至翼缘与梁肋相接处止； ③裂缝间距约 0.1～0.2 m，宽度约为 0.03～0.1 mm； ④当梁跨径<10 m 时，其裂缝较细小； ⑤车辆超载，梁刚度不足，产生过大挠度等引起	表面封闭、压力灌浆、加固	
腹板上的竖向裂缝	①当跨径>12 m 时，其裂缝多处于薄腹部分，在梁的半高线附近裂缝宽度较大，一般在 0.15～0.3 mm； ②当梁跨径<10 m 时，其裂缝较细小，且多数裂缝系由梁肋向上延伸，越上越细，上端未到腹板顶部； ③设计不当，施工质量不良，温度及周围环境条件不良的影响所致	表面封闭、压力灌浆、加固	
腹板上的斜向裂缝	①钢筋混凝土梁中出现最多的一种裂缝，且多在跨中两侧，离跨中越远倾斜角越大，反之较小，倾角在 15°～45°范围内，第一道裂缝多出现在距支座 0.5～1.0m 处； ②裂缝宽度一般在 0.3 mm 以下； ③设计不当，施工不良，主拉应力过大，混凝土不能负担而导致产生裂缝	表面封闭、压力灌浆、加固	
梁侧水平裂缝	①为近似水平方向的层裂缝； ②施工不当引起，分层浇筑，间隔时间太长	表面封闭、压力灌浆、加固	
梁底纵向裂缝	①沿下翼缘主筋方向的裂缝； ②混凝土保护层过薄或掺入氯盐等速凝剂所造成	表面封闭压力灌浆	

预应力混凝土简支梁、悬臂梁与连续梁裂缝及维修对策　　　　表 E.4

病害类型	主要特征和原因	维修对策	对策说明
先张法梁端锚固处裂缝	①裂缝均起始于张拉端面，宽度约 0.1 mm，长度一般只延伸至扩大部分的变截面处； ②在两组张拉钢筋之间梁端混凝土处于受力区使梁端易发生水平裂缝； ③因锚头处应力集中和锚头产生的楔形作用而使锚头附近产生细小水平裂缝	表面封闭、压力灌浆、加固	①对表面温度裂缝可封闭处理； ②预应力混凝土构件受压区，一旦发现裂缝，应立即封闭交通，严禁车辆和行人在桥上、下通行，并委托相应资质的检测部门进行结构可靠性评估，判别裂缝的危害程度，并提出相应的处理措施； ③预应力混凝土构件受拉区，出现结构性裂缝，应进行裂缝危害性评估，确定处理措施
后张法锚固处裂缝	①通常发生在梁端或预应力筋锚固处，裂缝比较短小，与钢丝束方向垂直，在锚固处与梁纵轴多呈 30°～45°； ②运营初期有所发展，但不严重，以后会趋于稳定； ③主要由端部应力集中，混凝土质量不良所致	表面封闭、压力灌浆、加固	
腹板收缩裂缝	①大多在脱模后 2～3 h 内发生，裂缝通常从上梁肋到下梁肋，整个腹板裂通，宽度一般为 0.2～0.4 mm，施加预应力后大多会闭合； ②多为混凝土收缩和温度所致	表面封闭、压力灌浆、评估加固	
箱梁底板裂缝	箱梁底板上发生不规则裂缝，腹部与底板受力不均所致	表面封闭、压力灌浆、加固	
悬臂梁剪切裂缝	①剪切裂缝出现在腹板上，近似 45°角倾斜，一般出现在支点与反弯点之间的区域； ②裂缝的主要原因是预应力不足、超载的永久荷载、二次应力、温度作用等	表面封闭、压力灌浆、加固	
悬臂箱梁锚固后接缝中裂缝	①悬臂箱梁在连续力筋锚固齿板后面的底板内会产生裂缝，并有可能向着腹板扩展，裂缝与梁纵轴呈 30°～45°； ②产生这种裂缝的原因是预应力筋作用面很小，产生局部应力，或者顶底板中力筋锚具之间的水平方向错开的距离太小	表面封闭、压力灌浆、加固	同上 （应特别注意负弯矩区中部竖向较长裂缝）
箱梁弯曲裂缝	①混凝土抗拉能力不足，导致裂缝的产生，在分段式箱梁中一般出现在接缝内或接缝附近，梁底裂缝可达 0.1～0.2mm； ②弯曲裂缝一般很小，结构不受损伤，但在外荷载反复作用（汽车动力荷载及温度梯度）下裂缝有可能会扩大	表面封闭、灌浆、加固	
连续梁弯曲裂缝	①在连续梁中，正弯矩区的梁底部和负弯矩区的顶部可能出现这种裂缝； ②弯曲裂缝主要原因是混凝土抗拉能力不足、车辆超载、梁体刚度不足等	表面封闭、压力灌浆、加固	

钢筋混凝土及预应力混凝土桥梁其他病害及维修对策   表 E.5

病害类型	病害原因	维修对策	对策说明
裂缝处渗水	荷载过大、裂缝发展严重	检测评估后维修或加固	—
混凝土表面蜂窝、麻面、松散、起皮	风化、雨雪腐蚀；混凝土质量不佳；施工不良等	表面修补	与混凝土表面修补工艺相同
混凝土表面空洞、剥落、露筋、开裂	钢筋锈蚀；车辆撞击；保护层太薄；碳化深度大；风化、雨雪腐蚀等		
锚固端封端混凝土裂缝、剥落、渗漏、穿孔、预应力锚具暴露	混凝土老化；外力碰擦、撞击；局部应力集中等	对预应力锚具刷防锈漆、重做封端混凝土	—
预应力钢束锈蚀、断裂	施工不良、封锚质量不佳；钢束质量不良；荷载过大、承载能力不足等	检测评估后维修或加固	—
构件明显损伤、变形、移位	车辆超载、荷载过大；过大徐变、收缩；地震、火灾等	依据特殊检测评估做设计，进行修复或加固	钢筋混凝土及预应力混凝土桥梁构件出现明显损伤或产生明显的变形、移位，应根据特殊检测评估做设计，进行修复或加固
主梁挠度超限	车辆超载、荷载过大；支承结构不完善、主梁刚度不足等	结构评估、提出加固措施	钢筋混凝土或预应力混凝土主梁挠度超过规定允许值时，应进行结构评估，并提出加固措施
横、纵向连接件开裂、断裂、松动、脱焊	设计不当、施工不良；横向荷载分布不均；碰擦、撞击等	更换、补焊、帮焊	—

钢结构桥梁常见病害原因及维修对策   表 E.6

病害类型	病害原因	维修对策	对策说明
变色、起皮、剥落	日晒、自然侵蚀；施工不良等	重新涂装	①油漆部分失效，钢杆件生锈，应及时除锈补漆，大面积油漆失效，可清除失效面漆，清除失效底漆后加涂两层面漆；
钢件锈蚀、孔洞	自然侵蚀、化学腐蚀；施工不良等	除锈、涂装加固	②油漆大部分失效透锈时，应全部清除后，重新打底漆和涂面漆； ③当钢件表面锈蚀严重、孔洞时，应加固或更换
高强螺栓与铆钉松动、断裂、损失	超应力、过度振动、疲劳破坏；环境腐蚀、板间锈蚀膨胀；塑性变形；施工不良等	紧固、更换	①对大型节点，高强螺栓同时更换的数量不得超过该节点螺栓总数的10%，对螺栓少的节点，应逐个更换； ②当拆除原有受力铆钉或增加、扩大钉孔时，除应设计计算结构原有和加固连件的承载能力外，还应校核板件的净截面积的强度
焊缝开裂	荷载过大、应力集中；疲劳开裂；焊接施工不良等	焊接加固	焊接连接的构件，焊处若发现裂纹、未熔合、夹渣、未填满、弧坑等缺陷时，应进行返修焊，焊后的焊缝应即铲磨均匀

续表

病害类型	病害原因	维修对策	对策说明
钢构件裂纹	荷载过大、应力集中；疲劳开裂；材质劣化；施工不良等	焊接修复 嵌板修复 附加盖板修复 抽换杆件或换梁	①钢构件发现裂纹应检查评估，根据不同原因确定处理措施； ②对裂纹严重，影响桥梁安全时，应抽换杆件或换梁
钢构件变形	荷载过大；外力冲击；构件失稳；严重锈蚀；火灾；施工不良等	矫正 加固或更换	①分析杆件出现局部变形的原因； ②若变形值在规定值范围内，应予以矫正或补强； ③如同一杆件同一部位的变形矫正后再次变形，应对此杆件进行更换； ④要求杆件弯曲率不超过下列规定，即压杆为其长度的1/500，拉杆为其长度的1/300，对于超标弯曲杆件，应及时校直

圬工拱桥病害及维修对策 表E.7

类型	病害类型	病害原因	维修对策	对策说明
圬工拱桥	砌体表面风化、剥落	自然侵蚀	表面修补更换砌块	—
	勾缝砂浆脱落	砂浆强度不足；雨水侵蚀；温差变化；施工质量欠佳等	重新勾缝	
	砌块压碎、断裂、松动、脱落	砂浆强度不足、填缝不饱满、渗（雨）水侵蚀、黏结砂浆失效、外物撞击等	表面修补更换砌块 重新勾缝	①圬工砌体的边角压碎、砌块断裂，干砌石拱桥砌缝张口等，可用水泥砂浆修补； ②若个别块体压碎或脱落，应用新的块体填塞更换，更换时应保证嵌挤或填塞密实
	拱圈横向裂缝	主拱圈厚度不足、强度不够；基础沉降、墩台位移；拱圈受力不对称等	压浆修补加固	①圬工拱桥裂缝可用压注水泥砂浆或其他化学浆液的方法进行修补，对于受力裂缝，压浆法修补裂缝应和相应的加固措施结合； ②圬工拱桥出现横向裂缝应加固； ③圬工拱桥横向刚度较小，纵向产生裂缝时，应采取钢板箍（或钢拉杆）与螺栓锚固的加固措施
	拱圈纵向裂缝	拱圈截面不合理；横向联系不足、荷载横向分布不均；拱圈砌筑质量差；墩、台基础上、下游不均匀沉降等		
	侧墙开裂、变形	填料不实、拱腔积水；墩台与主拱变形；砌筑质量差等	压浆修补重砌加固、改造	①侧墙若发生较大变形、开裂，应查明原因并做相应处理； ②若是填料不实或拱腔积水，应开挖拱上填料，修补防水系统，拆除鼓凸部分侧墙后重新砌筑，重新回填拱上填料及重做路面，也可酌情换用轻质填料或加大侧墙尺寸； ③若发现侧墙与拱圈之间脱开，或侧墙上有沿砌缝成锯齿状开裂，应检查墩台与主拱的变形，开裂轻微且不再发展，可做一般修补裂缝处理，若开裂严重或裂缝在发展中，应考虑加固、改造方案
	桥面下沉	重载车辆碾压；施工压实不足等	换填料重新夯实	—

表 E.8～表 E.11 给出了常见病害原因及维修对策。

支座常见病害及维修对策 表 E.8

	病害类型	病害原因	维修对策	对策说明
板式橡胶支座	橡胶裂纹	橡胶老化、变质；支座质量不良等	分析原因加强监视、检测、更换	①龟裂，裂缝宽度小于 0.5 mm 无水平裂缝可不做处理； ②裂缝宽度 0.5～1 mm，水平裂缝长度大于相应边长 10%，应加强检查、维修； ③裂缝宽度 1～2 mm，水平裂缝长度大于相应边长 25%，应加强监控，必要时分析采取修复措施； ④裂缝宽度大于 2 mm，水平裂缝长度大于相应边长 25%，应尽快分析采取修复措施； ⑤裂缝宽度大于 2 mm，水平裂缝长度大于相应边长 50% 的，应立即更换支座
	中间钢板外露	橡胶老化、变质；荷载过大、受力不均；支座质量不良等	维修、更换	①钢板局部外露应立即采取维修措施； ②外露长度大于 100 mm，应立即更换支座。
	剪切变形过大	橡胶老化、变质；荷载过大、受力不均；支座质量不良等	更换	①由整体温升温降、收缩和徐变超过相应规格支座水平方向产生的剪切变形限值； ②恒载标准值和活载标准值作用下支座的容许转角正切值（tan α>0.7）时应立即更换支座
	不均匀变形（鼓凸）、脱胶	荷载过大；支座质量不良等	调整复位	支座出现不均匀压缩变形应及时顶升调整复位
	脱空	水平位移；受力不均；施工不良等	支垫钢板、调整复位	支座出现脱空应及时进行调整，对于小桥，可采用楔入钢板调整
	支座错位	受力不均；外力作用等	调整复位、更换	①错位小于相应边长 25%，应及时顶升调整复位； ②错位大于相应边长 25%，应立即更换支座
盆式橡胶支座	钢件裂纹、变形	荷载过大、受力不均、疲劳破坏等	加强监视、检查、更换	①盆底四角翘起，应采用不低于支座垫石强度的聚合物或环氧砂浆填补，并应加强检查； ②盆环开裂应立即更换支座； ③其他部位开裂应涂装修复，并加强监视，注意裂纹的发展
	钢件脱焊	荷载过大、受力不均、疲劳破坏；焊接不良、焊缝锈蚀等	补焊、加强检查、更换	①盆环脱焊应立即更换支座； ②非主要受力部位脱焊应进行补焊并加强检查
	聚四氟乙烯板磨损	长期磨耗；设计、安装不当；环境腐蚀等	加强检查、维护、更换	聚四氟乙烯板外露高度 h_0<0.2 mm 时，应立即更换

续表

	病害类型	病害原因	维修对策	对策说明
盆式橡胶支座	位移超限	由于设计及安装不当造成支座聚四氟乙烯板滑出不锈钢板板面范围	复位加强维护、监视	①超限≥10 mm，应及时安装复位；②超限<10 mm，应加强维护、监视，可不处理
	转角超限	荷载过大、受力不均等	加强监视、调整复位	①超出设计转角20%，应尽快调整复位；②超出设计转角10%，应加强监视，可不做处理
	锚栓剪断	锈蚀；荷载过大、受力不均、疲劳破坏等	加强监视、更换	①剪断50%，应立即更换支座；②剪断20%，应及时采取修复措施
	钢盆锈蚀	环境腐蚀等	涂装修复、加强维护	钢盆出现锈蚀应用原涂装材料修复
钢支座	钢部件裂损、脱焊、锈蚀、磨损	荷载过大、受力不均；环境腐蚀等	更换、补焊除锈、涂装	①钢部件主要部位折断、钢件磨损凹陷≥3 mm时，应立即更换支座；②钢件局部补焊应控制温度；③钢件除锈、涂装应注意保护钢辊和滚动面
	销钉剪断、支座锚（螺）栓松动及剪断、牙板挤死及折断、辊轴连杆螺栓剪断	锈蚀；荷载过大、受力不均、疲劳破坏等	维修、更换	当锚固件及定位件失效，支座不能正常工作时，应更换支座
	活动支座不活动	锈蚀、卡死等	维修	活动支座不活动应及时进行维修
球形支座	橡胶密封圈龟裂、老化	环境腐蚀、橡胶变质等	加强维护、更换	①当橡胶密封圈龟裂、老化时，应加强对支座的除尘、维护；②当橡胶密封圈老化严重，造成支座内部积尘、腐蚀严重，影响支座活动时，应更换
	转角超限	荷载过大、受力不均等	加强监视、调整复位	①超出设计转角20%，应尽快调整复位；②超出设计转角10%，应加强监视，可不处理
	锚栓剪断	锈蚀；荷载过大、受力不均、疲劳破坏等	加强监视、更换	①剪断50%，应立即更换支座；②剪断20%，应及时采取修复措施
	钢盆锈蚀	环境腐蚀等	涂装修复、加强维护	钢盆出现锈蚀应用原涂装材料修复
支座垫石	垫石混凝土碎裂、剥落、锈胀露筋	荷载过大、受力不均、外力作用等	表面修补、重做垫石	①垫石表面剥落、露筋等病害面积小时，可除锈后用不低于原垫石强度的聚合物或环氧砂浆修补；②当垫石碎裂或病害面积过大影响承压时，应顶升后重做垫石
	底板翘起、扭曲、断裂、开焊	荷载过大、受力不均、外力作用等	维修、更换	支座底板翘曲、断裂，应予更换和补充，焊缝开裂应予维修

钢筋混凝土墩台裂缝类型、主要特征和原因及维修对策 表E.9

病害类型	主要特征和原因	维修对策	对策说明
墩台网状裂缝	①多发生在常水位以上墩身的向阳部位；②多由内外温差产生的温度拉应力造成；③混凝土干燥收缩产生	表面封闭、灌浆、表面修补	①裂缝宽度小于规定限值时，应进行封闭处理；②裂缝宽度大于规定限值且小于0.5mm时，灌浆，大于0.5mm的裂缝应修补；③表面封闭和压力灌浆见混凝土裂缝修补工艺；④对于墩台的长裂缝，可进行插筋补强或拉筋补强，补强方法应进行设计；⑤当支座失灵造成墩台拉裂时，应修复或更换支座，并维修裂缝；⑥因基础不均匀沉降而产生的裂缝，应先加固基础，产生贯通墩台的竖向裂缝，数量较多且有新的发展，应对其进行安全技术评估后，确定维修加固方案，需要加固时，可采用钢筋混凝土围带、粘贴钢板箍或加大墩台截面的方法进行加固；⑦加固方案应进行专项设计
从基础向上发展至墩台上部裂缝	①裂缝上宽下窄，而往往有发展趋势；②基础不均匀沉降造成；③墩台非一次浇完，先浇筑的部分收缩完成的早，限制后浇混凝土收缩，导致开裂	表面封闭、灌浆、加固基础	
墩台水平裂缝	①裂缝呈水平层状；②混凝土灌注不良造成	表面封闭、灌浆、加固墩台	
翼墙和前墙裂缝	墙间填土不良、冻胀或基底承载力不足、下沉或外倾而产生开裂	表面封闭、灌浆、加固基础墩台、换填土	
由支座垫石从下向上发展的裂缝	①墩台帽在支座垫石下未布置钢筋所致；②受到较大的冲击力	表面封闭、灌浆、重做支座垫石	
桥墩墩帽顺桥轴线横贯墩帽的水平裂缝	主要由局部应力所致，因梁和活载作用力集中通过支座传至桥墩，使其周围墩顶其他部位产生拉应力，也可能由支座损坏引起	表面封闭、灌浆、加固桥墩、更换支座	
双柱式桥墩下承台的竖向裂缝	①桩基不均匀下沉；②局部应力过大	表面封闭、灌浆、加固基础	

续表

病害类型	主要特征和原因	维修对策	对策说明
支承相邻不等高的墩盖梁上的竖向裂缝	①裂缝多位于棱角部位及中线附近，严重时部分混凝土剥落露筋；②局部应力过大	表面封闭、灌浆、加固盖梁	
墩台盖梁从上至下的垂直裂缝	桩基不均匀下沉而引起盖梁上缘拉应力过大，导致开裂	表面封闭、灌浆、加固盖梁、加固基础	
墩台镶面石裂缝	①多为不规则裂缝；②镶面石与墩台连接不良	表面修补	
悬臂桥墩角隅处裂缝	局部应力过大	表面封闭、灌浆、加固桥墩	

墩台其他常见病害原因及维修对策　　　　表 E.10

病害类型	病害原因	维修对策	对策说明
砌体勾缝砂浆脱落	砂浆强度不足；雨水侵蚀；温差变化；施工质量不良等	重新勾缝	①凿除破损灰缝、梁 30 mm～50 mm；②将凿缝面冲洗干净，按配比配制勾缝砂浆；③将原样勾缝、灰缝应整齐密实；④勾缝砂浆初凝后覆盖养生，夏季作业，应每隔 2 h～3 h 喷水。
砌体表面风化、剥落	自然侵蚀	表面修补、更换砌块	①砌块表面风化和损坏不严重时，采用环氧式聚合物砂浆修补。修补时应将表面松散混凝土彻底凿除，然后分层填补砂浆，最后将表面抹平；②砌体表面严重风化和损坏时，应补砌、更换新老部分应结合牢固；③拱圈内腹及其两侧出现大面积的严重风化剥落、表层松散老化和灰缝脱落时，应进行全面修复，可采用在拱圈内壁挂钢丝网，并喷射水泥砂浆的维修方法

165

续表

病害类型	病害原因	维修对策	对策说明
混凝土表面蜂窝、麻面、松散、起皮、空洞、剥落、露筋	雨雪腐蚀、风化;钢筋锈胀;车辆撞击;施工不良等	表面修补	①当墩台受水浸、风化剥落深度在钢筋保护层以内时,可采用高强度聚合物类防水材料修补; ②当剥落深度超过保护层,且损坏面积较大时,应对钢筋进行除锈补强,增设钢筋网与桥台锚固,浇筑高强度聚合物类混凝土予以裹覆; ③在水位变化频繁处,涂刷高强度聚合物类防水材料防护; ④当墩台损坏严重,如出现大面积开裂、破损、风化、剥落时,可采用钢筋混凝土"箍套"加固,对结构基本完好,但承载能力不足的圆柱形墩柱可用包裹碳纤维片材的方法加固
倾斜、变形、位移	偏载;冻胀;砌筑不良;台背土压力过大;基础沉降等	加固	①当墩台出现倾斜时,应验算其稳定性,采用相应的加固措施; ②当墩台出现变形时,应查明原因,采取针对性措施进行加固; ③当墩台发生水平位移和倾斜,超过设计允许变形时,应分析原因,确定维修加固方案,U形桥台的翼墙外倾时,可在横向钻孔加设钢拉杆,钢拉杆固定在翼墙外壁的型钢或钢筋混凝土梁柱上; ④当连续梁桥墩台和拱桥的不均匀沉降值超过设计允许变形时,应查明原因,进行加固处理和调整高程

人行天桥常见病害原因及维修对策　　　　表E.11

病害位置	病害类型	病害原因	维修对策
钢筋混凝土主梁	裂缝	温度、混凝土收缩、施工不良;结构裂缝等	表面封闭、压力灌注,结构裂缝应专项检查
	混凝土表面蜂窝、麻面、松散、起皮	风化、雨雪腐蚀、混凝土质量不佳、施工不良等	表面修补
	混凝土表面空洞、剥落、露筋、开裂等现象	钢筋锈蚀、车辆撞击、保护层太薄、碳化深度大、风化、雨雪腐蚀等	表面修补
钢结构梁铝合金梁	变色、起皮、剥落	日晒、自然侵蚀;施工质量不良等	重新涂装
	锈蚀	自然侵蚀、化学腐蚀;施工不良等	除锈、涂装
	焊缝开裂	荷载过大、应力集中;疲劳开裂;焊接施工不良等	焊接加固
	构件裂纹	荷载过大、应力集中;疲劳开裂;材质劣化;施工不良等	焊接修复、嵌板修复、附加盖板修复、抽换杆件或换梁

续表

病害位置	病害类型	病害原因	维修对策
桥面、梯道、踏步	钢结构锈蚀、损坏	自然侵蚀、化学腐蚀；碰擦、撞击等	除锈、涂装、修复
桥面、梯道、踏步	混凝土裂缝、破损露筋	温度缩胀、混凝土收缩；碰擦、撞击；风化；钢筋锈蚀等	修补
桥面、梯道、踏步	塑胶面拥包、脱落	塑胶层与基层结合不良；自然侵蚀、老化等	修补、更换
桥面、梯道、踏步	防滑层磨耗、破损	自然侵蚀；老化等	修补、更换
桥面、梯道、踏步	桥面砖脱落	砂浆强度不足、填缝不饱满；渗（雨）水侵蚀、黏结砂浆失效等	重新铺砌
栏杆	栏杆锈蚀、缺损	涂装质量不良；自然侵蚀；碰擦、撞击等	油饰、更换
栏杆	栏杆防撞墙破损	自然侵蚀；碰擦、撞击等	修补
伸缩缝	破损、缺失	自然侵蚀；老化等	更换
支座	脱空、错位、损坏	受力不均；外力作用；车辆撞击等	调整复位、支垫钢板、更换支座

附录 F　设施巡查成果表

设施巡查成果见表F.1、表F.2。

跨江桥梁设施普查成果表　　　　表F.1

序号	调查内容		主桥	接坡段	其他说明
1	桥梁结构形式			/	
2	桥梁长度				
3	桥面面积	车行道宽度			CAD图标注人行道、车行道及非机动车道宽度
4	桥面面积	桥面面积			CAD图标注人行道、车行道及非机动车道宽度
5	桥面面积	桥面沥青铺装面积			CAD图标注人行道、车行道及非机动车道宽度
6	人行道	宽度			
7	人行道	面积			
8	人行道	铺装材料类型			
9	桥孔数及跨径组合	桥孔数量			各跨桥梁底净空在CAD图上表示
10	桥孔数及跨径组合	主塔数量			各跨桥梁底净空在CAD图上表示
11	桥孔数及跨径组合	跨径组合			各跨桥梁底净空在CAD图上表示
12	箱梁	类型			
13	箱梁	尺寸			
14	箱梁	外表面积			
15	箱梁	检修人孔数量			
16	桥墩及墩帽或盖梁	高度≥25 m数量			桥墩位置、编号及高度≥25 m的桥墩实际高度值在CAD图上表示
17	桥墩及墩帽或盖梁	高度<25 m数量			桥墩位置、编号及高度≥25 m的桥墩实际高度值在CAD图上表示
18	桥墩及墩帽或盖梁	材料类型			桥墩位置、编号及高度≥25 m的桥墩实际高度值在CAD图上表示
19	桥墩及墩帽或盖梁	桥墩结构类型			桥墩位置、编号及高度≥25 m的桥墩实际高度值在CAD图上表示

续表

序号	调查内容		主桥	接坡段	其他说明
20	桥台及台帽	数量			
21		结构类型			
22	吊杆（拉索、缆索）	规格尺寸（注明最长、最短、跨中及直径）			CAD图示意表示位置
23		数量			
24		总长度			
25	伸缩缝	分类型统计数量			CAD图示意表示位置
26		分类型统计长度			
27	支座	分类型统计数量			
28		分类型统计尺寸			
29	防撞墙	规格尺寸（长×宽×高）			
30		总长度			
31		防腐涂装面积			
32	栏杆	每片规格尺寸（长×宽×高）			
33		总长度			
34		防腐涂装面积			
35	隔声屏	结构类型（注明是否有玻璃）			
36		幅数			
37		总长度			
38		玻璃面积			
39		防腐涂装面积			
40	防撞墩	尺寸		/	
41		数量		/	
42	防眩板	数量			备注防眩板间隔
43		总长度			
44	防抛网	尺寸（长×宽×高）			
45		数量			
46	路缘石（或侧平石）	材料类型			选填大理石、斩假石、现浇混凝土
47		尺寸（长×宽×高）			
48	泄水孔	窨井类型			注明有无雨水箅子
49		规格尺寸			
50		数量			
51	泄水管	材料类型			
52		直径			
53		数量			
54		总长度			
55	桥下空间面积	下穿（道路、人行道、车行道）面积			
56		绿化面积			
57		其他面积			

续表

序号	调查内容		主桥	接坡段	其他说明
58	盲道	长×宽（单幅）		/	
59		总长度		/	
60	随桥管线	类型		/	
61		位置		/	
62	通航信息	等级		/	
63		梁底标高		/	
64		净宽		/	
65		净高		/	
66	桥头堡、人行梯道、电梯信息	桥头堡数量			
67		人行梯道数量			
68		电梯数量			
69		电梯规格尺寸			
70		承重信息			
71	伸缩门	位置信息			填写桥面墩号
72		长度			
73	跨铁路信息	涉及铁路名称			
74		跨越段长度			投影段长度两端外扩 30 m
75	其他标志、标牌等信息	桥涵标数量			
76		随桥通航助航标数量			
77		防撞警示标志数量			
78		自有摄像头数量			CAD图示意表示位置
79		车载称重系统数量			
80		除湿机数量及型号			
81		检修车数量及型号			
82		场外监测设施设备名称及型号			
83		限载牌尺寸及信息			
84	永久性测点和水准控制点情况	永久性测点数量			CAD图表示位置
85		水准控制点数量			

城市高架快速路设施普查成果表　　　　表F.2

序号	调查内容		主路	匝道及互通	其他说明
1		高架长度			
2	高架面积	车行道宽度			在CAD图上表示宽度
3		桥面沥青铺装面积			
4	高架孔数及跨径组合	桥孔数量			各跨桥梁底净空在CAD图上表示
5		跨径组合			
6		各跨梁底标高			

续表

序号	调查内容		主路	匝道及互通	其他说明
7	箱梁	类型			
8		尺寸			
9		外表面积			
10		检修人孔数量			
11	桥墩及墩帽或盖梁	高度≥25 m 数量			桥墩位置、编号及高度≥25 m的桥墩实际高度值在CAD图上表示
12		高度<25 m 数量			
13		单墩数量			
14		双墩数量			
15		材料类型			
16		桥墩结构类型			
17	桥台及台帽	数量			
18		结构类型			
19	伸缩缝	分类型统计数量			CAD图示意表示位置
20		分类型统计长度			
21	支座	分类型统计数量			
22		分类型统计长度			
23	防撞墙	规格尺寸（长×宽×高）			
24		总长度			
25		防腐涂装面积			
26	隔声屏	结构类型（注明是否有玻璃）			
27		幅数			
28		总长度			
29		玻璃面积			
30		防腐涂装面积			
31	防眩板、防抛网	数量			备注防眩板间隔
32		总长度			
33		尺寸（长×宽×高）			
34	明沟	数量			
35		尺寸（长×宽×深）			
36		总长度			
37	泄水孔	窨井类型			注明有无雨水篦子
38		规格尺寸			
39		数量			
40	泄水管	材料类型			
41		直径			
42		数量			
43		总长度			

续表

序号	调查内容		主路	匝道及互通	其他说明
44	桥下空间面积	投影面积			
45		长度			
46		宽度			
47	随桥管线	类型		/	
48		位置		/	
49	通航信息	等级		/	
50		梁底标高		/	
51		净宽		/	
52		净高		/	
53	伸缩门	位置信息			填写桥面墩号
54		长度			
55	跨铁路信息	涉及铁路名称			
56		跨越段长度			投影段长度两端外扩 30 m
57	其他标志、标牌等信息	桥涵标数量			CAD 图示意表示位置
58		随桥通航助航标数量			
59		防撞警示标志数量			
60		自有摄像头数量			
61		车载称重系统数量			
62		场外监测设施设备名称及型号			
63		限载牌尺寸及信息			

附录 G 风险源检查表

风险源检查表见表 G.1～表 G.3。

城市桥梁典型风险源检查表　　表 G.1

序号	构件	风险源	判断标准
1	桥面铺装	坑槽、坑洞	坑槽是否贯通桥面,是否出现坑洞
2	桥头平顺	桥头沉降	高差值是否大于 3 mm
		台背下沉	明显下沉,下沉值是否大于 5 cm
3	伸缩缝	缝宽异常	是否卡死
		钢材料破损	螺栓是否松动,断裂
4	栏杆或护栏	缺失松动	构件松动数目不足 20%、暂时没有倾覆风险
5	梁板	结构裂缝	裂缝宽度是否超过限制
		梁体位移	梁体出现严重偏移或转动
		梁体下挠	下挠值是否超过允许值
6	横向联系	梁体振动异常	明显是否异常振动
		桥面贯通纵缝	是否贯通
7	防落梁	有无落架趋势	是否存在,且危害桥梁安全
		钢锚板锈蚀	是否锈蚀且削弱截面,锈蚀位置变薄

续表

序号	构件	风险源	判断标准
8	盖梁	结构裂缝	裂缝贯通，宽度是否超过限值 0.3 mm
9	墩台身	露筋锈蚀	露筋锈蚀面积超过 2%
		桥墩倾斜	倾斜严重，是否有倾覆危险
		独柱墩	抗倾覆性不足，是否设置防倾覆措施
		桥面贯通横缝	贯通，垂直于中线
10	支座	支座稳定性异常	支座变形脱空
11	基础	基础掏空	基础掏空面积占比是否超过 20%
		基础位移	基础倾斜严重，是否坍塌变形
12	钢结构物	锈蚀成洞	出现大量锈蚀成洞
		焊缝裂纹	严重，是否裂纹超过 10%
		焊缝开裂	严重，是否开裂超过 10%
		铆钉损失	严重，是否超过 20%
		螺栓松动	严重，是否超过 20%
		错位变形	严重变形，是否影响结构功能

城市桥梁重大风险源检查表　　　　表 G.2

序号	类型	重大风险源
1	人为风险	车辆超载，严重影响结构安全
2		车船撞击
3		火灾
4		爆炸
5		危化品倾覆
6	自然风险	台风
7		地震
8		暴雨
9	专项风险	违规挖掘（隧道、基坑等）
10		违规桩基作业
11		修建地下物
12		顶进作业
13		埋设管线
14		爆破
15		降水工程
16		河道疏浚
17		违规堆放或减少超过 20 kN/m² 荷载量
18		增设隔声屏障
19		桥梁拆除作业
20		拼宽作业
21		重大加固作业

桥梁风险分级评定标准表 表 G.3

序号	一级指标	二级指标	分值	评定说明
1	建设规模（A1）20分	特大桥	18~20分	一般满足 $L_0>150$ m 或 $L_0>1\,000$ m 的条件时取值18分，但当单孔跨径 L_0（总长 L_0）超过或达到国内外同类桥型最大单孔跨径 L_0（总长 L_0）时，取值20分
		大桥	15分	100 m$\leqslant L\leqslant 1\,000$ m 或 40 m$\leqslant L_0\leqslant 150$ m，符合此条件的取值15分
		中桥	10分	30 m$<L<100$ m 或 20 m$\leqslant L_0<40$ m，符合此条件的取值10分
		小桥	6~8分	8 m$\leqslant L\leqslant 30$ m 或 5 m$\leqslant L_0<20$ m，桥梁为单孔且 $L<20$ 时，取值6分，其他情况取值8分
2	桥位特征（A2）12分	跨越江河、海湾桥梁，水流流向与桥梁垂线夹角	0~8分	跨越江河、海湾桥梁，水流流向与桥梁垂线夹角大于5°，取值8分；夹角在3°~5°取值5分；否则不得分
		跨越江河、海湾桥梁，超过设计的通航等级	12分 ★	实际通航等级超过桥梁设计的通航的等级，取值12分
		桥梁运营中超过其设计的承载能力	12分 ★	桥梁实际运营过程中，如超过桥梁设计的承载能力，取值12分
		桥头引道的线形	6~8分	市镇混合交通繁忙处，桥头引道纵坡接近或大于3%，取值8分；其他地段桥头引道纵坡接近或大于5%，取值6分
		跨越山谷、高速、铁路	6分	存在此种状况即取值6分
		桥隧相连	6分	存在此种状况即取值6分
3	桥梁技术状况等级（A3）20分	D、E类桥梁	20分 ★	依据《城市桥梁养护技术标准》CJJ 99判定为D、E级桥的，取值20分
		C类桥梁	12分	依据《城市桥梁养护技术标准》CJJ 99判定为C级桥的，取值12分
		B类桥梁	6分	依据《城市桥梁养护技术标准》CJJ 99判定为B级桥的，取值6分
		A类桥梁	4分	依据《城市桥梁养护技术标准》CJJ 99判定为A级桥的，取值4分
4	地质条件（A4）16分	滑坡、泥石流、塌方等频发路段	0~16分	滑坡、泥石流、塌方等地质灾害年均发生次数≥5次得16分，3~5次得8分，否则不得分
5	气象条件（A5）12分	气象恶劣程度	8~12分	(1) 满足以下条件之一者得12分：①年能见度小于200 m的雾天数≥8天；②年平均出现8级以上大风≥20天；③年平均出现严重路面结冰≥7天。 (2) 满足以下条件之一者得8分：①年能见度小于500 m的雾天数≥5天；②年平均出现6级以上大风≥15天；③年平均出现较为严重路面结冰≥5天；④年平均降雪天数≥15天

续表

序号	一级指标	二级指标	分值	评定说明
6	交通流特征（A6）20分	重型车日交通量	18～20分	重型车辆数量占日交通量的50%以上取值18分，每递增10%，分值增加1分，最高分值为20分
			14～16分	重型车辆数量占日交通量的[40%，50%]，取值[14，16]
			8～14分	重型车辆数量占日交通量的[20%，30%，40%]，取值[8，10，14]

注：1. 重型车辆：车长大于或等于6 m，总质量大于或等于12 000 kg载货汽车为重型载货汽车。
2. 若二级指标得分值之和大于一级指标分值，则取一级指标分值上限。

附录H 桥梁设施管理领域监管执法方式事项分类汇总表

桥梁设施管理领域监管执法方式事项分类汇总表见表H.1。

桥梁设施管理领域监管执法方式事项分类汇总表　　　　表H.1

序号	处罚事项	法律责任
1	占用桥面，在桥面上停放车辆、机动车试刹车、设摊	责令停止违法行为，限期改正，并可处以500元以上20 000元以下的罚款；造成损失的，应当依法承担赔偿责任
	擅自在桥梁范围内设置广告牌、悬挂物，以及占用桥孔、明火作业	
	履带车、铁轮车、超重车擅自上桥行驶，利用桥梁设施进行牵拉、吊装等施工作业	
	搭建妨碍桥梁使用和养护、维修以及景观的建筑物或者构筑物	
	在桥梁上架设压力在4 kg/cm² 以上的煤气管道、10 kV以上的高压电力线和其他易燃易爆管线	
	其他损害、侵占桥梁的行为	
	未按照规定设置相应的标志，并保持其完好、清晰	
	未按照规定委托具有相应资格的机构对城市桥梁进行检测评估	
	未按照规定制定城市桥梁的安全抢险预备方案	
	未按照规定对城市桥梁进行养护维修	
2	单位或者个人擅自在城市桥梁上架设各类管线、设置广告等辅助物	责令限期改正，并可处20 000以下的罚款
3	单位和个人擅自在城市桥梁施工控制范围内从事河道疏浚、挖掘、打桩、地下管道顶进、爆破等作业	责令限期改正，并可处10 000以上30 000以下的罚款
4	超限机动车辆、履带车、铁轮车等未经同意，且未采取相应技术措施经过城市桥梁	责令限期改正，并可处10 000以上20 000以下的罚款
5	自行使用开放式场地的产权人或者管理人不按照市政设施标准养护、维修，且影响规划设置功能	责令限期改正；逾期不改正的，处20 000以下罚款；经催告仍不履行，其后果已经或者将危害交通安全的，可以代为修复，或者委托没有利害关系的第三人代为修复，所需费用由产权人或者管理人承担
6	压占检查井、消防栓、雨水口等设施	责令停止违法行为，限期改正，并可以处500以上20 000以下罚款；造成损失的，应当依法承担赔偿责任

续表

序号	处罚事项	法律责任
7	遇到测量标志、地下管线、文物保护标志等设施,未立即采取保护措施或者造成移位、损坏	责令停止违法行为,限期改正,并可以处500以上20 000以下罚款;造成损失的,应当依法承担赔偿责任
8	工程完成后,未及时按照有关技术要求回填夯实罚	责令停止违法行为,限期改正,并可以处500以上20 000以下罚款;造成损失的,应当依法承担赔偿责任
9	挖掘结束并清理现场后,未及时通知市政设施主管部门验收	责令停止违法行为,限期改正,并可以处500以上20 000以下罚款;造成损失的,应当依法承担赔偿责任
10	履带车、铁轮车或者超重、超高、超长车辆擅自行驶 机动车在非指定道路试刹车 擅自建设建(构)筑物或者设置管线、标志等设施 擅自开设进出通道或者坡道 直接在路面上搅拌、存放水泥、砂浆、混凝土及其他拌合物 擅自占道从事生产、经营活动 冲洗或者修理、保养车辆 倾倒、焚烧、洒漏、堆积、晾晒物品,排放污水,挖掘取土,设置路障 运载的货物拖刮、污染路面或者用重物击打路面 擅自占用、挖掘桥涵或者改变桥涵结构 利用桥涵进行牵拉、吊装等作业 堆放、储存腐蚀性物品、易燃易爆物品或者其他危险物品 其他损害、侵占城市桥涵设施的行为	责令停止违法行为,限期改正,并可以处500以上20 000以下罚款;造成损失的,应当依法承担赔偿责任
11	在城市桥涵安全保护区从事泊船、种植、养殖、捕捞、采砂作业 堆放、储存腐蚀性物品、易燃易爆物品或者其他危险物品	责令停止违法行为,限期改正,并可以处500以上20 000以下罚款;造成损失的,应当依法承担赔偿责任

附录 J 一桥一档统一资料

一桥一档统一资料见表 J.1、表 J.4。

桥梁主体结构资料 表 J.1

桥梁位置信息		所属道路信息		桥梁结构体系	桥梁技术状况	跨越地物类型	路侧构筑物	桥梁长度 m	桥梁高度 m	桥面板翼缘厚度规格 m	设计标准	建成时间
桥梁名称	桥梁代码	道理等级	设计速度(km/h)									

填表说明:
1. 桥梁结构体系:(1)梁式桥;(2)拱桥;(3)刚架桥;(4)缆索承重桥(悬索桥、斜拉桥);(5)其他。
2. 桥梁技术状况,填写桥梁技术状况:1类、2类、3类、4类、5类。
3. 跨越地物类型,填写跨越地物类型所对应的编号:(1)普通城市道路;(2)江、河、湖、海等水深1.5 m以上水域;(3)航道(需同时填写编号和等级);(4)城市饮用水水源保护区(需同时填写编号和等级);(5)其他地物。

表 J.2 既有防护设施资料

桥梁位置信息		所属道路信息		护栏设置状况	护栏等级	护栏形式	人行道（自行车道）栏杆	防落物网	建设时期防护设施设计标准	路缘石高度	混凝土抗压强度	钢筋屈服强度	钢结构材料抗拉强度	混凝土碳化深度	防腐层种类	防腐层厚度	护栏过渡或端部处理情况
桥梁名称	桥梁代码	道路等级	设计速度（km/h）														

填表说明：
1. 护栏设置状况，填写是否设置护栏；是或否。
2. 护栏等级，填写护栏等级对应的编号：(1) B (2) A (3) Am (4) SB (5) SA (6) SBm (7) SAm (8) SS (9) SSm。
3. 护栏形式，填写护栏对应的编号：(1) 混凝土护栏；(2) 波形梁护栏；(3) 金属梁柱式护栏；(4) 组合式护栏；(5) 缆索护栏。
4. 人行道（自行车道）栏杆、防落物网，填写是否满足现行标准，判断是否满足现行标准对应的编号：(1)《城市道路交通设施设计规范》GB 50688—2011；(2)《城市桥梁设计规范》CJJ 11—2011；
5. 建设时期交通安全设施施工与质量验收规范》CJJ 2—2008；(4) 无护栏过渡或端部处理情况列，排查是否符合现行标准，填写是或否。
(3)《城市桥梁工程施工与质量验收规范》CJJ 2—2008；(4) 无护栏过渡或端部处理情况列，排查是否符合现行标准，填写是或否。

交通事故数据统计资料 表 J.3

桥梁位置信息		所属道路信息		近三年发生的车辆坠桥事故		近三年发生穿越中央分隔带护栏、隔离设施的事故		经济损失
桥梁名称	桥梁代码	道路等级	设计速度（km/h）	车辆坠桥事故数	一次死亡3人及以上坠桥事故数	穿越中央分隔带护栏、隔离设施的事故	一次死亡3人以上穿越中央分隔带护栏、隔离设施的事故	

交通运行环境资料 表 J.4

桥梁位置信息		所属道路信息		近三年交通量/辆小客车	各类车型交通量，以及质量、速度、碰撞角度区间					
桥梁名称	桥梁代码	道路等级	设计速度 km/h		小型客车	中型客车	大型客车	小型货车	中型货车	大型货车

填表说明：
除近三年交通量采用折算数外，其余各类车型交通量均采用车辆自然数。

其他资料：
1. 桥梁主体结构（含桥面板规格和配筋）和防护设施（含过渡段和端部处理等）设计图纸。
2. 桥梁主体结构（含桥面板）、防护设施（含过渡段、护栏端部处理等）的现场图像资料。

参考文献

[1] 中华人民共和国交通运输部. 公路养护技术规范 JTG H10 [S]. 北京：人民交通出版社，2009.
[2] 中华人民共和国交通运输部. 公路工程质量检验评定标准 JTGF80/1 [S]. 北京：人民交通出版社，2004.
[3] 明安琳. 美国桥梁管理体系概观 [J]. 世界桥梁，2002，2：7-15.
[4] 苏永贵，王吉强. 桥梁管理系统的功能与发展趋势分析 [J]. 信息化建设，2016 (3).
[5] 于大涛，廖朝华. 欧洲现有桥梁的评估 [J]. 中外公路，2001 (5)：35-37.
[6] 赵立岩. 桥梁抗震管理系统研究 [D]. 上海：同济大学，2006.